佳兆业美好生活系列丛书

城市运营核心逻辑

美好生活的责任与荣耀

佳兆业集团控股经济研究院　编著

中信出版集团｜北京

图书在版编目（CIP）数据

城市运营核心逻辑：美好生活的责任与荣耀 / 佳兆业集团控股经济研究院编著. -- 北京：中信出版社，2019.6（2019.7 重印）
（佳兆业美好生活系列丛书）
ISBN 978-7-5217-0389-4

Ⅰ.①城… Ⅱ.①佳… Ⅲ.①城市管理–研究 Ⅳ.①F293

中国版本图书馆CIP数据核字（2019）第 070972 号

城市运营核心逻辑——美好生活的责任与荣耀
（佳兆业美好生活系列丛书）
编　著　者：佳兆业集团控股经济研究院
出版发行：中信出版集团股份有限公司
　　　　　（北京市朝阳区惠新东街甲 4 号富盛大厦 2 座　邮编　100029）
承　印　者：北京通州皇家印刷厂

开　　本：880mm×1230mm　1/16　　印　张：26.5　　字　数：280 千字
版　　次：2019 年 6 月第 1 版　　　　印　次：2019 年 7 月第 2 次印刷
广告经营许可证：京朝工商广字第 8087 号
书　　号：ISBN 978-7-5217-0389-4
定　　价：128.00 元

版权所有·侵权必究
如有印刷、装订问题，本公司负责调换。
服务热线：400-600-8099
投稿邮箱：author@citicpub.com

佳兆业美好生活系列丛书
编审委员会名单

总　编：麦　帆
副总编：揭平胜　宋　伟　林崇杰
主　编：刘　策
编　委：严　涛　周自山　刘梦卉　葛闻遐
　　　　　戴　哲　王越明　胡　航　李嘉悦
　　　　　魏文慧　贺邵文　林莉莉　朱文梁
专家顾问（按姓氏排序）：
　　　　　蔡毓磊　丁向宇　郭晓群　郭晓亭
　　　　　管　原　何亚莉　侯宇鸿　黄　杰
　　　　　李　俭　孙明尧　谭明军　王　旗
　　　　　徐阳兵　尹德潜　於　娜　于海龙
　　　　　余冬梅　翟晓平　钟　妤

前　言
城市更新的下一站：城市运营之道

伴随城市化进程的不断深入，中国经济发展正逐渐由"高速度"向"高质量"转型，中国进入了以满足人们美好生活为目标的新阶段。城市发展步入快行道，势必对城市的空间和功能提出新的更高的要求。

据公开数据显示，国内城市目前存在的老旧房地产总面积预估已超200亿平方米并仍处于增长状态，这一现象在上海、北京和深圳等重点城市更为突出，亟待通过城市更新推动其改造和升级，以便它们重新焕发价值。我们可以预见，在不同程度与层面上的城市更新浪潮即将掀起，并可能带来宝贵的机遇和可观的价值。城市更新将成为下一轮城市发展的新增长点。

与此同时，作为城市建设的主阵地，房地产市场也正处于变化之中。过去十几年的大规模新房开发，使得国内住宅增量市场达到了一定程度的饱和，传统的拿地开发模式亟须迭代和升级。借道城市更新业务并形成未来的可持续发展能力和盈利基础，已成为房地产企业的共识。

不过，与传统的房地产开发相比，城市更新项目充满了复杂性。由于项目所在地块往往已是城区的重要组成部分，大多承载着成熟的交通路网、文脉和生活方式，所以，准确分析城市实际情况和需求，围绕人居环境改善、产业转型升级和历史文化保护等重要内容达成城市更新项目的目标，进而精准地匹配资金、资源与资产的关系成为房企面临的主要挑战。在此背景下，城市更新演变为城市运营的重要内容。这无疑对房企的综合能力提出了更高要求，需要它们从城市开发运营的角度探索城市运营和发展的新模式。

从这个意义上讲，城市运营是城市更新的高阶形式。立足城市更新业务，探索城市运营的发展模式和核心逻辑，简单而言，需要房企既以经济效益为导向，又要兼顾长远的社会效益和环境效益。具体来讲，城市更新项目不仅仅是对建筑物等硬件设施及外观进行改造升级，而且要延伸到对城市空间进行相关的配套和运营。从城市开发运营的角度，通过规划引导、产业培育、住宅开发和配套建设等领域的协同，城市运营商旨在与当地政府及各合作方共同打造和培育城市发展新动能。

这种模式关键在于不仅需要房企通过发挥自身的产业优势和资源优势，将城市运营能力与城市更新项目高度融合，推动城市更新项目成为城市发展的有机组成部分；而且需要房企立足于不同城市的发展阶段、利益维度及公众需求，不断叠加和融合各种能力，深化城市运营的水平和内涵，提升对城市更新项目的综合运营能力。

基于此，我们撰写了《城市运营核心逻辑——美好生活的责任与荣耀》一书。全书共分六章，按照一个完整的逻辑，有思路，有模式，有案例，有分析，深入浅出地对城市更新进行了系统阐述，力求将城市更新的过去、现在及未来真切地呈现在读者面前。第一章立足城市更新的历史发展，主要阐述了城市更新的演进进程、原因及意义；第二章对国内目前主要城市的城市更新模式及政策进行了介绍和解析；第三章、第四章详细复盘了部分发达国家及国内典型城市的更新案例，着重介绍了项目的实施背景、实施路径及后续影响等，希望给行业带来启示；第五章围绕房企布局城市更新业务及转型"城市运营商"的共识，阐述了房企如何从金融、产业及产品三个核心方面进行升级；第六章基于我们对城市更新业务的积累和理解，从经济、民生、科技及文化四个层面进行了分析和展望。

目 录

前　言　城市更新的下一站：城市运营之道　　　　　　　Ⅲ

第一章
城市更新发展规律的探索　　　　　　　001

第一节　城市更新的发展概况　　　　　　　003
一、发展历程：内涵不断扩展的动态过程　　　003
二、发展特点：从粗放简单到精细多元　　　　005

第二节　城市更新发展的驱动力　　　　　　007
一、驱动力一：城市发展进入减速阶段　　　　007
二、驱动力二：产业重心转向服务业　　　　　010
三、驱动力三：政策迎来新导向　　　　　　　011
四、驱动力四：房地产进入存量时代　　　　　013
五、驱动力五：人口结构变化催生消费新趋势　019

第三节　城市更新的作用和意义　　　　　　020
一、城市更新促进城市空间再塑造　　　　　　021
二、城市更新有利于嫁接产业资产　　　　　　022

三、城市更新促进周边区域发展　　022

四、城市更新助推"洼地"升级改造　　022

第二章
国内典型城市城市更新现状和政策　　025

第一节　国内重点城市城市更新模式盘点　　027

一、北京：政府出资改造为主　　028

二、上海：旧城改造进入高成本阶段　　028

三、广州：城市更新机构引导行业发展　　029

四、深圳：开发商与村股份公司进行合作　　031

五、天津：以政府为主导，先安置、后改造　　033

六、杭州：政府协调、开发商出资建设的体系　　034

七、武汉：在城中村改造过程中保障开发商的利益　　035

第二节　国内典型城市城市更新政策盘点和解析　　035

一、深圳市更新政策盘点和解析　　036

二、广州市更新政策盘点和解析　　045

三、珠海市更新政策盘点和解析　　056

四、东莞市更新政策盘点和解析　　061

五、惠州市更新政策盘点和解析　　069

六、佛山市更新政策盘点和解析　　074

七、中山市更新政策盘点和解析　　079

八、江门市更新政策盘点和解析　　088

九、肇庆市更新政策盘点和解析　　096

十、珠三角核心城市城市更新政策对比表　　101

第三章
城市更新全球典型案例分析　　109

第一节　美国 SOHO 区的旧城改造　　111
　　一、SOHO 曾经的辉煌和没落　　112
　　二、一度转型，从艺术到商业　　113
　　三、政府指导，承旧启新　　114
　　四、画龙点睛，城市增值　　117
　　五、展望明天，启迪深远　　118

第二节　伦敦金丝雀码头区域再生计划　　119
　　一、优越的区位与悠久的历史　　120
　　二、公私合作，一波三折的项目重建之路　　121
　　三、以金融为中心的定位与布局　　122
　　四、政策与优惠双行，刺激租客入驻　　123
　　五、办公设施与以总部为主的入驻企业　　124
　　六、配套设施主要是为商务人群服务　　127
　　七、高标准改造，吸引大量人口　　130
　　八、总结与启示　　132

第三节　法国南特岛工业遗产保护与城市复兴　　133
　　一、优越的地理位置与悠久的历史　　134
　　二、阶段性的城市复兴计划　　135
　　三、遗产与创意碰撞，废墟变乐园　　135
　　四、滨河空间的自然和人文环境共同升级　　139
　　五、经济复兴，商业繁荣　　142
　　六、总结与启示　　143

第四节　纽约高线公园带动多产业复兴　　144
一、高架桥的前身——"死亡之路"　　145
二、高线高架桥的设立与衰落　　146
三、"高线之友"为铁路重新利用发声　　149
四、分段改造，层层递进　　149
五、城市标志，引领未来　　155

第五节　美国丹佛联合车站 PPP 模式　　157
一、政府倡导下的车站重建方案　　158
二、政府基金在 PPP 项目中发挥主导作用　　159
三、高效合作的 PPP 组织架构开启改建之路　　160
四、以可持续发展为重心进行布局改造　　163
五、联合车站结构和外观上的改建　　163
六、改建带动联合车站周边社区的发展　　165
七、总结与启示　　166

第六节　伦敦奥运会场馆的可持续理念　　166
一、曾经的辉煌和衰落　　167
二、"可持续发展"为伦敦赢得奥运　　168
三、"拥抱临时性"，着眼赛后长期发展　　171
四、理念引导，多方统筹　　174

第七节　西班牙邦巴斯艺术馆和里卡餐厅：
　　　　视觉美学的极致体验　　175
一、艺术馆的历史　　175
二、世纪性的改造工程　　176
三、传承古典，多元改造　　177

四、巧妙地加入餐厅元素　　　　　　　　　　　　178

　　五、定制灯具，彰显光的艺术　　　　　　　　　　182

　　六、特色酒吧，传递美食理念　　　　　　　　　　183

　　七、古为今用，世纪传奇　　　　　　　　　　　　184

第八节　伦敦泰特现代艺术馆有机融合当代创意　　　185

　　一、艺术馆的前身　　　　　　　　　　　　　　　186

　　二、从废弃电厂到现代艺术馆　　　　　　　　　　186

　　三、置换功能，创意布局　　　　　　　　　　　　186

　　四、创意采光，锦上添花　　　　　　　　　　　　190

　　五、重生之后，华丽绽放　　　　　　　　　　　　191

　　六、再度升级，举世瞩目　　　　　　　　　　　　192

　　七、放眼未来，影响深远　　　　　　　　　　　　194

第九节　新加坡浮尔顿酒店的经典升级　　　　　　　195

　　一、从行政设施到高档酒店　　　　　　　　　　　196

　　二、功能的改造　　　　　　　　　　　　　　　　196

　　三、重塑内部结构　　　　　　　　　　　　　　　199

　　四、有机改造，让文化古迹起承转合，错落有致　　199

　　五、古迹修缮不忘人文情怀　　　　　　　　　　　200

　　六、古今结合，共建新时代特色　　　　　　　　　200

第四章
国内城市更新的实践与探索　　　　　　　　　203

第一节　深圳坂田城市广场都市综合体的转身　　　　206

　　一、契机独特，改造工程万事俱备　　　　　　　　206

二、倒闭工厂实现华丽蜕变　　207
　　三、多点把控保障回迁工作实施　　208
　　四、业态多元化助推区域品质提升　　209
　　五、精品设计改善人居环境　　210
　　六、完善配套助推产城融合发展　　212
　　七、未来城市更新将全面深化　　214
　　八、地标项目为城市全面增光添彩　　216

第二节　深圳盐田整体搬迁项目：异地搬迁典范　　**217**
　　一、建设用地匮乏亟须城市更新破题　　218
　　二、盐田整体搬迁项目的孕育过程　　219
　　三、盐田整体搬迁项目的核心优势　　219
　　四、总结与启示　　225

第三节　深圳子悦台：烂尾项目推动政策发展　　**226**
　　一、烂尾多年，创造子悦台改造契机　　226
　　二、多重限制，内外因共同构成改造难点　　228
　　三、弥补政策漏洞，促进政策创新　　229
　　四、影响深远，共创多方共赢　　232

第四节　深圳大冲村旧改：从城中村变身为人文综合体　　**234**
　　一、区域位置和原有条件分析　　235
　　二、公私合作，改造逐步推进　　237
　　三、详细规划　　238
　　四、总结与启示　　243

第五节　北京郎园 Vintage：从旧厂房到文化创意园　243
一、地理位置和原有条件　243
二、具体规划和改造理念　245
三、定位文创园，形成文化内容矩阵　248
四、政府支持，推广文创发展模式　250
五、实践成果带动经济效益　251
六、总结与启示　252

第六节　上海万科哥伦比亚公园打造城市 IP 新名片　252
一、资源禀赋，无可挑剔的先天基因　253
二、哥伦比亚公园的"昨天"，风姿绰约的老上海记忆　254
三、全新定位，打造公园式城市更新社区　254
四、深厚历史与现代改造理念的融合　255
五、跨界混搭，打造复合型产业生态　259
六、大胆创新运营方式，引发更广泛的关注　259
七、总结与启发　260

第七节　深圳华侨城创意文化园催生文创产业繁荣　261
一、时代的发展催生出改造的必要性　261
二、指导思想明确，两期工程各具特色　263
三、多重创意注入，全方位打造创意园　264
四、成功的运营带来可观的经济收益　268
五、新的产业模式，推动中国文化产业繁荣　268

第八节　上海新天地：石库门中的"海派文化"　269
一、地理位置及商业条件　270
二、老旧弄堂，整体改造　271

三、"整旧如旧"为石库门注入新活力　　272
　　四、南里北里，新旧对话　　274
　　五、总结与启示　　275

第九节　深圳星河 WORLD 的产城融合新模式　　276
　　一、区位优势明显，产业资源丰厚　　276
　　二、政策发展推动项目转型升级　　277
　　三、四规合一，树立产城融合标杆　　278
　　四、创新运营，开启项目发展新阶段　　279
　　五、总结与启示　　281

第十节　深圳中洲湾：现代综合体的再生再造　　281
　　一、与 CBD 背道而驰的大金沙片区　　282
　　二、大金沙旧改工程中规模最大的综合体　　283
　　三、引入多样城市空间，激活片区活力　　284
　　四、遵从哲学思想的超前建筑形式　　285
　　五、融合当地景观，演绎自然韵律和美感　　285
　　六、充足的产业空间支撑片区经济发展　　288
　　七、总结与启示　　288

第五章
未来城市更新发展模式思考　　289

第一节　金融驱动下城市更新轻资产运营　　292
　　一、轻资产运营模式是城市更新方向　　292
　　二、全链条金融运作符合城市更新需求　　295
　　三、我国城市更新四大轻资产模式　　303

四、城市更新轻资产模式案例　　311

第二节　产业驱动下的产业导入及运营　　325
　　一、产业驱动的核心是产业资源方的整合　　326
　　二、产业驱动需要打造全产业链多重能力　　332
　　三、产业运营能力决定城市更新发展高度　　337

第三节　消费升级背景下城市更新产品的打造　　340
　　一、消费升级浪潮下城市更新亦当顺势而为　　341
　　二、消费升级背景下城市更新产品的打造　　344
　　三、产品打造的关键要点及实操案例　　353

第六章
城市更新的发展趋势展望　　361

第一节　关注经济，推进城市经济发展　　363
　　一、新经济下，城市更新更注重智能、共享和绿色　　364
　　二、城市更新助力产业结构优化　　365

第二节　关注民生，助力居民对美好生活的追求　　368
　　一、重塑绿色生态宜居环境　　369
　　二、构建和谐融洽的社区环境　　374
　　三、创新丰富多彩的城市功能　　380

第三节　关注科技：打造智慧新城　　384
　　一、科技产业打造科技新城　　384
　　二、科学技术打造智慧城市　　389

第四节　关注文化：加强文化的传承与保护　　　392
　　一、文化传承，复兴特色历史街区和村落　　　392
　　二、建筑重生，彰显建筑文化特色　　　398
　　三、文艺美居，保护历史文化前提下的安居乐业　　　400

后　记　　　403

第一章

城市更新发展规律的探索

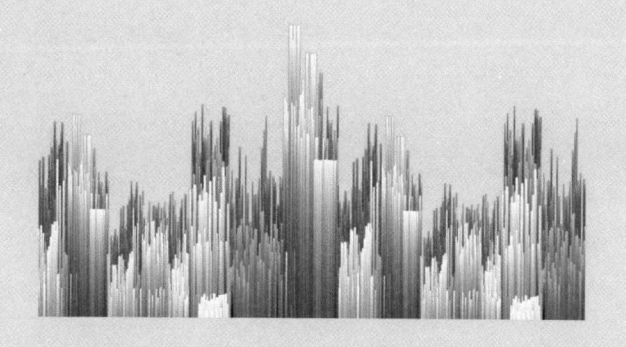

第一节
城市更新的发展概况

城市更新，是一种将城市中已经不适应现代化城市的社会生活的地区进行必要的和有计划的改建活动。城市更新的目的是对城市中某个衰落的区域进行拆迁、改造、投资和建设，以全新的城市功能替换衰败的物质空间，使之重新发展和繁荣。[①]

狭义上，人们常将城市更新称为旧改（旧城改造）。但就广义而言，城市更新超越了旧改以物质形态改造为主的范畴，其内涵已扩展到城市结构、功能体系及产业结构的更新与升级等多方面的内容，实质上是对城市空间结构的重新布局、土地资源的重新开发、经济利益的重新分配和区域功能的重新塑造。[②]

如今，世界许多国家和地区的城市都已开始从造城走向更新。特别是在城市化进程较早的西方发达国家，城市更新早已成为其城市发展的主要方式并贯穿于城市发展的各个阶段，不断推动着社会、经济、自然环境和物质空间的全面复兴和可持续发展。以伦敦为例，泰晤士河北岸作为发展了上千年的老城区，如今却仍然能看到有很多脚手架施工作业的场景，那些工程就是在对老城区进行更新改造，以此延续这座千年老城的独特魅力和全新活力。

一、发展历程：内涵不断扩展的动态过程

了解发达国家城市更新的发展历程和成功经验，有助于更好地把握中国

[①]《城市更新塑造城市新魅力》，载于《中国城市报》（2017）。
[②]《城市更新下的投资机会》，华泰联合证券有限责任公司研究所（2010）。

城市更新的脉络和方向。总体来看，西方发达国家的城市更新基本都经历了由政府主导的以单一拆建改造为目标的第一阶段，发展到大量兴建商业中心、写字楼并以房地产开发为主导的第二阶段，并升级到寻求城市的可持续发展，协调经济、社会、环境和文化等多重目标的第三阶段（见表1–1）。

表1–1　西方城市更新历程

发展阶段	更新模式	更新特点
第一阶段 （20世纪30~40年代）	政府主导，通过立法推动对贫民窟住宅的彻底拆除和重建	大规模推倒贫民窟并进行区域重建
第二阶段 （20世纪60~70年代）	出现半官方性质的地区开发公司主导城市更新	地区开发公司参与区域规划建设，包括兴建机场、码头、公寓和商业办公设施等
第三阶段 （20世纪90年代及以后）	多主体参与，寻求和推进城市的可持续发展，以文化为导向	老旧重工业区改造，制造业向服务业转移等产业结构的调整

相比西方国家，我国城市更新起步较晚，开始于新中国成立后大力发展生产力和城市建设时期，主要经历了计划经济时期、经济转型时期和快速城市化时期（见表1–2）。目前来看，我国的城市更新已从物质环境改造逐步演绎出综合化、整合性的城市发展理念。

表1–2　中国城市更新历程

发展阶段	更新模式	更新特点
计划经济时期 （20世纪50~60年代）	围绕大规模工业建设开展城市物质环境规划建设	工业建设主导城市建设，大规模兴建工业厂房
经济转型时期 （20世纪80~90年代）	恢复城市规划，进行城市改造，房地产商参与城市建设和改造	依据城市总体规划进行城市建设、改造和新区建设
快速城市化时期 （2000年及以后）	快速城市化兼具多元化、综合化的城市建设和城市更新	倾向物质环境和经济回报为主的更新，兼具文化、社会效应的城市更新诉求显现

二、发展特点：从粗放简单到精细多元

综合对比国内外城市更新的发展历程，城市更新既作为一个永续的过程贯穿于城市发展的各个阶段，又在不同的发展阶段呈现出不同的更新模式，并且出现了相似的迭代特征，特别是在参与主体、实施方式和更新理念等方面有着明显的相似之处（见表1-3）。

表1-3 城市更新模式迭代特征

发展阶段	参与主体	实施方式	更新理念
第一阶段	政府主导	单一物质更新	推倒重建
第二阶段	政府与开发商合作	综合物质更新和经济因素等	实现城市快速发展和规模扩张
第三阶段	政府、开发商、民众和金融机构等多方参与	兼顾社会价值、城市发展和经济效益等	可持续理念与人本精神等

具体分析来看，城市更新的发展特点主要表现在以下3个方面。

（一）实施方式均由推倒重建发展到兼顾多目标的行动

在发展的第一阶段，城市更新最大的特点是大规模的拆旧建新，即通过大面积拆除破败陈旧的贫民窟或大规模兴建工业厂房等方式全面改善城市的物质环境，提升城市形象。

随着城市的发展，城市更新开始步入第二阶段，其关注点逐步转向社会效益的综合性行动。这一阶段的城市更新不仅需要考虑物质因素，还要根据城市发展规划综合考虑就业、教育和社会发展等多方面的因素。

在城市更新发展的第三阶段，特别是进入21世纪后，受城市发展"可

持续理念"和"人本精神"观念的影响，城市更新的发展也迎来质的变化：由过去单一的物质更新发展到基于经济发展、社会效益及文化创意等多目标和多层面的综合更新行动，过去拆除重建的城市更新方式也逐渐过渡到以保护、传承和创新提升为主的更新方式。

（二）参与主体由政府部门为主逐渐转为多样化的市场主体

在城市更新参与主体方面，中西方都经历了从以各级政府为主，到企业参与，再到政府、企业和社区等多主体参与并共同推进的城市更新发展历程。

在中西方城市更新发展的第一阶段，无论是西方的消除贫民窟运动还是我国计划经济时代优先发展工业并兴建大批工厂等行动，均是在政府的主导下开展城市更新；而在第二、三阶段，随着市场经济的发展，以房地产商为主的民营企业成了推动城市更新的主要力量；在后期伴随着城市发展诉求的变化，城市更新更加注重并积极引导社会、社区及居民等多方共同参与，参与主体更加多样化。

（三）更新理念由物质更新发展到内涵式发展

在第一、二阶段，西方国家的城市更新以聚焦单纯的物质环境更新为主，城市更新方式主要围绕城市的大规模综合改造。进入第三阶段后，在自由市场等方面的作用下，城市更新的内涵不断拓展至社会、环境和经济等综合性领域，更新内容更加注重长远的发展目标和更大范围的公共利益等，更新手段也逐渐转为力求保持原有城市肌理，甚至出现了对原有建筑的外观进行分阶段、小规模和渐进式的有机更新。

与西方城市更新走过的发展历程一样，我国的城市更新也已进入注重"有机"更新的第三阶段。在沿海发达城市，城市更新的理念与诉求已从传统的物质层面和拆旧建新式的阶段发展到一个新的阶段——反映城市新要求，承载新内容，重视新传承，满足新需求，采用新方式。[①]通过内涵式发展的城市更新方式来提升城市品质和活力成为当下的发展趋势。

城市更新的发展不仅见证着城市每一次的变迁，而且驱动着城市每一步的成长。下一步，如何把握好新时期的城市发展需求，更加有序、有新意且有质量地助推城市的高质量发展，不仅是城市管理者需要认真思考的重要课题，而且是城市更新面临的挑战和机遇。

第二节
城市更新发展的驱动力

城市更新的本质源于城市在不同发展阶段的诉求。伴随中国大中城市过去30年的高速发展，在日新月异的城市化进程中，各地的城市更新也以空前的规模和速度展开。尤其在最近几年，随着中国进入社会主义新时代，国家和地方的经济转型和升级都在加速，城市的发展也由高速增长阶段进入高质发展阶段，这也为城市更新的发展注入了新鲜的血液和全新驱动力。

一、驱动力一：城市发展进入减速阶段

从国际经验来看，城市的发展一般会经历诞生、成长、发展、鼎盛、老化和衰落六个阶段，总体上会呈现"从缓慢成长，到加速发展，再到缓慢衰落"的诺瑟姆"S"形曲线。尤其是当城市发展至50%的城市化率时，城市化进程将迎来从加速推进到减速推进的重要拐点，城市更新成为城市可持续发展的重要途径（见图1-1）。

[①] 《城市更新塑造城市新魅力》，载于《中国城市报》（2017）。

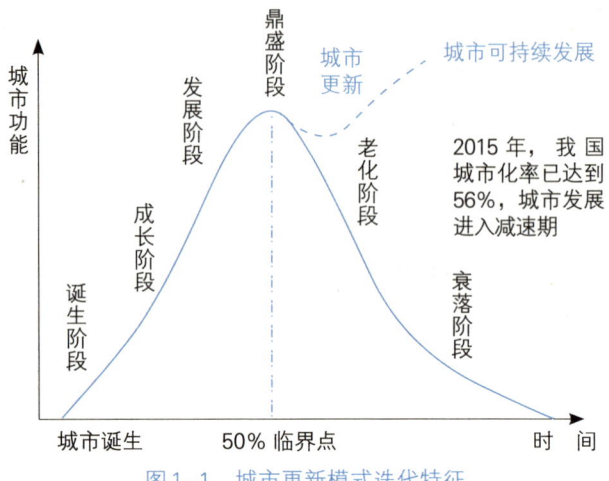

图1-1 城市更新模式迭代特征

国家统计局的数据显示，截至2017年年末，我国城镇人口占总人口的比重（即城市化率）为58.52%，比上一年同期提高了1.17个百分点（见图1-2）。显然，中国城市化发展正处于后半程阶段，而在城市化水平较高的三大城市群中，珠三角城市群的常住人口城市化率最高，达到了83.84%；长三角城市群常住人口城市化率已达到68%；京津冀城市群的城市化率也已超过60%。这三大城市群的城市化进程皆已进入明显的趋缓阶段。

图1-2 中国城市化率

另外，近年来人口红利的消失也进一步减缓了我国城市的发展速度。2017年人力资源和社会保障部公布的数据显示，我国城市劳动力供给总量呈逐年下降的趋势。截至2017年年底，近5年间我国劳动适龄人口减少了近1 800万人，平均每年减少约350万人。据人力资源和社会保障部的相关报告预测：到2030年以后，劳动适龄人口将会出现大幅下降的过程，平均以每年760万人的速度减少；到2050年，我国劳动适龄人口会由2030年的8.3亿降到7亿左右（见图1-3）。

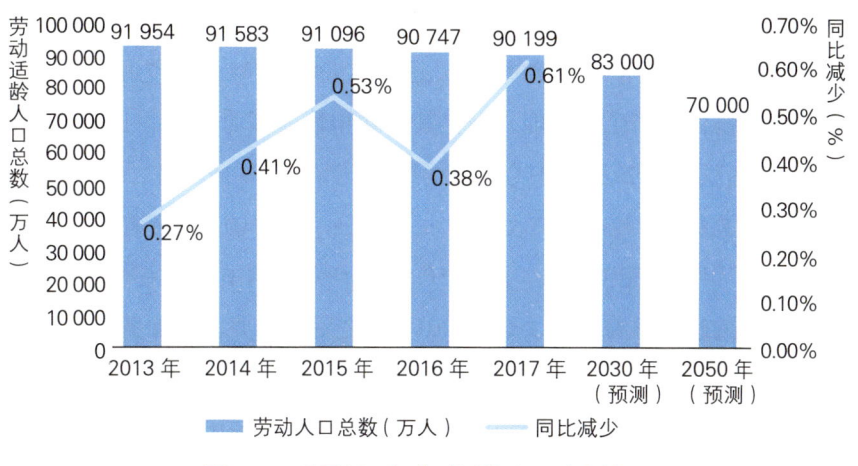

图1-3　我国近几年劳动适龄人口减少情况

人口红利的消失不仅直接导致了人力成本的上升，也间接造成劳动力密集型企业的撤离，特别在我国众多的沿海发达城市，不少外资企业近年来受人力成本上升的影响而选择撤离中国，转向东南亚地区发展，这成为影响城市经济发展的重要不利因素。

总体来看，城市发展已进入减速阶段，并且受劳动力供给减少等因素的影响而进一步放缓城市发展的速度，借助城市更新来激发经济潜能，完善城市配套，优化产业结构并进而促进城市可持续发展成为当务之急。

二、驱动力二：产业重心转向服务业

从国际经验来看，工业经济向服务经济成功转型升级是中心城区实现复兴的关键。以美国为例，其城市化进程始于20世纪20年代，发展至20世纪70年代后，美国郊区人口占城市人口的比例首次超过50%，并出现由于人口和大量制造业搬出城市中心区，不少大都市的中心区面临着衰败和"产业空心化"的困境。由此，美国从20世纪80年代起实施了城市复兴计划，政府开始引导和鼓励开发商对老城区进行改造，对废弃的工厂和办公楼进行功能提升，逐步推进城市产业结构"退二进三"，例如包括弱化城市生产职能，强化其信息和管理等功能，由工业中心逐渐转变为信息中心或决策中心，从而推动城市走上复兴之路。

根据国家统计局公布的数据，我国第三产业在国民生产总值中的比重在2016年就已突破50%，达到50.5%，产业结构由工业主导向服务业主导转型的趋势日益明显。进入2017年之后，主要城市服务型经济的特征已相当显著：一线城市中北京第三产业的占比已超过80%，广州、上海的第三产业的占比已超过或接近70%。三大城市群中的众多热点城市，包括南京、深圳和天津等市的第三产业占比多在50%~60%之间（见表1-4）。

表1-4 部分主要城市2017年第三产业占比情况

城市	2017年第三产业占比（%）	城市	2017年第三产业占比（%）
北京	80.60	南京	59.73
广州	70.94	深圳	58.62
上海	68.97	天津	58.01
杭州	62.58	厦门	57.73
西安	61.48	青岛	55.36
哈尔滨	60.51	成都	53.21
济南	59.92	东莞	52.29

同时，2016年国家统计局公布的数据显示，2016年全年社会消费品零售总额增长率为10.7%，最终消费对经济增长的贡献率达66.4%，同比2015年提高了15.4个百分点，特别是随着旅游、信息、文化和健康等服务消费的持续升温，服务型经济的发展速度正在逐渐加快，影响力也日益扩大。

在产业结构由工业经济主导向服务经济主导转型的背景下，城市更新也迎来了新一轮的发展动力。一方面，原有的城市空间急需借助城市更新"腾笼换鸟"，为城市发展注入新的产业元素；另一方面，城市更新实施者也在不断思考如何顺势而为，加快原有业务与新产业经济形式的结合，打造包括产融结合在内的城市更新发展新模式，提速城市更新的发展。

三、驱动力三：政策迎来新导向

过去，我国城市化的快速发展虽然推动了城市空间的扩张，但也造成了中心城区土地开发强度的饱和，使得城市的配套功能和空间承载能力并未得到明显提升。而现在，以旧城改造为主的存量市场不断受到国家及地方利好政策的加持。

在国家层面，国家持续鼓励地方盘活闲置土地，严管死守耕地保护红线，控制新增土地的供应并出台相关政策为各地方政府的土地政策提供依据。例如，2013年12月的中央城镇化工作会议提出"三大城市群地区要以盘活存量为主，不能再无节制扩大建设用地"；2014年2月，国土资源部出台《关于强化管控落实最严格耕地保护制度的通知》，要求原则上不再安排人口500万以上特大城市中心城区新增建设用地。

此后，上海、广州和深圳等地方政府相继发布节约、集约利用土地的相关政策。以上海为例，在限制新增建设用地量方面，其政策严厉程度甚至强于顶层的要求。上海土地管理的总体思路是在确保总量锁定的前提下，对新增建设用地实行"稳中有降、逐年递减"的方针，并要求实现"零增长"甚至"负增长"的目标；在存量改造方面，上海强调了对"质"的要求，并通过提高商业办公物业自持比例来鼓励商办存量的内部有机更新。

我国中央层面和沪深两地在城市更新方面的主要政策如表 1–5 所示。

表 1–5　中国城市更新主要相关政策

政策名称	发布时间	出台方	主要内容
《深圳市城市总体规划（2010—2020）》	2010.9	深圳	率先提出空间发展模式由"增量扩张"向"存量优化"的重大转变和创新
中央城镇化工作会议公报	2013.12	中共中央	会议提出：三大城市群地区要以盘活存量为主，不能再无节制扩大建设用地
《关于强化管控落实最严格耕地保护制度的通知》	2014.2	国土资源部	原则上不再安排城市人口 500 万以上特大城市中心城区新增建设用地
《关于进一步提高本市土地节约集约利用水平的若干意见》	2014.3	上海	提出"总量锁定、增量递减、存量优化、流量增效、质量提高"的土地管理思路
《关于深入推进新型城镇化建设的若干意见》	2016.2	国务院	允许以协议补缴地价款的方式出让土地；鼓励存量向复合双创转型，可实行继续按原用途和土地权利类型使用土地的政策过渡期政策
《关于进一步优化本市土地和住房供应结构的实施意见》	2016.2	上海	新增商办用地提高开发企业自持比例，支持鼓励存量商办物业有机更新；办公物业自持比例不得小于 40%，商业物业不小于 80%
《国土资源"十三五"规划纲要》	2016.4	国土资源部	限制新增建设用地总量，新增建设用地总量控制在 3 256 万亩；控制单位国内生产总值建设用地强度，单位国内生产总值建设用地使用面积降低 20%；要盘活存量建设用地，提高存量建设用地供地比重
《国务院办公厅关于加快培育和发展住房租赁市场的若干意见》	2016.6	国务院	允许改建房屋用于租赁，允许将商业用房等按规定改建为租赁住房

纵观近几年从国家到地方政府颁布的各项土地规划政策，我们不难发现，相关政策均以"存量规划"为主要内容。一方面严格控制新增建设用地的总量，实施以去库存为导向的政策措施；另一方面要求盘活存量，鼓励存量用地的转型和改造，并鼓励促进"商改租"市场的发展。

四、驱动力四：房地产进入存量时代

自1998年房地产业启动改革以来，房地产行业迎来了20年高速发展的"黄金"时期。根据中国指数研究院最新报告的观点，参考国外关于住房年折旧率2%的通行做法，2016—2020年，我国城镇住宅拆迁改造需求将达到29.33亿平方米，占总体住房需求的34.4%。这也意味着，以存量盘活改造为主的模式将成为我国房地产行业发展新的增长点，这也将为城市更新带来巨大的发展空间。

（一）土地供应缩减，通过城市更新释放土地供应成重要举措

万得资讯（Wind）发布的数据显示，从全国的层面来看，截至2017年年底，全国的土地供应面积和规划建筑面积自2012年以来均呈现下降趋势（见图1-4）。

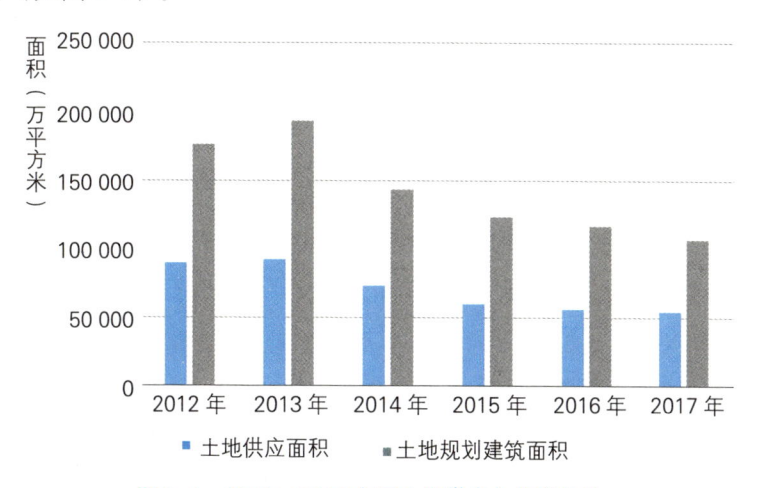

图1-4　2012—2017全国土地供应与规划趋势

对于一线城市而言，由于它们可拓展的空间非常有限，所以其土地供应量下降的幅度更为明显。例如，北京的年土地供应量自 2011 年以来逐年下行，上海同样从 2011 年开始呈现阶梯式收缩，深圳和广州也一直呈缩减趋势（见图 1-5）。

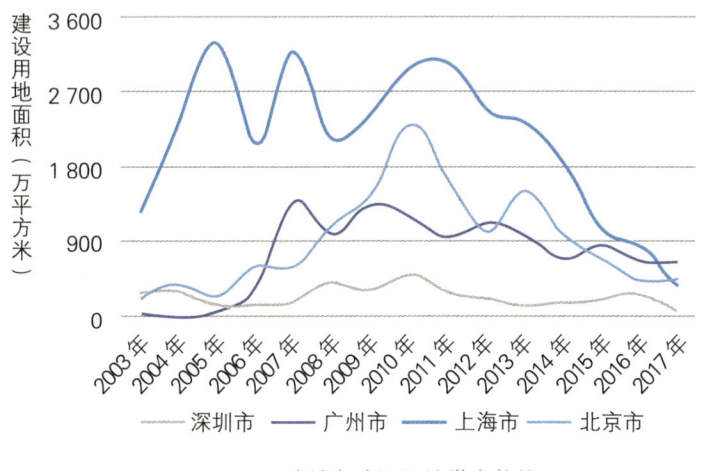

图 1-5 一线城市建设用地供应趋势

通过城市更新激活城市的存量土地，对于提升城市的发展空间有非常大的促进作用。以广州的城市更新为例，根据广州市政府发布的《广州市 2017—2021 年住宅用地供应计划》和《2017 年广州经营性用地供地蓝皮书》两份重要的文件显示：2017—2021 年广州全市计划供应住宅用地 3 200 万平方米，年均计划供应住宅用地 640 万平方米。

广州中原地产的数据统计显示，2016 年、2017 年广州市城市更新局公布的全面改造项目分别为 14 个和 17 个；从旧改总面积来看，2016 年为 253 万平方米，2017 年为 113.17 万平方米。2018 年，根据广州市城市更新局公布的《广州市 2018 年城市更新年度计划》，全面改造项目 47 个，涉及改造面积达 1 987.53 万平方米（见表 1-6）——无论从旧改项目数还是旧改面积数来说都已是近年来之最。借助城市更新加快释放城市中的老旧空间用地，已成为广州增加土地供应的重要途径。

表1-6 近3年广州城市更新项目情况

年份	城市更新项目个数	涉及更新面积（万平方米）
2016年	14	253.00
2017年	17	113.17
2018年	47	1 987.53

（二）住房供应不足，通过城市更新满足住房需求成趋势

在住房市场，存量房和新房交易量之比大于1（占比超过50%）就表明该地区开始步入存量时代。自2013年上海的二手房成交量首次超过新房成交量之后，以二手房市场为主导的存量房交易持续放量。

据房地产大数据应用服务商克而瑞（CRIC，易居企业集团下属企业）监测，在2018年上半年10个典型城市中，北京、上海、深圳、武汉的二手房成交量均显著高于新房。南京、广州的二手房成交面积与新房成交面积保持着不相上下的状态，特别是在新房供应量显著不足的背景下，二手住房的市场热度还将维持较长时间（见图1-6）。

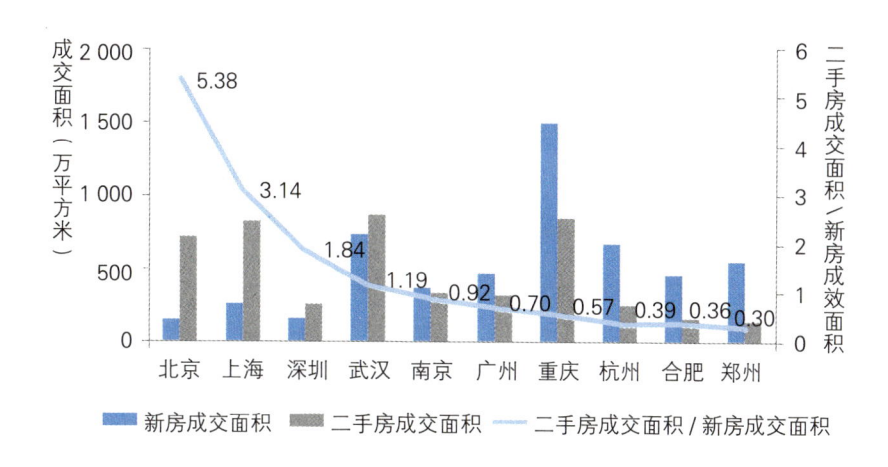

图1-6 2018年上半年典型城市二手房和新房交易对比情况

存量时代崛起的首要条件在于增量市场的供求缺口矛盾，也就是城市中可开发资源约束下的新房供给不足与需求持续增长之间的矛盾。特别在热点一、二线城市，因其各方面的优越性不断吸引着外地人口的进入，人口净流入量长期处于高位使得这些城市的住房供需矛盾已十分突出。换句话说，住房的供需矛盾是房地产业发展由增量市场向存量市场转变的核心内在驱动力。

这种矛盾在我国发展最快的城市之一深圳尤为突出。多年前，深圳在土地、资源、环境和人口四个方面"难以为继"的发展瓶颈已经凸显，其中土地方面的"难以为继"尤为严重，特区几乎面临无地可用的尴尬局面。

据海通证券研究所的最新研究报告显示，近5年来深圳市商品住宅成交面积基本在450万平方米左右，而以深圳市目前每年仅有的不到50万平方米住宅土地供应来看，后期市场明显存在潜在供应量不足的危险。考虑到深圳城市建成面积已经达到44.83%左右，简单通过新增住宅土地方式满足城市住宅需求已经不能跟上城市可持续发展的要求。因此，如何提高存量土地的使用效率及合理规划存量土地的用途，成为深圳城市更新发展的重要课题。

而早在2004年深圳就已开始了规模化的城市更新战略，通过多年的实践，城市更新的效果正在逐步显现。据深圳市规划和国土资源委员会提供的数据显示，深圳城市更新供应商品房占深圳房地产市场住房总供应量的比重从2011年开始逐步提高。2015年，深圳城市更新供应商品房的面积占商品房总供应面积的比例已经达到47%（见图1-7）。

另外，2016年深圳市规划国土委发布的《深圳市城市更新"十三五"规划的通知》对2016—2020年城市更新所提供的新增土地做了明确规划。按照规划，深圳市"十三五"期间计划通过拆除重建类更新预计供给建筑面积4 600万平方米。其中，居住建筑面积3 150万平方米，新增商品房36万套（单套面积约为90平方米），其中2 340万平方米的建筑面积由城市更新建设提供（占比 74.3%）（见表 1–7）。随着规划的逐步深入推进，深圳市的住房供需矛盾势必将得到进一步的缓解和优化。

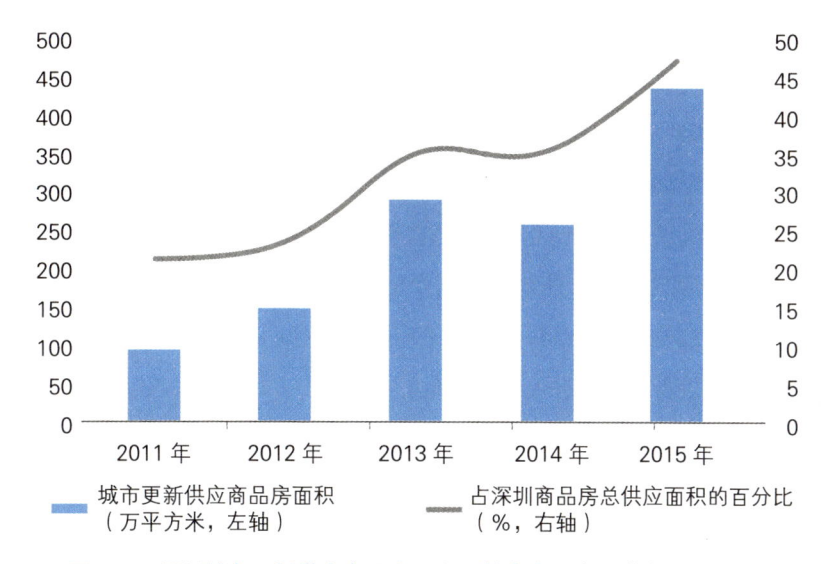

图 1–7　深圳城市更新供应商品房面积及其占商品房总供应面积的比例

表 1–7　深圳市各类住房新增安排筹建表

项目	商品住房 套数（万套）	商品住房 建筑面积（万平方米）	保障性住房和人才住房（含公共租赁住房、安居型商品房）套数（万套）	保障性住房和人才住房（含公共租赁住房、安居型商品房）建筑面积（万平方米）
新供应用地建设	3	225	4	240
城市更新建设	26	2 340	13	650
征地返还用地建设	7	585	—	—
拆建安置用地建设	—	—	4	240
多渠道筹集	—	—	19	—
总计	36	3 150	40	—

(三)商业写字楼新增供应以存量楼宇的更新改造为主

随着经济的发展和第三产业的壮大,承载现代服务业及先进制造业的商业写字楼数量不断增加。写字楼有着显著的集聚特征,往往都集中于都市的CBD(中央商务区),CBD总是城市中楼层最高、建筑密度最大、最引人注目的地区。纽约的曼哈顿,东京的新宿和临海,伦敦的金融城、西敏寺和金丝雀码头区及巴黎的拉德芳斯等区域,都集中了超过各自城市60%的写字楼数量。在纽约,这个比例更是高达73%。受到城市空间及土地资源的限制,城市特别是CBD逐渐缺乏可用于大规模写字楼开发的土地,写字楼市场也进入存量时代。

在此背景下,旧有楼宇的更新改造成为写字楼新增供应的主流渠道。以香港为例,数十年来香港用于开发写字楼的新土地的一大来源就是存量写字楼的重建,另一个来源是填海造地。2010年以后,特区政府还支持旧厂区和工业大厦更新改造用于开发写字楼。特别是在核心CBD地区,新增供应极少,在2000年到2010年十年间,中环、上环和湾仔等核心CBD地区写字楼新增供应仅增加4.3%,而非核心地区增幅为237%(见图1-8)。

图1-8 2000—2010年香港各区写字楼数量变化

香港核心地区的新增写字楼供应主要以旧楼更新改造为主，如2002年建成的渣打大厦是在拆除太古大厦后重建的，2005年建成的AIG（美国国际集团）大厦是在前富丽华酒店上重建的。

对城市中心衰败的商业楼宇进行改造，不仅能使城市面貌大为改观，再造城市中心繁荣；而且通过旧有楼宇的改造，打造高品质的写字楼吸引高端服务业进驻，可以为城市带来更高的税收收入。

五、驱动力五：人口结构变化催生消费新趋势

根据麦肯锡咨询公司发布的报告《"会面"2020中国消费者》，2010年，中国人数最多的消费者是价值消费群体，他们的家庭年均可支配收入为0.6万~1.6万美元，能负担得起基本的生活需要。"主流"消费群则生活相对富裕，家庭年均可支配收入为1.6万~3.4万美元，但仅有1 400万户家庭，占中国城市人口的6%（见图1-9）。

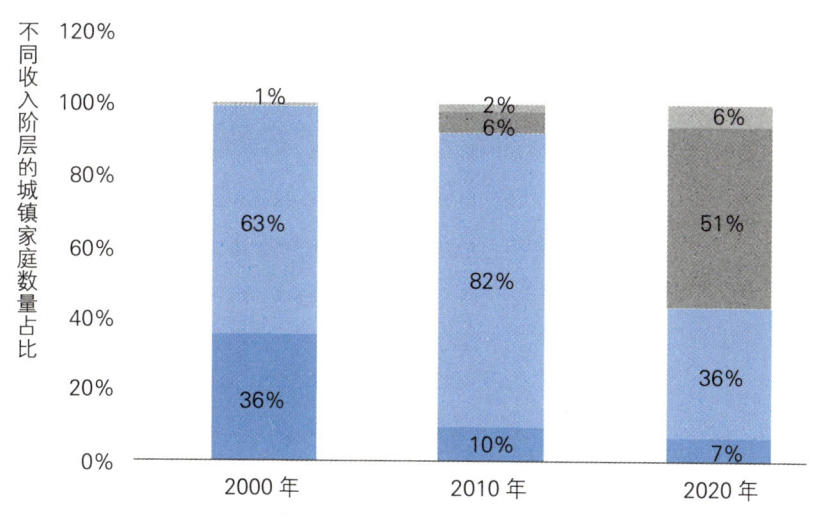

图1-9 中国不同收入阶层的城镇家庭数量变化图

消费群体构成的变化，也促使消费观念从价格敏感型向价值敏感型转换。一方面，消费者逐步追求高品质、安全且可靠的产品和服务，对于非生活必需品的需求将高速增长，比如健康、教育、休闲和金融服务等；另一方面，具有鲜明特点的消费群体不断涌现，消费者更加注重产品和服务带来的自我认同感，通过追求个性化的消费体验，寻求更加健康和快乐的生活方式。

以租房公寓市场为例，目前长租公寓行业的消费者基本上是青年白领，他们的消费观念已从"购买产品"转向"享受服务"，从"满足日常需求"变为"改善生活品质"。这种观念反映在租住房屋方面就是他们更愿意选择独立、私密、有品质、有社群感的居住空间，过去常见的分散、脏乱、老旧的私人租赁租房已经不能满足当前的年轻租客的需求。于是，许多开发商通过对老旧的城中村、住宅和厂房等进行更新改造，解决了过去分散、老旧和脏乱差的租房环境痛点，恰好也迎合了大批租客特别是年轻消费群体的需求。

在实体商业领域，过去在中国快速城市化的过程中，许多大型房地产企业直接进入商业领域。虽然在一定程度上满足了"价值消费者"快速增长的消费需求，但同时也陷入千城一面，无法提供多样化的消费体验的窘境。后期通过城市更新的提升改造，如何实现既有建筑与不断变化的工作和生活方式的衔接与互动，是非常值得探索的领域。

第三节
城市更新的作用和意义

自改革开放以来，我国持续稳定的经济增长刺激着城市形态的不断变化和发展。在中国城市化的大时代背景之下，社会经济的飞速发展刺激着城市功能的不断延伸和迭代，以适应城市社会的发展需求。而城市更新则是城市发展到一定阶段所必须经历的再次开发的过程[①]，是社会发展的产物。

城市更新有利于经济整体发展。城市更新除了满足原有城市片区功能需求外，还能在提升城市片区活力的同时兼顾城市功能的扩展。在城市高速发展的过程中，城市更新有利于嫁接产业资产，这两者能互相促进。从更大的视野来看，城市更新不但直接提升了本区域的发展层次，更能为周边片区带来促进作用。

在我国目前正处的城市化高速发展阶段，新发展、新思路、新规划和新角色将给城市带来前所未有的机遇。城市更新不仅仅是城市面貌的改善，更是城市功能的扩展，是城市间相互融合程度的升级。随着城市更新的不断推进，城市空间结构将重新布局，土地资源将重新开发，经济利益将重新分配。由此，城市的区域功能将被重新塑造，城市综合经济实力将得到提高。城市更新对加快城市的现代化、国际化进程具有重大意义。

一、城市更新促进城市空间再塑造

在城市更新的催化作用下，城市区域对功能的要求发生改变，城市综合功能的综合性和复杂性需求日益提高。在原有建筑功能的基础上，从单一的某一建筑功能到混合复杂的多元功能转变，使得新建建筑的功能更加趋于完善。城市的区域空间功能构成将体现出"功能多元、规模扩大、联系密切"的特点。[②]

城市更新强调了城市、建筑、环境与基础设施的综合发展，巧妙地将城市环境、建筑空间与城市基础设施有机结合在一起，形成统一的整体，城市间各类元素的空间将形成互通、交错和互有联系的集约化特征。

---

① 《城市综合体在兰州市城市更新中的作用与意义的研究》，王欣（2015）。
② 《城市综合体在兰州市城市更新中的作用与意义的研究》，王欣（2015）。

二、城市更新有利于嫁接产业资产

产业资产的再利用，亦是城市更新的一项重要作用。各种产业活动与世间万物并无二致，同样有着萌芽、兴起、成熟和衰落的生命周期，但正因城市更新提供的契机，促使产业以"嫁接"的形式直接导入，促进城市发展。产业嫁接之后的价值已经远远超出初始产业本身的生产价值，并且会进一步反哺城市，形成良性循环。

以文化为例，文化之所以会被产业化，往往出于两方面的动因：第一，地方传统产业自给能力不足，需要通过文创产业带来经济利益，同时还能重振地方民众对于传统文化的信心；第二，对于消费者而言，若对某种文化好奇的人达到一定规模，就会形成一种文化需求，由此文化产业应运而生。产业资产正因其无形资产所具备的精神价值，产生了高于生产价值之外的经济价值溢价。

三、城市更新促进周边区域发展

城市更新的区域往往是物业和人员密集的地段，周边物流、商务、信息和资金等诸多经济元素高度集聚。城市更新后，这些元素将得到充分释放，通过不同方式向外辐射至整个片区甚至整个城市，带动周边区域的商务发展。在带动商务发展的同时，随着商务机构规模的不断扩充，除了商务办公、总部经济、证券投资、金融服务和现代服务等主要职能外，这些机构的辅助性消费也十分重要，例如商业零售业、休闲娱乐、酒店宾馆及旅游观光等，它们对周边区域经济产生着深远的影响。[1]

四、城市更新助推"洼地"升级改造

城市更新在综合考虑经济、社会和环境等多重发展目标后，对城市

---

[1] 《城市综合体在兰州市城市更新中的作用与意义的研究》，王欣（2015）。

的某些不符合现代发展需求的老旧城区进行改善和提高。在我国很多大中城市，发展主要集中在中心区域，城市发展没有兼顾综合平衡效应，相比城市中心，周边区域在经济发展和人文构成等方面均处于劣势，由此形成了城市中的发展"洼地"。城市"洼地"的共同点在于毗邻经济发达地带，交通条件成熟，但未享受显著地缘优势所能产生的区域发展推力，往往成为城市发展的死角。

在我国，有大批的城市"洼地"以城中村、棚户区的状态呈现。关于这些区域的更新在一、二线城市已有很多实例。以最为突出的城市之一深圳为例，在开放性优于其他城市的土地政策支持之下，深圳自2005年大举进行城中村改造以来，已实施了近500个城市更新计划单元项目。对相关区域的环境、交通、住房和社区衰败等问题的治理，不仅能有效改善此区域的居住和公共环境，提升市民生活品质，给地方政府带来财政收入，还能为地方政府培育新的税源，带来相应公共事业的收入，多方面挖掘老旧"洼地"区域的价值潜能。

第二章

国内典型城市城市更新现状和政策

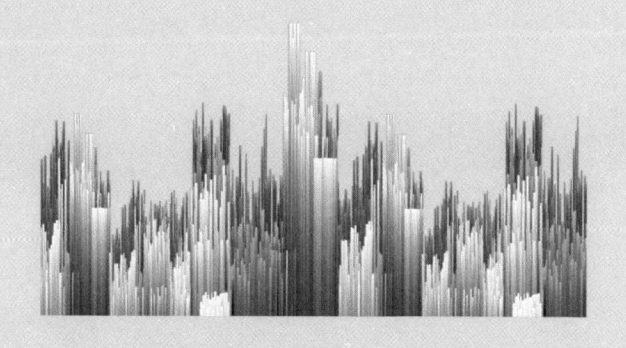

根据每个城市的产业定位、城市规划、基础设施和人文历史等情况的不同，政府在引导城市更新的方向和制度实施细节方面也应有所差异。针对不同城市的定位，如何匹配差异化的城市更新举措，已成为当今城市更新规划和建设过程中一个不可忽视的现实问题。这不仅关系到一个城市未来的发展方向，而且对后续如何强化城市特色，激发城市活力及促进城市可持续发展具有独特意义。

另外，通过对国内典型城市的城市更新现状及政策的解析，对不同城市在不同阶段的城市更新的需求和特点进行对比分析，回顾过往，总结得失，我们不仅可以借鉴典型城市的成功经验，而且有利于结合自身实际情况形成科学的发展思路。这是正处于快速发展期的中国城市所急需的城市更新指导思想。

第一节
国内重点城市城市更新模式盘点

受不同区域的地理位置、历史基础和经济水平等因素影响，我国城市的更新呈现出了不同的发展个性。例如，在一些经济较为发达的城市，因为土地与空间的矛盾日益激化，所以如何加快存量土地盘活，让旧改和城市更新突破土地供应瓶颈以及提高土地集约使用效率等成为这些城市面临的主要难题。对于大多数二线城市而言，虽然土地供给并不是最主要的矛盾，但诸如武汉和昆明这些经济较为发达的内地城市都存在突出的城中村现象，造成了较大的环境、卫生及治安压力。[1] 出于改变城市形象和提升

---

[1] 《城市更新类建设项目投资决策研究》，吴琼（2012）。

城市竞争力的考虑，推进城中村的改造成为这些二线城市的主要目标。

一、北京：政府出资改造为主

与南方省份在城市中自然形成的城中村不同，北京的城中村主要由城市建设死角构成，自然村不到10%。截至2004年6月，北京当时的城八区共有城中村231个，占地面积约1 700万平方米，其中大部分分布在朝阳、海淀和丰台三区。同年，北京开启了其中50个城中村的重点改造计划。

对于分布在不同区域的城中村，北京采取了不同的改造策略。例如，对于中心区的城中村，以政府主导并出资改造为主，重点是拆除违法建筑并建设道路和绿地等公共基础设施。对一些面积较大的片区，北京市采取市场化的方式来开发。以朝阳区的城中村改造为例，原则上北京市政府和朝阳区政府各出资50%，同时区政府也努力吸收社会资金的投入。而对那些位于城乡接合部的城中村，政府部门则是在新城建设和工业转移过程中逐步完成改造。北京在新的城区规划中，拟建设11座新城，承接人口疏散及产业转移的作用。在城市逐渐扩大的过程中，新城的建设推动了郊区乡村的城市化进程。在这类城中村改造过程中，政府给予合理补偿的同时，需特别考虑失地农民再就业的问题。为此，北京的旧改结合不同城中村的特点实行"一村一案"的改造，在产业向郊区转移的过程中设法让农民真正转变为城市居民。[1]

二、上海：旧城改造进入高成本阶段

20世纪90年代初，基于大规模的城市重新布局和产业结构调整，上海市开始加大旧城改造力度。针对当时的"住房难"这一突出矛盾，上海以土地批租为突破，"两级政府、三级管理"协同推进。2000年，上海全面完成365万平方米危棚简屋改造任务，第一轮旧改告一段落。

---

[1] 《城市更新下的投资机会》，华泰联合证券有限责任公司研究所（2010）。

2001年上海市政府通过了《上海市城市房屋拆迁管理实施细则》。该细则规定旧改补偿标准以市场评估价为准，实行货币安置为主，"拆、改、留"并举。在2005年截止的第二轮旧改中，上海旧改面积达700万平方米，使28万户家庭受益。

在经历第一、二轮旧改后，上海于2006年"十一五"开局之年启动了新一轮旧改规划。在剩下的800万平方米旧城改造规划中，上海市计划用两个"五年计划"来完成。随着上海旧城改造向前推进，拆迁的难度越来越大，高昂的拆迁成本迫使政府探索旧城改造新方案。2009年上海市出台《关于进一步推进本市旧区改造工作的若干意见》，提出要引进社会资金参与旧城改造；积极探索选择有品牌、有实力、有经验的开发企业参与旧城改造的途径；鼓励和引导金融机构加大对旧城改造的信贷支持力度，金融机构根据信贷原则和监管要求，对土地储备机构和房地产企业参与旧城改造提供融资支持和相关金融服务；探索通过信托、债券等金融工具，拓宽旧城改造融资渠道。[①]

在上海，参与旧城改造项目的企业主要以各区域土地储备中心及具有政府背景的地方性企业为主，大型开发项目也不乏开发实力较强的知名发展商介入，如瑞安集团等。

三、广州：城市更新机构引导行业发展

从2009年到现在，广州市的城市更新经历了两个明确的变化阶段。早期，完全是市场开放，鼓励开发商主导更新城市环境。这一时期房地产开发商享受到了非常多的政策红利，尤其在旧厂和旧村的改造上。后来，因旧城改造拆迁较难，盈利缺乏保障，开发商普遍不愿参与，产生了局部与整体规划发展不平衡的矛盾。为解决这个矛盾，广州市政府发布了《关于加快推进"三旧"改造工作的意见》（56号文件），政策风向变为政

---

① 《城市更新下的投资机会》，华泰联合证券有限责任公司研究所（2010）。

府管控为主，提出对土地"应储尽储"，由政府来进行更新主导。为了统筹和协调城市更新的总体推进，广州在之前"三旧"改造工作办公室的基础上，于2015年成立了我国第一个城市更新局，并在整体规划上，提出了"1+3+N"的规划编制体系（见图2-1）。

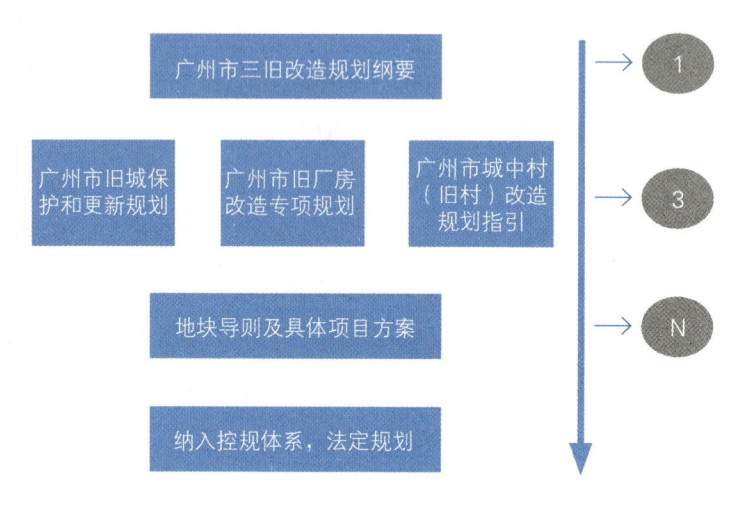

图2-1 广州城市更新"1+3+N"的规划编制体系

截至目前，广州的城市更新基本上可分为旧城、旧村和旧厂三大类改造。其中，旧厂改造是最重要的改造类型。由于历史问题，这些旧厂土地权属复杂，国有用地与集体用地混杂不清，因此，旧厂改造又分为国有土地旧厂房改造和集体土地旧厂房改造两大类。

- 国有土地旧厂房改造　国有土地旧厂房改造包括政府收储和自行改造两种方式。为鼓励土地权属人交地收储，政府与土地权属人分配土地增值收益。独立分散、未纳入成片连片收储范围及控制性详细规划明确为非居住用地（保障型住房除外）的国有土地旧厂房可申请自行改造。自行改造包含"工改工"、"工改商"、"工改新产业"及"科改科、教改教、医改医、体改体"四种类型，原则上按照市场评估价补缴土地出让金。属于同一企业集团、涉及多宗国有土地旧厂房改造的区域（总用地面积不低于 12 万平方米），可整体打包改造，土地权属人应将不少于 42.5% 的权属用地面积交给政府，政府则按同地段毛容积率 2.0 商业市场评估价的 40% 实施补偿；剩余非商品住宅规划用地可以协议出让、自行改造。

- 集体土地旧厂房改造　这种类别的改造多鼓励成片连片产业升级改造，分别实行用地面积不低于 150 亩和 150 亩以下两种优惠政策。用地面积不低于 150 亩，村社同意由区政府统一招商且用于产业发展的成片连片集体土地旧厂房及村级工业园可单独改造；用地面积低于 150 亩且不纳入旧村全面改造和微改造的集体土地旧厂房及村级工业园在遵循一定条件的前提下可单独改造。

广州的城市更新主要有 3 种改造模式，分别是微改造、全面改造、土地整备或政府收储，其中微改造是重头戏。

最新公布的《广州市 2018 年城市更新年度计划（第一批）》显示，广州市 11 区的微改造项目有 174 个，全面改造项目有 23 个，土地整备或政府收储项目有 23 个。其中，荔湾区的微改造项目最多，达 48 个，占该区 2018 年城市更新正式项目的 98%。

四、深圳：开发商与村股份公司进行合作

深圳的城市更新主要围绕"旧城镇、旧厂房、旧村居"的"三旧"改造进行，并在近年的实践中尝试了多种改造模式（见图 2–2）。

早期，深圳市政府逐渐发现单纯依靠政府或者村股份公司的力量进行改造，难以获得全面成功，后来逐渐开始尝试引进在政府主导下开发商与村股份公司进行合作改造的模式。深圳市的这种做法虽然目前仍无法有效解决三方博弈造成的效率低下问题，但这种模式可以在最大程度上实现多方共赢。

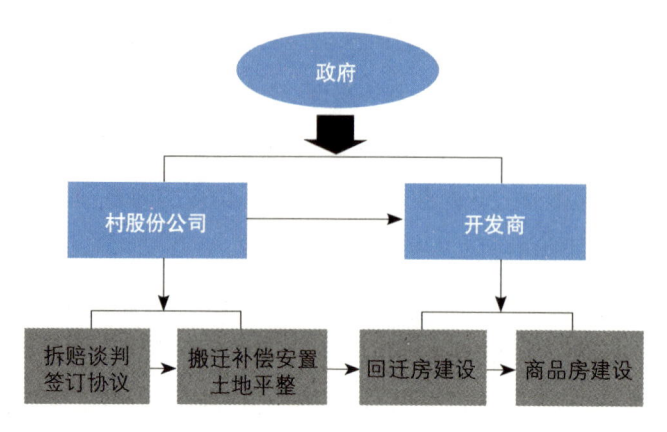

图2-2　在政府主导下的开发商和村股份公司合作开发

此种模式由政府负责政策制定、规划论证和前期研究，以及实施过程中的管理、监督、协调和拆赔策略制定，由股份公司出面参与拆迁谈判及补偿安置过程，而开发商则作为出资方负责回迁房建设、商品房建设与出售等工作。目前看来，这种模式可以最有效地调动政府、开发商和村民三方博弈的力量，虽然在商业价值较高的大城市中仍面临拆迁方面的巨大挑战，但长期来看可在最大程度上实现多方共赢。在此种模式下，政府的参与程度和改造决心直接决定了项目改造的进度，进而决定了开发企业的盈利空间。①

深圳渔农村改造

渔农村位于福田区皇岗口岸旁、地铁沿线。当地改造前用地面积为2万平方米，建筑面积在未抢建前为11.15万平方米，抢建后达到13.22万平方米，容积率高达6.61。该地区在改造前的各项指标均十分不利于改造的进行，福田区政府在2004年开始启动对渔农村的改造项目，成立了28人专门工作小组对其进行拆迁谈判和运作。政府在项目的推动上体现出了

---

① 《城市更新类建设项目投资决策研究》，吴琼（2012）。

空前的决心，并在拆迁和土地补偿等方面做出了很大的让步，才促使项目最终完成。在该项目历经 4 年的运作中，开发商金地集团的利润得到了极大的保障，项目的整体毛利润高达 64.9%。我们认为金地集团在该项目获利良多与政府的极力支持有着非常直接的关系，主要体现在 3 个方面：

- 政府在拆迁谈判和拆迁补偿上全力介入，动用行政力量与村民进行拆迁谈判，并且拨款 1.6 亿元用于拆迁补偿；
- 将周边的武警支队用地收回用于占地补偿，直接增加项目占地面积 1.1 万平方米，并同意将项目容积率提高至 7.75，直接增加了项目的整体可售面积；
- 政府全额投资兴建市政配套道路，在渔农村西北侧增加一条双向的市政道路直接连通皇岗路，成为进出渔农村的第二个出口，解决了渔农村片区仅有一个城市出入口的问题。[①]

五、天津：以政府为主导，先安置、后改造

随着城市的快速扩张，天津市外环线以内的城区形成了约 88 个城中村，其中有 22 个村在市内六区，而且它们已被纳入市区危陋平房拆迁改造范围，其余位于环城四区的 66 个村中有 20 个村在 2009 年年底已完成城中村改造，尚需改造的城中村约 46 个。目前正在实施改造的有 32 个，2018 年启动了 14 个。

在天津的城中村改造中，政府发挥着比较突出的主导作用。2010 年 6 月，天津市成立保障性住房建设和城中村改造领导小组，指导环城四区政府按时完成外环线以内的城中村改造任务，协调解决改造和建设中的重大问题，对环城四区政府进行年度责任目标考核，并对之前责任归属不清的 21 个城中村进行责任明确。中心城区的各区政府作为城中村改

[①] 《城市更新下的投资机会》，华泰联合证券有限责任公司研究所（2010）。

造的责任主体，各自建立城中村改造工作指挥部。[1]

在改造过程中，天津市奉行的是以宅基地换房，先安置、后改造的政策。2005年年底，东丽区的华明镇、津南区的小站镇和武清区的大良镇开展了首批宅基地换房试点。基本思路为：在国家现行的政策框架内，坚持承包责任制不变，可耕种土地不减和农民自愿的原则，规划建设适于产业聚集的新型生态宜居小镇，农民以宅基地换取小城镇住宅并迁入其中居住。

具体操作办法则是把农民准备出让的宅基地抵押给银行，贷款建设新型小城镇回迁区，在农民入住后，将拆完的宅基地复耕，根据国土资源部《关于规范城镇建设用地增加与农村建设用地减少相挂钩试点工作意见》，得到一部分土地周转指标，通过占与补实现平衡。置换出的经营开发用地通过招拍挂方式取得收益，解决农民住宅和公共设施建设的资金需求。

六、杭州：政府协调、开发商出资建设的体系

杭州的城市更新更多地表现为旧城保护和新区建设并举。在杭州城市更新的主要工程中，风景区和历史文化区的保护占据了一定的地位，城市更新更为强调"有机更新"，尊重历史，遵循街区的原真性、整体性和持续性。通过背街小巷整治和风景区改造等城市更新措施，使得中心城区的土地迅速升值，财政收入的增加使得更多的资金被投入城市更新，从而形成了良性循环。

杭州城市更新的模式已基本形成二元体系，即政府规划协调，开发商出资建设。政府积极投资建设城市路网、环境小品等城市公共设施，开发商则进行项目开发。杭州各区属房地产开发企业是旧城改造项目的主要参与者，如脱胎于杭州上城区国有企业的广宇集团早期以旧城改造

---

[1] 《城市更新下的投资机会》，华泰联合证券有限责任公司研究所（2010）。

为核心业务，先后完成观音塘小区、金钱巷小区和华藏寺巷小区等旧城改造项目，总面积达到 100 多万平方米。

七、武汉：在城中村改造过程中保障开发商的利益

武汉市政府从 2008 年开始启动"城中村综合试点改造"，并出台了积极鼓励城中村改造的相关政策。其中比较有代表性的政策包括改革户籍管理制度，将城中村村民的农业户口改登为城市居民户口；逐步将城中村中改登为城市居民户口的人员纳入城市社会保障体系。

引进资金并保障开发商的利益，市场化运作也是武汉城市更新模式的显著特征。根据《武汉城中村综合改造工作的意见》，城中村被分为 A、B、C 三类：A 类为人均农用地小于或等于 0.1 亩的村，由改制后的村办企业自行改造；B 类为人均农用地大于 0.1 亩、小于或等于 0.5 亩的村，以项目开发的形式改造；C 类为人均农用地大于 0.5 亩的村，以统征储备的方式进行改造。

在武汉城中村改造过程中，土地全部是以项目捆绑、挂牌底价的方式出让。挂牌底价通常为安置房的建设成本加地价款之和的 1.15 倍。其中多出的 15% 主要是给前期介入拆迁工作的开发商，以保障其在土地挂牌后，如最终没能拍到这个地块，仍可获得 15% 的回报。[①]

第二节
国内典型城市城市更新政策盘点和解析

广东省社科院发布的《粤港澳大湾区建设报告（2018）》显示，粤港澳大湾区 2017 年的 GDP（国内生产总值）总量超过 10 万亿元，占全国比重高达 12.57%，而大湾区的土地面积仅为全国的 0.6%。2016 年，

[①] 《城市更新下的投资机会》，华泰联合证券有限责任公司研究所（2010）。

广东省按照中央城市工作会议的精神，坚持规划引领、分类推进和政策引导的方针，全面开展城市更新工作，以点带面地提升城市功能，促进宜居环境建设。广东省将"发展规划"和"行动计划"有机结合，提出将城市更新从单一目标转向多元目标，从政府主导转向"市场、政府与公众的多方互补互动"，从"单个项目、分类推进"转向"系统引导、成片策划、差异化推进"，从单一拆除重建转向综合运用等多种改造方式。

广东省作为全国的存量节约集约用地示范省，提前展开了试验，对全国其他地区有较强的借鉴意义。通过城市更新，珠三角九市在民生改善、投资引入、用地盘活与历史传承等方面都有较大的提升。

一、深圳市更新政策盘点和解析

（一）深圳市城市更新办法编制背景

2009年8月，广东省"三旧"改造政策出台，实现了"三旧"改造、用地出让和完善历史用地手续等六大突破。

2009年12月1日，《深圳市城市更新办法》（下文简称《更新办法》）正式施行，成为国内首部系统性规范城市更新工作的政府规章，构建了深圳市城市更新政策体系的核心。该办法明确了"政府引导、市场运作、规划统筹、节约集约、保障权益、公众参与"的原则，并确立了综合整治、功能改变和拆除重建三种更新模式。

2010年至今，深圳市政府、市规划国土委相继出台了一系列配套文件，形成了较为系统的城市更新政策体系，确立了"大力推进城中村和旧工业区改造，积极推进旧商业区改造和稳步推进旧住宅区改造"的策略，规范了相关运作流程。

2011年，深圳市时任市长许勤在政府工作报告中指出，要借助城市更新释放发展空间，推动城市发展由依赖增量土地向存量土地二次开发转变，当前城市更新工作仍然是市委、市政府高度重视的一项战略性工作。

2012年,《城市更新办法实施细则》颁布,有效促进了城市更新工作的开展。

2014年,《深圳市人民政府办公厅印发关于加强和改进城市更新实施工作的暂行措施的通知》,对于城市更新的用地处置政策和地价政策做了更详细的说明,同时提出要进行旧工业区改造并试点小地块更新,更好地发挥市场在资源配置中的作用和政府的调控管理作用。该通知进一步加强和改进了城市更新工作。

2016年,上述暂行措施进行修编,提出更多契合实际发展的更新要求,比如旧工业区综合整治、试点更新单元和保障性住房配比增加等,强化了城市更新在城市基础设施建设和城市发展方面的作用。

2017年,经过强区放权之后,深圳各区陆续在《更新办法》和《深圳市城市更新十三五规划》的基础上,提出各自的发展诉求,编制各区的城市更新办法,使得城市更新的工作更贴合各区的实际情况。

这些城市更新办法及其实施细则在很长一段时间内指导着深圳市的城市更新工作稳步推进,现在的很多新政策大多基于此框架。未来,这两份文件仍具有一定的指导意义。

(二)政策利好解读

1. 保障公共利益,实现多方共赢

深圳市的城市更新政策将社会公益放在第一位,要求城市更新项目,尤其是拆除重建类项目通过用地贡献、拆迁责任捆绑和保障性住房配建等多种方式承担社会责任,发挥城市更新对城市整体品质提升的积极作用。

2. 缩短工作时限,加强进度监管

建立了项目推进的"倒逼"机制;一方面,大幅缩短政府相关部门的审批时限;另一方面,在土地及建筑物信息核查、规划编制和实施主体确认等阶段,对市场主体提出了推进时限要求。

3. 强化公众参与，实现规范操作

通过城市更新意愿公开征集，城市更新单元规划公示，已批准计划与规划的公告及利益关系人意见的征求等多种形式，深圳市在进行城市更新时力求各个环节都实现公众参与，保障权利人的知情权和参与权。

4. 坚持市场运作，强化政府引导

根据项目类型选择最合理的推进模式，并明确政府相应的定位和管理深度。在坚持"市场运作"原则的基础上，对于单纯依靠市场力量难以有效推进的项目，适度加大政府组织实施的力度。

5. 明确部门分工，实现管理下沉

市级层面主要负责牵头开展政策研究与制定，并整体统筹城市更新计划和规划，而区级层面则主要负责项目实施与监管。

（三）政策要点解读及利弊分析

深圳市全面启动以城中村改造和旧工业区改造为主的改造工作已有数年时间（2004年就已经启动）。在2009年之前，规划获批的改造项目已有数十个之多，但真正完成改造或已进入改造实施阶段的项目并不多。究其原因，主要在于虽然与开发新增土地相关的各项政策和规范都已成熟，但在如何改造利用存量土地上，政策和管理手段都还不完善，一些地方甚至还有政策瓶颈。比如说，改造项目用地是否要以"招拍挂"方式出让土地使用权，按何种标准收取改造项目地价等问题尚未明确，大量规划获批的改造项目都在"等政策"[1]。本次出台的《更新办法》在多方面取得重大突破，更新项目从计划和规划管理到行政审批的各个环节和操作程序都已得到明确，更新工作的步伐将大大加快。

1. 城市更新项目用地可协议出让

在过去，城市更新在确定实施主体，如何确定地价标准及土地使

---

[1]《城市更新项目用地出让不必招拍挂》，载于《深圳特区报》（2013）。

用权的出让方式等问题上都缺乏政策规范。对于上述问题，《更新办法》都一一确定了规范，全面扫清了过往城市更新工作过程中的政策障碍。

《更新办法》第31条有如下表述："除鼓励权利人自行改造外……"此段表述的意思非常明确，"鼓励权利人自行改造"。第33条更是进一步规定："存在多个权利主体的，可以在各权利主体通过协议方式明确权利义务后由单一主体实施城市更新，也可以由各权利主体签订协议并依照《中华人民共和国公司法》的规定以权利人拥有的房地产作价入股成立公司实施更新。"

《更新办法》规定，对于自行改造的项目，"实施主体在取得城市更新项目规划许可文件后，应当与市规划国土主管部门签订土地使用权出让合同补充协议，或者补签土地使用权出让合同，土地使用权期限重新计算"。尽管条文没有直言，但这段表述意味着城市更新项目的土地使用权可以通过协议方式出让。

权利人可自行改造及自行改造的项目不需要以"招拍挂"方式出让土地使用权这一问题的明确，将大大提高原权利人进行改造的积极性。[①]

2. 城市更新对象全覆盖

2004年10月28日，深圳市召开全市查处违法建筑和城中村改造工作动员大会，全面启动城中村改造工作。此后不久，旧工业区改造工作也全面展开。但在过去，城市更新主要集中在城中村全面改造和旧工业区升级改造两个方面。与此不同的是，2009年出台的《更新办法》则涵盖了深圳市行政区域范围内所有的城市更新活动。从适用范围来看，《更新办法》实现了旧工业区、旧商业区、旧住宅区、城中村及旧屋村所有城市更新对象的全覆盖。

与过去的旧改相比，现今使用的"城市更新"概念的定位更加准确、

---

① 《观念"突围"，深圳破蛹化蝶》，载于《广东建设报》(2009)。

内涵更加深刻。《更新办法》第一条就明确规定，"城市更新"的目标是进一步完善城市功能，优化产业结构，改善人居环境及促进经济社会可持续发展。相比之下，"城市更新"相比"旧改"是质的飞跃。

实际上，在后续的改造过程中，旧住宅区遇到了更多的问题，市场的监管和拆迁谈判的难度等问题都制约着旧住宅区改造工作的推进，已经立项的一批旧住宅区改造项目基本上都存在推进不如意的情况。所以，后来出台的暂行措施和处理意见等补充政策，针对旧住宅区的改造提出了审慎改造的方针，这使得旧住宅区的改造也停滞了一段时间。直至棚户区改造的出现，政府和国有企业的参与才使得旧住宅区改造找到了新路径，但由于是完全的政府主导行为，对市场的开放度不够，企业的参与热情不高，再加上拆配等限制因素，旧住宅区改造的推进速度仍不尽如人意。

3. 首创"城市更新单元"概念

《更新办法》首次引入了"城市更新单元"这个全新的概念。《更新办法》第4条规定："城市更新单元规划是管理城市更新活动的基本依据。"

以往的旧改项目一般是以行政单位或地块为改造单元的，比如说某某村的改造或某某地块的改造。这种方式有很大的缺陷，打个简单的比方，如果改造的范围过小，"腾挪"的空间就很小，一些配套设施就无法落地，改造的效果也就不理想。例如，有两个村都要改造，而改造规划想在这两个村中安排一所学校，那么这所学校到底安排在哪里就是一件很费脑筋的事。但实施主体如果能把这两个村都纳入一个"城市更新单元"中去，则可以统筹考虑，且可以平衡各方利益。

引入"城市更新单元"的好处在于，"城市更新单元"的划分可以不受具体的行政单位或地块所限，而是通过对零散土地整合予以综合考虑，以此获取更多的"腾挪"空间，保障城市基础设施和公共服务设施的相对完整。《更新办法》第11条提出："一个城市更新单元可以包括一个或多个城市更新项目。"[1]

4. 以城市更新年度计划控制城市更新节奏

尽管城市更新对深圳来说非常重要，但很显然不能"一哄而上"。作为一项重要的经济活动，城市更新必须要被纳入社会经济的整体发展中予以考虑。比如，城市更新的步伐必须与产业升级的节奏保持一致，必须与城市发展的总体布局和安排相吻合，必须考虑到城市更新对房地产市场的影响等。为此，《更新办法》提出，要对城市更新活动实行计划管理。

城市更新年度计划将对每一年度的城市更新单元规划和将要实施的拆除重建类及综合整治类更新项目做出安排，并将之纳入全市的近期建设规划年度实施计划和土地利用计划的平台，以此强化城市更新的计划管理，保障城市更新工作的有序进行。

5. 综合整治、功能改变和拆除重建三类更新模式并行

在具体实施层面，各个不同的区域或项目对更新的具体形式有不同的需求。有些需要推倒重来，有些可以通过改变功能予以实施，有些则可以通过以完善基础设施为主的综合整治的方式进行。为此，《更新办法》区分了3种不同的更新模式——综合整治、功能改变和拆除重建。此外，在同一城市更新单元内，还有可能出现多种改造模式并存的情况。

《更新办法》相关条文规定："综合整治类更新项目主要包括改善消防设施、基础设施、公共服务设施、沿街立面、周边环境和既有建筑节能改造等内容，但不改变建筑的主体结构和使用功能。""功能改变类更新项目虽然可以改变部分或全部建筑物的使用功能，但不得改变土地使用权的权利主体和使用期限，需要保留建筑物的原主体结构。"至于拆除重建，顾名思义，就是推倒重来。从经济的角度来看，城市更新并不意味着"大拆大建"。

---

[1] 《城市更新项目用地出让不必招拍挂》，载于《深圳特区报》(2013)。

总体来看，综合整治类和功能改变类城市更新的适用条件较为宽泛，而拆除重建类城市更新的适用条件则要严格得多。未来，深圳城市更新将是这三种模式的有机结合，而且以综合整治为主。[1]

（四）引导方向和市场预判

城市更新不同于以往的通过新增用地的出让来进行土地开发和建设，而是在存量土地上进行二次开发。拆迁谈判、拆迁补偿、开发强度确定和公共设施安排等是城市更新面临的主要问题。上述问题中各种利益交织，平衡难度较大，需要一套完善的政策体系和操作办法加以必要的引导和规范。[2]

深圳经过多年摸索，并借鉴国内外成功经验，创新性地形成了符合深圳实际情况的城市更新办法。

1. 城市更新不局限于拆除重建，方式更加多元化

城市更新包括综合整治、功能改变和拆除重建，但在实施过程中并非将这三种模式完全割裂，而是根据条件成熟程度采取多种方式并举。

另外，由于符合拆除重建的更新改造项目已经很少，需要创新改造模式，深圳市又形成了土地整备与利益统筹等一系列改造方式，以适应市场的发展。

2. 城市更新更注重公共利益的实现

关注民生和公共利益优先是深圳城市更新一直坚持的原则。深圳市及各区政府在这一原则的指导下，对居住环境较差或基础设施缺乏的城中村进行了系统性的综合整治。对拆除重建类城市更新项目，相关方通过设定公益性设施的捆绑改造责任来保障公共利益，如更新单元需提供不少于其拆迁范围面积 15%（且不小于 3 000 平方米）的用地来进行城市公共项目建设；开发建设用地需提供不少于 5% 的用地作为公共开放

---

[1] 《城市更新项目用地出让不必招拍挂》，载于《深圳特区报》（2013）。
[2] 《城市更新：城市建设的创新》，载于《深圳特区报》（2017）。

空间；有居住功能的项目需按住宅总面积 5%~12% 的比例配建保障性住房；"工改工"项目需提供一定比例的创新型产业用房等。

为了保障市政基础设施及公共服务设施的建设，深圳市城市更新主管部门创新性地提出了"公益优先，以城市更新单元实现利益共享的原则"。目前，深圳市的城市更新工作已经形成行之有效的运行模式。在土地利益共享机制方面，政府主要保障城市规划的落实和公共配套的落地，推动土地集约利用；市场主体参与存量土地开发建设，分享土地增值收益；权利主体获得新的物业安置或货币补偿，共享增值收益；原农村集体经济组织实现转型发展。

数据显示，截至 2016 年 6 月，已获批的城市更新规划中落实了中小学 90 所、幼儿园 196 所、医院 3 家、社康中心 164 家（总建筑面积 11.87 万平方米）、公交首末站 107 个（总建筑面积 34.25 万平方米）及其他一大批公共服务设施，切实促进了全市的公共设施均等化。[1]

3. 宽松的土地政策，成为城市更新项目持续推进的催化剂

深圳之所以能够开展大规模的城市更新运动，主要受益于国土资源部（自然资源部的前身）给予广东省的特殊政策及深圳拥有的特区立法权。2009 年，国土资源部与广东省开展部省合作，推进节约集约用地试点示范省建设。广东省提出针对旧城镇、旧厂房、旧村庄的"三旧"改造，作为推进试点示范省建设的一项重要任务，并出台粤府〔2009〕78 号文，即《关于推进"三旧"改造促进节约集约的若干意见》。该意见对现行的国土资源政策有五大突破：第一，允许原权益人自行改造或跟其他组织机构合作改造，这一点与现行的大部分政策相比是一个很大的创新；第二，允许在土地出让方式中打破以前"招拍挂"用地审批的唯一门槛；第三，允许在地价方面制定鼓励政策，吸引社会资金投入更新改造；第四，将零星用地统筹纳入更新范围，一并出让给实施主体统一改造；第五，

---

[1]《城市更新：城市建设的创新》，载于《深圳特区报》(2017)。

针对更新中的历史用地遗留问题、供地方式、地价鼓励和零星用地等制定专门政策。这些创新性突破为整个广东省"三旧"改造工作打开了突破口。

2009 年,深圳市在广东省 78 号文件的基础上,出台了《深圳市城市更新办法》和产业用地"1+6"等文件,在土地政策上大胆尝试——允许原农村集体工业用地入市流转,同时对大量历史遗留用地进行处置。这些土地政策为大规模城市更新提供了用地保障。①

4. 将旧住宅区、旧城区纳入改造范畴,更新改造范围更广

《深圳市城市更新办法》及深圳陆续出台的一系列配套性文件,按照政府引导与市场运作的原则,为旧住宅区拆除重建打开了一扇窗。这就犹如一座宝库透开了一丝缝隙,光芒投射出来,兴高采烈的掘金者蜂拥而入,以风卷残云之势入驻各旧住宅区,甚至为争夺一席之地而产生摩擦。一时间,市场热度空前,旧住宅区凭借着巨大的想象空间,身价扶摇直上,业主的预期也被推上了顶峰。

对此,深圳市于 2012 年 1 月发布实施《深圳市城市更新办法实施细则》,第 46 条明确规定,属于以旧住宅区改造为主的改造项目,区政府应当在城市更新单元规划经批准后,组织制订搬迁补偿安置指导方案和市场主体公开选择方案,经占建筑物总面积 90% 以上且占总数量 90% 以上的业主同意后,公开选择市场主体。至此,2009 年打开的那一扇窗,到 2012 年正式关闭,全面宣告以市场主体申报的旧住宅区改造式城市更新模式为主的市场运作阶段结束。然而,此前已经入驻旧住宅区的市场主体并未放弃,只是行为与形式不再如当初那般大张旗鼓,私下依然在协商推进。

深圳的旧住宅区成为挖掘存量土地空间的重要来源之一,城市发展、区域升级和居住改善等来自各方面的诉求日渐强烈,旧住宅区拆除重建已是大势所趋。城市更新曾为旧住宅区改造打开了一扇窗,点亮一丝希

---

① 《深圳城市更新经验的沉淀与输出》,敬宏愿,杨妍(2015)。

望,但经过8年实践之后,终究未能如愿,没有达到预期的效果。如今,这扇门已逐步关闭。旧住宅区改造涉及各方权责和利益,剪不断、理还乱。毫无疑问,城市更新现在再一次站在了岔道口。但是,经过罗湖二线插花地棚户区改造项目的试点运作,经过市、区相关主管部门的政策研究,困扰深圳旧住宅区改造的迷雾渐渐被拨开,一条逐渐清晰的路线呈现在我们眼前。

5. 未来城市更新中政府的作用会更加凸显

自2009年《更新办法》出台以来,深圳的城市更新市场化路径已经走了9年之久,通过市场运作进行城市更新的问题和弊端也慢慢暴露出来。根据国内外城市更新的经验可以发现,"市场路径走久了自然会回归政府主导,政府主导久了也自然会寻求市场路径的灵活快速",这似乎已经成了城市更新发展的一般规律。这从最新一版的暂行措施提出重点更新单元制度及各区纷纷要求增加更新片区或统筹片区的呼声可以看出端倪,加强政府的规划调控和主动引导将会成为未来的发展趋势。[①]

二、广州市更新政策盘点和解析

(一)广州市城市更新管理办法编制背景

2015年2月28日,广州市城市更新局正式挂牌成立,成为内地首个市级城市更新政府机构,并先后出台《广州市城市更新办法》(广州市人民政府令)和针对旧村庄、旧厂房、旧城镇更新实施办法的3个配套文件(简称城市更新"1+3"政策)、《广州市人民政府关于提升城市更新水平促进节约集约用地的实施意见》,建立了较为完备的城市更新政策体系,形成了具有广州特色的"城市系统和谐更新"方法。广州市"三旧"改造结合了国家棚户区改造政策及广东省"三旧"改造最新

---

① 《深圳城市更新经验的沉淀与输出》,深圳房地产信息网(2017)。

政策的精神，以政府主导、市场运作和利益共享为原则，强调了历史文化保护、产业转型升级和人居环境改善。其中《广州市城市更新办法》属于政府规章，旧村、旧厂、旧城更新实施办法则以政府规范性文件的形式下发到各级主管部门，其目的是促进城市土地有计划地开发利用，完善城市功能，改善人居环境，传承历史文化，优化产业结构，统筹城乡发展，提高土地利用效率，保障社会公共利益。

（二）政策利好解读

1. 更加注重保障公共利益，实现多方共赢

广州市在城市更新过程中也是将社会公共利益放在第一位，要求城市更新工作应当注重长期效益和可持续发展，完善各利益主体土地增值收益共享机制，妥善处理好各方的责、权、利关系，保障城市可持续发展。

"1+3"政策将公共利益和各方利益结合起来，慎重启动拆除重建类更新项目，使城市更新更切合实际，更考虑民生；同时也减少了"三旧"改造项目过程中的问题，有利于"三旧"改造项目的开展。

2. 加强基础数据调查，优化工作流程

广州市建立了由政府主导进行的基础数据调查制度和共享机制，规范工作流程，强化监管机制。一方面，在土地及建筑物信息核查和规划编制阶段确保数据的准确性；另一方面，优化政府相关部门的审批和监管。

3. 强化公众参与，实现规范操作

通过城市更新中的公示、征求利益关系人意见和组织专家论证等多种形式，广州市的城市更新工作力求实现更多公众的参与，引入公众咨询委员会和村民理事会制度，充分保障权利人的知情权和参与权。

此举可激励公众的参与热情，同时促进城市更新项目有序合法地推进，减少公众的利益冲突。

4. 坚持政府主导，强化市场运作

在坚持市场运作原则的基础上，广州市适度加大了政府主导规范实

施的力度。

城市更新工作涉及面广、情况复杂、目标多元，各方利益诉求在多元格局里均应有所反映并尽可能得到平衡。政府主导能够更好地保障公共利益和各主体利益。如果政府缺位或履职不力，那么公共利益就会失去保障，相关利益分配也会失衡。同时，政府主导还能从根本上解决城市更新中的基础数据不清和倒逼规划等问题。因此，城市更新应遵循政府主导原则。

5. 明确部门分工，实现管理下沉

市级层面主要负责研究制定政策，统筹编制城市更新规划与计划，以及审议和批复城市更新项目；区级层面主要负责组织调查基础数据，编制项目实施方案和监管项目实施过程。

分工明确，既可以防止部门之间相互推卸责任，有利于监管；同时又便于城市更新项目的改造进程，避免出现求助无门的现象。

6. 明确引入合作企业的相关问题

广州市明确在市公共资源交易中心以"招拍挂"方式确定合作企业，并将合作企业招标时间延长至45天。

7. 加强旧村改造引入合作企业在新旧政策上的衔接

对于在本政策公开征求意见前（2015年8月18日前），已经按穗旧改办〔2011〕51号文《关于印发进一步规范城中村改造有关程序的通知》的要求，引入合作企业并报经区政府批准的项目，经市城市更新部门审核并经城市更新工作领导小组审定后，承认引入企业的有效性，不再适用《广州市旧村庄更新实施办法》第25条中引入合作企业的有关规定。

8. 明确各区补偿比例

《广州市旧厂房更新实施办法》的收储补偿条款明确规定：花都区、从化区和增城区的用地规划容积率（毛容积率）在2.0以内的，补偿比例为50%；其余各区用地规划容积率（毛容积率）在2.0以内的，补偿比例为40%。

（三）要点解读与利弊分析

1. 城市更新有关文化传承的规定

《广州市城市更新办法》结合当地特点提出了具体的保护重点：名城、名镇、名村、历史街区、旧村落和历史建筑等。

近年来，广东各地掀起了"三旧"改造热潮，而"三旧"改造过程中的文化遗产保护问题也逐渐凸显出来，受到社会各界的广泛关注。在"三旧"改造中切实加强对文化遗产的保护，对于建设城市文化，彰显地方魅力和保护文化多样性都有着积极的作用。文化遗产不应是经济社会发展的包袱，而应是社会发展无可替代的重要财富，是城乡可持续发展的资本和动力。在城市更新的进程中，应切实加强对历史文化的传承，实现历史文化遗产保护与城市更新和谐共融、协调发展。

2. 强调城市更新要做好规划和成片更新

城市更新应当充分发挥规划引领的作用。城市更新规划应当符合国民经济和社会发展规划、城市总体规划和土地利用总体规划，同时也要注意因地制宜和差异化规划。随着城市的发展，城市土地碎片化问题逐渐显现，导致不少土地难以被高效利用。城市更新通过整合分散的碎片化土地，可以实现区域整体开发利用，提升基础设施配套水平，促进城市协调可持续发展。

成片更新的具体手段包括土地的收储、整备、置换、归宗等（有市场的，也有非市场的手段）。其中，政府在重点区域开展城市存量土地储备，是促进城市土地成片更新和有计划开发利用的重要手段。与市场力量相比，其优势在于打破了既有的权属边界和利益格局，计划性和整合能力更强，实施效率更高，成效也更明显。成片更新有利于整体改善配套设施，提高配套设施建设的集约性。另外，政府可以立足于更长远的目标，集中包括行政、经济和社会在内的各方力量，更好地推进城市更新工作。

3. 市、区两级政府及有关部门分工与权责清晰

市级层面的城市更新组织机构包括城市更新领导机构、城市更新部门及相关部门。城市更新领导机构负责宏观统筹，对重大的宏观问题进行审议与决策；城市更新部门负责城市更新的日常管理与协调监督；其他相关部门积极配合。

各区政府熟悉本区情况，作为城市更新工作的第一责任主体，有利于属地管理，协调多方力量，因地制宜地开展工作，充分发挥地方积极性，加快推进城市更新工作。区更新部门、街镇办事处、镇政府、社区居委会及村委会等基层组织，在区政府领导下各自开展工作。

4. 明确规定城市更新的方式

《广州市城市更新办法》明确了城市更新改造过程中对于土地与建筑的利用和处置方式。城市更新改造方式包括全面改造和微改造两种方式。

全面改造涉及面广，拆迁补偿安置难，基本上需要几年的推进时间，因此，全面改造项目不宜太多，必须审慎决策，谋定而后动。与全面改造方式相比，微改造项目一般较小，改善人居环境见效快，政府主导投入，创新改造模式，通过增加公共配套设施和公共空间，改善消防、安全和卫生等人居环境，达到"小投入、大改观"的更新改造目标。

5. 明确旧村庄更新全面改造模式

按照改造主体的不同，旧村庄全面改造可分为征收储备、自主改造和合作改造三种模式。《广州市城市更新办法》首次将征收储备列为一种改造模式。这种模式是指由政府整理土地，负责村民住宅和村集体物业的复建、安置和补偿，将整理的土地纳入储备后进行公开出让或用于市政公用设施建设，村集体经济组织不参与土地出让收益分成。显然，征收储备模式的改造主体是政府。自主改造模式的改造主体是村集体或其全资子公司，这种模式可以充分体现村集体经济组织的意愿，但拆迁安置必须由村集体经济组织自行处理，对村集体经济组织的经济实力和组织能力要求较高。而合作改造模式的主体是村集体和引入的合作开发

企业。在引进开发企业方面，村集体经济组织必须通过市公共资源交易中心公开招标，这样有利于减少在旧村庄更新改造过程中的腐败和暗箱操作等行为。

（四）引导方向与市场预判

1. 旧村庄：继续规范有序地推进城中村改造

旧村庄一直是广州城市更新的重点。旧村庄更新改造将遵循"规划管控、以人为本、文化传承与保护"的基本思路和原则，促进城乡建设协调发展，优化城市生态环境，维护农村集体经济组织和村民的长远利益。

《广州市旧村庄更新实施办法》就如下 5 个方面做了相关规定。

- 将旧村庄项目实施方案的表决人范围适当扩宽，纳入世居祖屋权属人。
- 明确各区可按照"一村（社）一策"的原则，根据实际情况以"栋"或"户"为基数核算住宅复建安置量。
- 明确住宅复建总量的上浮比例，即不超过总量的 10%。
- 明确引入合作企业的相关问题，明确在市公共资源交易中心以"招拍挂"的方式确定合作企业，并将合作企业招标时间延长至 6 个月。
- 加强旧村改造引入合作企业在新旧政策上的衔接。对于在本政策公开征求意见前（2015 年 8 月 18 日前），已经按穗旧改办〔2011〕51 号文《关于印发进一步规范城中村改造有关程序的通知》的要求，引入合作企业并报经区政府批准的项目，经市城市更新部门审核并经城市更新工作领导小组审定后，承认引入企业的有效性，不再适用《广州市旧村庄更新实施办法》第 25 条中引入合作企业的有关规定。

《广州市人民政府关于提升城市更新水平促进节约集约用地的实施意见》就如下 7 个方面做出了相关规定。

- 优化改造主体，允许自然村作为改造主体申请全面改造。
- 优化引入合作企业时点，旧村庄全面改造的基础数据经区政府审核公布后即可通过招标方式引入合作企业，招标时间按《广东省实施〈中华人民共和国招标投标法〉办法》的规定不少于45天。
- 科学核定复建安置量，按合法建筑面积1∶1的比例核定集体经济组织物业复建总量。对于2007年6月30日之前建设的历史集体经济物业，已完善历史用地手续的，改造主体可按照保障改造后物业收入不降低的原则折算准予复建的总量。对于符合历史用地条件的村民房屋，改造主体按照相关政策纳入改造成本；不符合历史用地条件村民房屋则由区政府结合本区实际，研究具体认定标准，符合标准的纳入改造成本。
- 优化村民表决程序，旧村庄实施方案由村民代表表决通过后，提交市城市更新工作领导小组审议。审议通过并在批复后3年内由80%的村民（改制居民、祖屋权属人）表决通过的改造实施方案方可实施。
- 合理设置临迁时间。整体实施改造和一次性搬迁的改造项目，按5年时间核算临迁费用；分期实施和分步搬迁的改造项目，按4年时间核算临迁费用。
- 优化改造成本，旧村改造复建建安工程费不含地下室建设费用，而旧村改造拆迁奖励可纳入改造成本，具体办法由区政府研究确定。
- 加强土地整备，促进成片连片改造，做好城市更新土地整备，整合低效、分散存量的用地资源，加强政府土地收储。

2. 旧厂房：退二进三，鼓励"工改工，工改商"

旧厂房更新一直是城市更新的重点。广州市的旧厂房更新范围包括市区"退二进三"产业用地，城乡规划确定不再作为工业用途的厂房（厂区）用地，国家产业政策规定的禁止类和淘汰类产业的原厂房用地及不符合安全生产和环境要求的厂房用地。广州市旧厂房更新严格遵循"政府主导、企业参与、科学规划、连片改造、配套优先、集约节约"的原则，以促进产业转型升级、转变经济发展方式和提高土地利用效率为目的，充分调动土地权属人的积极性，鼓励金融、总部经济和文化体育等现代产业发展，推动高端制造业的发展，增加生态用地和公共配套设施用地，优化城乡环境。

《广州市旧厂房更新实施办法》就如下 5 个方面做出了相关规定。

- 旧厂房更新改造应当遵循"政府主导、企业参与、科学规划、连片改造、配套优先、集约节约"的原则，以促进产业转型升级、转变经济发展方式和提高土地利用效率为目的，充分调动土地权属人的积极性，鼓励金融、总部经济和文化体育等现代产业发展，推动高端制造业的发展，增加生态用地和公共配套设施用地，优化城乡环境。
- 明确花都区、从化区和增城区的用地规划容积率（毛容积率）在 2.0 以内的，补偿比例为 50%；其余各区用地规划容积率（毛容积率）在 2.0 以内的，补偿比例为 40%。
- 明确已完善历史用地手续的集体旧厂房可按照毛容积率 1.8 计算权益建筑面积。
- 提出微改造的有关内容，将微改造作为城市更新的重要改造方式。
- 进一步明确以产业发展为导向实施更新改造的有关内容。[1]

《广州市人民政府关于提升城市更新水平促进节约集约用地的实施意见》就如下 7 个方面做出了相关规定。

---

[1] 《重庆市主城区城市更新规划体系研究》，范颖（2016）。

- 丰富了自行改造类型，该实施意见强调产业导入，支持产业转型，推动高端制造业发展，将国有土地旧厂房改造类型扩展为4种：工改工，工改商，工改新产业（5年过渡期），科改科、教改教、医改医及体改体。
- 细化了自行改造模式下补缴土地出让金的标准。根据广东省政府96号文件（《广东省人民政府关于提升"三旧"改造水平促进节约集约用地的通知》）的精神，该实施意见规定原则上按照市场评估价补缴土地出让金，主要包括如下5种情况。

——"工改工"可不增收地价款。国有土地上旧厂房不改变用地性质，自行改造工业厂房（含科技孵化器）的，不分割出让就可以不增收土地出让金；分割出让的，按照《关于科技企业孵化器建设用地的若干试行规定》计收土地出让金。

——"工改商"按市场评估价补缴地价款。按照广东省政府96号文件的要求，国有土地旧厂房的规划用途改为商业服务业设施用地的，按商业市场评估价补缴土地出让金。

——"工改新产业"给予5年过渡期。国有土地旧厂房利用工业用地兴办国家支持的新产业和新业态建设的，可按现有工业用地性质自行改造，按照"工改工"政策执行。5年过渡期后，按新用途办理用地手续。

——科研、教育、医疗和体育自行改造按相应地段的办公用途市场评估价的一定比例计收地价款。一是教育、医疗、体育按20%计收；二是保留工业用地性质的科研用地按20%计收；三是市级以上驻穗科研机构自行改造的科研用途用地，科研按20%计收，其余商务设施性质科研用地原自有部分按40%计收，增容部分按70%计收土地出让金。

——完善历史用地征收手续项目，以协议方式供地的，改造前后均为工业用途的，按市场评估地价的40%计收土地出让金。

- 优化了自行改造条件。根据广东省政府 96 号文件的精神，该实施意见优化了旧厂房自行改造的条件，明确独立分散、未纳入成片连片收储范围或控制性详细规划为非居住用地（保障性住房除外）的国有土地旧厂房可优先申请自行改造。

- 提出了国有土地旧厂房多宗地块打包的改造方式。属于同一企业集团且涉及多宗国有土地旧厂房改造（总用地面积不低于 12 万平方米），可整体策划改造，土地权属人应将不少于 42.5% 的权属用地面积交由政府收回，政府按同地段毛容积率 2.0 商业市场评估价的 40% 实施补偿；剩余非商品住宅规划用地可以协议出让、自行改造。自行改造地块的非住宅规划的权益建筑面积按区域进行差异化计算，位于越秀、海珠、荔湾、天河、白云、黄埔、番禺和南沙 8 个区的，按照多宗土地总用地毛容积率 1.0 计算；位于花都、增城和从化 3 区的，按照多宗土地总用地毛容积率 0.8 计算。

- 鼓励 150 亩以上集体土地旧厂房自行改造，由区政府统一招商且用于产业发展的成片连片集体旧厂房和村级工业园区可单独改造。一是集体用地转为国有用地的，参照国有土地旧厂房政策实施改造；二是保留集体用地性质的，按照控规要求用作产业发展。若村社有留用地指标的，应以经营性用地面积的 30% 为上限按 1∶1 的比例优先抵扣。

- 明确了 150 亩以下集体土地旧厂房自行改造的收益分配原则。用地面积低于 150 亩且不纳入旧村全面改造和微改造的集体旧厂房和村级工业园区可单独改造，具体分为两种情形。一是有合法用地手续的用地，按现状用地面积和毛容积率 1.8 计算权益建筑面积，由村集体经济组织自行改造。超过计算权益建筑面积部分的规划建筑面积按 4∶3∶3 的比例，由市政府、区政府和村集体三方分配。二是已完善集体建设用地手续的用地部分，应将 30% 的经营性用地转为国有用地后无偿交给政府，剩余的用地按规划自行改造。若村社有留用地指标的，按 1∶1 的比例抵扣应交给政府的用地，已抵扣部分用地由村集体经济组织自行改造。
- 完善了公共服务设施保障公共利益。按照控制性详细规划的要求，该实施办法要求将不低于该项目总用地面积的 15% 用于城市公建配套等公益性设施的建设，建成后无偿移交政府。

3. 旧城镇：致力打造特色小镇

旧城镇更新应当结合历史文化名城进行保护性改造。对于传统特色街区、地段、人文、习俗、文物古迹和近现代遗迹，实施主体应当遵循"科学规划、严格保护、发掘内涵、活化传承"的原则，保持和延续其传统格局和历史风貌，维护历史文化遗产的真实性和完整性，继承和弘扬岭南地区优秀的传统文化。

《广州市旧城镇更新实施办法》就如下 5 个方面做了相关规定。

- "坚持以人为本、环境优先、系统性、工程带动和因地制宜的原则"。
- 范围限定在旧城镇范围内，主要改造危破房集中或基础设施落后的地段。
- 遵循四大原则：保护文物古迹，改善人居环境，完善公共服务配套及优化城市功能布局。
- 旧城镇更新改造有全面改造和微改造两种主要方式。
- 旧城镇改造项目需要扎实有效的基础数据才能编制切实可行的实施方案，推动补偿、安置、复建和融资等具体工作。涉及旧城镇改造项目经济测算、文化保护和民生改善的主要数据包括人口、户籍、土地房屋、文化遗存、居民意愿和公共服务设施的配套等。各项数据在技术性调查的基础上都要经过相应的职能部门认可，保证相关数据的真实可靠与权威有效。

三、珠海市更新政策盘点和解析

（一）珠海市城市更新管理办法编制背景

珠海市自 2016 年 12 月 20 日起实施《珠海经济特区城市更新管理办法》，其目的是促进土地节约集约利用，推动产业转型升级，完善城市功能，提升城市形象和规范城市更新活动。该办法旨在进一步降低城市更新门槛，加速推进城中旧村和老旧小区的升级改造，把政府的服务节点向前推动，按照规划和政府的指导推进改造项目，提高效率，加快审批速度。

这在业界无疑释放了一个信号：珠海市的城市更新要加速，要提速，这对当时珠海市迫切需要改造的 20 多个旧村是个利好。因此，对该管理办法进行要点解读、利弊分析和市场政策预判显得尤为重要。

（二）政策利好解读

1. 降低拆建类项目启动意愿"门槛"

拆建类城市更新项目需要具有一定的改建意愿才能申报。简单而言，项目范围内 2/3 以上的业主同意且其所占的建筑面积达到整个项目的 2/3 以上方可启动更新改造。城中旧村拆除重建应当经居民大会、村民大会或社区股份合作公司的股东大会按照有关规定表决，并获得占全体成员或股东人数 2/3 以上的人同意方可启动。

该管理办法降低了拆建类更新项目启动的意愿门槛，更切合实际，更具有操作性，有利于加快"三旧"改造项目的进展，提高城市更新项目的开发效率。

2. 有条件地放开小地块拆建项目

已供建设用地中面积不足 1 万平方米但具有以下情形之一的地块，可以划为独立的城市更新单元进行拆建类城市更新：属于旧工业区改造为科技孵化器等市政府鼓励发展的创新型产业项目，位于海岛的城市更新项目，城中旧村更新项目以及其他因公共利益需要拆建的项目。这类地块可以突破拆建用地不得小于 1 万平方米的限制，实施小地块拆建更新。

改造项目门槛的适当降低，能让小地块项目尽快启动，解决珠海城市更新过程中小地块项目无法进入更新市场的实际问题，符合珠海城市更新的现状，也为城市更新提供了新的市场机会。

3. 适当调整城市综合服务体配置住宅比例

单独编制更新单元规划的城市综合服务体，可以按比例配置公共租赁住房等住宅。其中，用地面积为 8 万平方米以上的，按照容积率建筑面积的 25% 配置；用地面积为 5 万平方米以上、8 万平方米以下的，按照用地面积给予建筑面积的 20%~25% 配置。面积较大的更新项目经许可可以分期实施。

此举可增加开发企业的可售住宅面积，加快资金周转，提高企业对旧厂房改造的积极性和热情。同时，此举也有利于政府规划的"补公机制"（补充公共用地的制度）落到实处，有利于推动城市更新项目形成规模效应。

4. 做好指引，审批提速

该实施办法明确了更新项目的基本程序：意愿征询→形成申报主体→委托编制更新单元规划→规划报批→形成实施主体→编制报批项目实施方案→办理手续。

采取自行实施方式进行城中旧村改造的村集体经济组织，应当成立单项房地产开发全资子公司实施。对于城中旧村更新，村集体经济组织可以作为单一权利主体进行申报。

拆建类城市更新单元规划应当由单一权利主体进行申报和实施。其范围内存在多个权利主体的更新单元，应当通过以下方式形成单一主体：权利主体以房地产作价入股成立或加入公司；权利主体与实施主体签订搬迁补偿安置协议；权利主体的房地产被收购方收购。

如此明确指引，有利于开发主体尽快完成前期工作并提高开发效率。政府将在下一步的《珠海市城市更新项目申报审批指引》的修订中，重点对城市更新项目涉及的前期研究、立项、规划、用地和建设等审批手续进行梳理，进一步优化审批流程，明确审批职责分工，下放审批和审查的权限，简化报批材料，探索建立相关部门联合会审机制，实行"一门式、一网式"审批模式。

（三）要点解读与利弊分析

1. 明确责任主体

该实施办法进一步明确了区政府或管委会的责任主体地位。作为辖区城市更新工作的责任主体，各区政府或管委会要履行城市更新管理的相关职责，结合城市更新年度计划，明确目标和责任，积极推进城市更新工作。

在实际操作中，各区的城市更新局一直是城市更新的主力部门，也是项目开发建设过程中的发起和协调部门。明确区政府的责任主体地位，将部分组织和审批权限下放到基层，有利于减轻以往审批流程长、部门多所带来的行政制约，有利于城市更新工作的推进。

2. 强制"补公"更为灵活

因用地整合的需要，该实施办法允许补公用地在同一控规编制单元内进行等面积异地置换和整合；超出同一控规编制单元的，应当按程序报市政府批准方可进行整合。

拆建类更新单元需将不小于 3 000 平方米且不小于拆除地块 15% 的面积无偿移交政府，用于城市基础设施或公共服务设施项目的建设。还有一种"立体补公"的方式，即明确部分拆建项目依据规划的需要提供适量的用地，或者提供不少于建筑面积 10% 的建筑用于"补公"。

把"补公"明确为开发企业在城市更新中应尽的责任，有助于完善老城区公共设施配套，可以提升居住环境，也可以提升更新项目的产品质量。但是，项目的可建设用地会减少，建筑密度会有所提高。

3. 多种方式落实公共租赁住房配建要求

城市综合服务体项目须按梯度配置公租房，比例不少于住宅建筑面积的10%。除城中旧村更新项目外，涉及商品住宅开发的城市更新项目应当配建公共租赁住房并无偿移交政府，或者向政府缴纳相应费用，由政府统筹异地建设。配套建设公共租赁住房的建筑面积不计收地价款，但应当完成装修并通过验收，达到可交付使用的标准。

此举将能有效解决市区房价高昂的现状，还将为引进人才、低收入家庭及住房困难家庭解决住房需求，但无偿配建公租房或缴纳相关费用均间接增加了开发企业的拿地成本。

4. 首次以立法形式明确退出机制

更新单元规划获批后两年内未签订土地出让协议，或超过土地出让协议约定的开工时间一年仍未开工的，取消原批复的规划条件和享受的城市更新优惠待遇，并在批准撤销之日起3年内不再受理该用地的更新单元规划申报。

区城市更新部门要加强动态巡查，确保监管协议落实到位，同时建立更新项目退出机制。

城市更新主管部门要建立诚信体系，对企事业单位、社会团体、其他组织和个人参与城市更新活动的信用记录信息进行管理并依法公布。

建立信用机制后，不履行协议或不如期施工的企业将受到严格的监管，此举可防止部分开发企业持优惠政策待价而沽或让项目烂尾，同时也对开发企业的前期开发效率提出了更高的要求。

5. 立法避免改造误伤历史建筑

该实施办法将此前的"一规划三评估"调整为"一规划四评估"。针对一些城市进行旧村、老旧小区改造时导致文物受损或被破坏的案例，该实施办法做了防范，明确在进行更新改造之前，开发企业必须开展"文物、历史街区、历史建筑和城市文脉资源的保护方案及城市景观风貌保护评估"，以免误伤文物。

该实施办法明确，如果城市更新单元内有已公布的文物保护单位或登记为不可移动文物的建筑物或构筑物，那么它们都应该受到严格的保护："不损毁、改建、添建或拆除与文物保护单位或不可移动文物相关的建筑物及其他设施；不改变与不可移动文物原状直接相关的建筑立面、结构体系、色彩色调、基本平面布局和有特色的内部装饰等，保证不可移动文物的完整。"

下一步，规划部门将会同文物行政主管部门组织人员对城市更新单元内能够体现城市历史传统风貌和地域文化特征的街区或建筑进行普查，然后依据普查结果制定历史文化街区和历史建筑的初步名录，并向社会公布。

该实施办法将使城市更新更完善、更有序。开发企业在对用地范围内的建筑或其他附属物进行权属调查时应摸清文物建筑情况，以免影响开发建设进程或影响物业价值。

（四）引导方向与市场预判

1. 老旧小区：仍坚持以综合整治为主

老旧小区如何进行更新一直是各方关注的热点，珠海市老旧小区更新仍将坚持以综合整治为主、拆建为辅的方式。

截至2016年，香洲区已经将351个小区列入计划，着力改善"三水三电"，增加绿化和垃圾站等配套设施，提升宜居水平。至2020年，香洲区计划年均开展占地约100公顷的老旧小区综合整治。

据了解，尚未颁布的《珠海市老旧小区更新实施办法》有如下两条相关规定。

- 拆除复建的条件　竣工时间超过25年，竣工时间未超过25年但存在重大安全隐患或基础设施严重落后，以及不符合城市规划要求的老旧小区方可申请拆除复建。
- 新增计容比例　老旧小区拆除后，复建新增的计容建筑面积不得超过原有拆除合法房屋总建筑面积的20%。

珠海经济特区的建成时间不长，建筑物的房龄一般为 30~40 年；主城区人口密度高，交通、医疗和教育等公共配套设施压力大。如果老旧小区被拆除重建，势必增加人口和城市负荷，因此要避免城市建成区的大拆大建。

2. 旧厂房：遵循"优二进三补公"的基本原则

旧厂房更新一直是城市更新的重点。对于旧厂房更新，珠海市将严格遵循"优二进三补公"（优化第二产业升级，促进现代服务业等第三产业发展，补充公共用地）的基本原则，继续落实严限"工改居"，控制"工改商"，鼓励和引导"工改产"的思路。

香洲区 2018 年牵头编制中心城区旧工业区转型升级规划研究，开展"工"改"产"的规划，明确了"一带、一轴、四心、五片"的转型升级空间格局定位。

"工改居"和"工改商"继续维持现行政策，避免大拆大建旧厂房后进行房地产开发。除政府按照控规收储或用于消化城中旧村更新项目转移建设指标外，其余旧厂房用地一律不得调整控规实施"工改居"。旧厂房用于商业服务业开发应具备两个条件：一是整合后用地达到 1 万平方米，二是符合控规设定的功能。否则，不得申报或调整控规实施"工改商"。

旧厂房改造项目受以上政策制约，住宅开发量过低，直接造成该类项目的资金周转期长、自持物业比例高且利润空间小。

除了鼓励民营企业参与东部城区的城中旧村更新工作以外，珠海市政府也在积极研究和探索政府购买棚改服务推动城中旧村更新工作的模式。

四、东莞市更新政策盘点和解析

（一）东莞市城市更新管理办法编制背景

东莞市一向被誉为国际制造业名城，更是广深科创走廊上的投资热土，当地需要进行城市更新的潜在区域面积达 46 万~66 万亩，至 2020 年纳入标图建库的更新面积有可能达到 25 万亩。由此看来，东莞未来的城市更新市场潜力巨大，前景广阔。

东莞促进土地资源全面节约和循环利用之举，为广东奋力实现"四个走在全国前列"的目标提供了更加坚实的用地保障，也有利于它自身深度参与粤港澳大湾区发展并积极融入广深科创走廊建设。在新时代新的历史起点上，为实现更高水平的发展，深化体制改革，全面推进城市更新和提升城市品质，东莞市于 2018 年 8 月发布了《关于深化改革全力推进城市更新提升城市品质的意见》。

东莞城市更新主要经过了如下 3 个重要阶段。

- 2009—2013 年，城市更新摸索阶段。这一阶段的特征为运动式推进，全市进行"三旧"改造专项规划编制，东莞作为广东省的试点城市，全力推动城市更新，并且提出了成熟一片、改造一片的思路。
- 2014—2016 年，相关政策在原有基础上的微调加快了东莞城市更新发展的步伐。随着加强"三旧"改造常态化全流程管理方案的出台，东莞"三旧"改造进入了常态化推进时期，主要体现为对专项规划进行修编和片区统筹研究，这项工作从此有了规范化的指导。
- 2017 年至今，随着《关于深化改革全力推进城市更新提升城市品质的意见》的发布，东莞市对过去城市更新的工作进行了总结，进一步规范了城市更新工作，并通过借鉴周边城市的城市更新经验，推出了一系列适合东莞市实际情况且可操控的更新流程和指南。

（二）政策利好解读

1. 整合零散商住类改造项目

通过抓规划和计划管控，东莞市以 150 亩~500 亩为范围划定更新单元，制订年度计划。

在更新单元内统筹安排产业、商住和公建等各类用地，整体平衡经济收益和成本，从市场自发的和零散的改造向政府规划引导的有计划、有秩序和可持续的成片改造转变，政府由原来被动接受更新诉求转为主动制定更新要求。

更新单元由政府划定，市场主体从权益整合环节就开始介入，与政府协同实施。更新单元的面积原则上不小于150亩，不超过500亩，可由多个更新单元合并形成一个大型改造片区，但合并的片区面积原则上不应超过1500亩。

其中，东莞市中心四个街道和石龙镇的更新单元面积可适当缩小。此外，政府主导改造、"工改工"、公益性改造及其他市政府特别批准的更新单元不受面积限制。

2. 抓重点区域资源整合

东莞在城市更新过程中确定了政府优先收储的范围，创设了国有企业土地整备模式，与城市更新基金相结合，采用国有资本主导和股权混改的方式对广深科创走廊沿线和临深片区等重点区域的土地进行整备，整备后可以直接协议出让给整备项目公司开发。

3. 共享改造红利，创新权益整合方式

实施主体以更新单元为单位共享改造红利。东莞用"两只手"推进城市更新：一只"手"强化政府统筹，另一只"手"释放市场活力。东莞市充分发挥政府统筹调控和市场二元协同的相互作用，在政府定框架、定规则的基础上，由市场做细分和协调并调动市场活力。为此，东莞提出加快构建"利益共享"的新格局。今后，东莞市将更加注重利益统筹与分配，按照更新单元实行片区统一核算和整体平衡，实现政府、集体、权利人与开发企业的利益共享和多赢。

东莞市鼓励村组集体土地基金和个人跟投，建立政府主导、单一主体挂牌招商和权利人自主改造三种模式组成的改造更新体系。原有村企合作改造模式融入单一主体挂牌招商模式，市场主体可以通过多种方式参与城市更新。同时,东莞市依托市公共资源交易中心建立了城市更新公开市场,建立前期服务商和单一主体挂牌招商制度,形成公开、公平、公正的市场找项目的机制。此外,相关部门还探索通过"EPC(设计、采购、施工)+运营权"招标或公开遴选方式,引入产业园区综合运营服务企业或重点创新载体单位实施旧工业区和成片出租屋的更新。

在创新权益整合方式方面,东莞市创新了股权混合改造模式,鼓励以签订收购协议和作价入股等形式,形成收购企业与村集体、土地权利人、权益人合股的单一主体项目公司。

搭建开放式社会资金参与平台,引入大型开发企业作为战略投资者,鼓励园区、镇(街)、村组集体土地基金及个人跟投。①

4. 城市更新向工业用地倾斜,放宽"工改工"产权分割限制

东莞市在"工改工"更新中强化对产业的扶持。在工业保护线内,连片"工改工"项目生活设施可跨地块集中配置,建设配套生活区,实行整体规划,其生活配套设施与工业用房同步设计、同步报批、同步建设、同步验收。

集体建设用地"工改工"项目,可参照国有土地延长使用年限,无须公开交易。同时,东莞市进一步放宽对"工改工"项目产权分割的限制,工业生产性物业有权全部分割销售,不再限定总建筑面积和单栋建筑面积,分割销售单元最小建筑面积降低至 500 平方米。

同时,政府部门加强对"工改工"项目的补助,在原来最高限额 1 400 万元补助的基础上,增加轨道资金和税收留成奖励。支持"工改 M0"②,最高年限按 50 年配置,除政府收储后再次供地的必须公开出让以外,其余可以以协议方式供地。

---

① 《东莞力争未来3年实现城市更新3万亩》,载于《东莞日报》(2018)。
② M0是城市规划领域对"新兴产业用地"的简称,相对而言,M1就是指一类工业用地,即对居住和公共设施基本无干扰和污染的工业用地,如电子工业和工艺品制造等工业用地。——编者注

5. 审批简化，"一次通过"审批时间缩减到 6 个月

东莞市力求整合市级审批事项，将市级审批的 3~7 个事项改串联为并联，"打包"形成"1+N"的总体实施方案。"一次过会，全程通行"，审批时间缩减到 6 个月。审批简化的主要举措有如下 4 个方面。

- 有序下放"工改工"更新项目的审批权限，取消"工改工"更新项目的年度计划审批，实行随报随审。不涉及完善用地手续的"工改工"改造方案委托各镇街审批，报城市更新局备案。
- 优化城市规划审批。取消对前期研究报告的行政审查，改为由第三方机构出具校核报告；控规调整成果实行一次审核，节省控规调整审批时间。
- 简化不动产注销登记。镇街政府、单一改造主体可凭相关批复一次性向不动产登记机构申请注销全部原不动产权登记，无须由权利人单宗申请。
- 理顺镇街村组集体决策程序，建立集体决策事项清单。镇街政府实行"一次过会，全程通行"，村组集体实行"一次表决，全程通行"，全方位降低城市更新的制度性成本。[①]

（三）要点解读与利弊分析

1. 构建以更新单元为轴心、全方位统筹协调的规划管控体系

东莞市构建了四级规划体系对城市更新工作进行指引。为了突出政府统筹规划的管控思路，严格市场准入和规范合作行为，东莞市建立市级专项规划、街镇专项规划、更新单元划定和前期研究报告四级规划体系来指引和规范城市更新的方向。政府由被动接受诉求转为主动制订规划，对公共设施合理分摊捆绑，整体统筹实施。

---

① 《全面提升执行力，推动工作落地见效》，载于《东莞日报》(2018)。

为了突出更新单元的引领作用，东莞市对城市更新实施全流程管理。以更新单元作为城市更新规划和实施的基本单位，东莞市建立了由更新单元划定、权益整合、地权重构、实施与监管四个环节构成的全流程管理体系。更新单元由政府制定，市场主体从权益整合环节开始介入，与政府协同实施城市更新。更新单元一旦划定，实施主体就要确定建筑总量，纳入挂牌招商方案，与公建配套进行整体平衡。

此外，东莞还要求不断加强政府在城市更新各环节、全方位的统筹主导地位，改被动接受更新诉求为主动制定更新要求，切实把准把好城市更新的"方向盘"。

2. 实行差异化的容积率管控政策

为了顺利实行差异化的容积率和建筑密度分区制度，东莞市规划部门出台全市密度分区及容积率计算指南，形成宜密则密、宜疏则疏、疏密有致的城市空间格局。对广深科创走廊节点地区、轨道 TOD（以公共交通为导向的规划设计与开发模式）站点等重点地区实施高密度开发，提升商业办公、新型产业、工业、仓储等用地开发强度，合理提升部分地区的居住开发强度。

在容积率方面，东莞突破常规，将基准面积计算公式明确为"基础建筑面积＋奖励建筑面积＋补偿建筑面积"。基础建筑面积是在建筑密度分区确定的基准容积率基础上，根据组团特征、规模和交通条件等系数进行修正后计算出来的建筑面积；奖励建筑面积是指城市更新项目因无偿贡献公共设施、产业用房和保障性住房等而获得的建筑面积奖励；补偿建筑面积是指城市更新项目因拆除旧村、旧城而获得的建筑面积补偿。

对开发强度进行规范，让市场更加开放，有利于充分发挥市场对资源配置的决定性作用。

3. 创新项目招商和供地体系

东莞市构建了由政府主导、单一主体挂牌招商和权利人自主改造三种模式组成的改造新体系，其具体内容包括如下5个方面。

- 创设单一主体挂牌招商的改造和供地模式。在更新单元内，土地权属分散的地块，实行土地产权和改造权相分离，以公开挂牌招商方式确定单一改造主体（土地受让方）的权益整合与地权重构办法。
- 取消村企合作改造模式。原备案的村企合作项目，应于《关于深化改革全力推进城市更新提升城市品质的意见》印发后一年内确认实施主体，逾期的项目改为政府主导或单一主体挂牌招商改造模式。
- 创新股权混合参与更新改造。鼓励采用股权合作或收益权等对价形式，形成收购企业与村集体、土地权利人和权益人合股的单一主体项目公司，加快不动产权益的整合。
- 试行市属企业土地整备开发。东莞市试行半市场化运作的政府土地整备开发模式，市属土地整备开发平台公司自行成立项目公司，或与城市更新基金、镇街、村组集体和土地权利人中一方或多方共同成立市属国有资本控股项目公司，然后由项目公司整体收购更新单元内不动产权益后进行自行改造、合作改造或交由政府收储。
- 鼓励活化更新和生态修复。相关部门探索通过"EPC+ 运营权"招标或公开遴选方式，引入产业园区综合运营服务企业或重点创新载体单位实施旧工业区和成片出租屋的更新，将出租屋改造为公寓型宜居社区。

（四）引导方向与市场预判

1. 明确三年目标：力争实现城市更新 3 万亩

东莞迎来粤港澳大湾区和广深科创走廊建设的双重机遇，产业升级与城市提质都需要东莞具有更广阔的发展空间。由于东莞土地开发强度已逼近 5 成，城市更新成了东莞拓展发展空间的主要抓手。据统计，自 2010 年以来，东莞已累计完成城市更新 2.54 万亩，有力地推动了东莞城市品质的提升。另根据《关于深化改革全力推进城市更新提升城市品质的意见》的要求，东莞市政府提出将力争三年实现城市更新

3万亩的目标。其中，每年拆旧建新约5 000亩，产业类改造约2 000亩，其他活化更新和"微改造"等约3 000亩，市场将迎来发展机遇。

2. 市场更加开放，社会主体参与模式丰富多彩

东莞市力求发挥市场对资源配置的决定性作用，创新土地产权和改造权的分离模式，建立以改造权为标的的城市更新公开市场，搭建以单一主体挂牌招商与股权混改相结合、兼容并蓄的项目招商和供地体系，建立项目与投资互动平台，让市场主体以多种方式参与城市更新。通过地价和容积率的测算及单一主体挂牌招商，基础规则有望更加透明。

3. 城市更新向工业用地进行倾斜是更新的下一个风口

东莞在城市更新过程中下放"工改工"更新项目的审批权限，取消"工改工"更新项目的年度准入计划，实行随报随审。除了那些需完善建设用地及征地手续需报市政府的更新项目外，"工改工"更新项目的改造方案委托给各镇街审批，报城市更新局备案；涉及重新签订土地出让合同或补充协议的"工改工"更新项目，市国土局授权区国土分局直接处理；涉及用地红线微调或宗地合并与分割的项目由市国土局授权区国土分局一并处理。

4. 政策更加优惠，向工业用地倾斜，营造更新投资比较优势

土地政策更加灵活。成片改造的区域可调整土地利用总体规划。除政府收储后再次供地须公开出让外，其余更新项目可以以协议方式出让。城市更新单元范围内外的用地可遵循"面积相近、价值相等、双方自愿"的原则置换。财税支持力度加大："工改工"更新项目计提的轨道交通专项资金，全额补助给改造主体；入驻连片"工改工"更新项目的企业5年之内的税收留成部分全额补助给改造主体。

5. 服务更加高效，全面压缩制度性交易成本

简化审批环节、下放审批权。镇街和村组实行集体表决事项程序"一次表决，全程通行"，将若干审批事项"打包"形成"1+N"总体实施方案，一次性审查和审批。"工改工"项目随报随审，各区相关部门可将不涉及完善用地手续的项目的改造方案委托镇街审批。

"1+N"总体实施方案主要包括前期研究方案、改造方案、完善历史用地手续方案、征地报批方案、收储方案、收地方案和供地方案等。

全面深化政策机制改革后，东莞城市更新进入了"快车道"。

五、惠州市更新政策盘点和解析

（一）惠州市城市更新管理办法编制背景

为了在功能定位的基础上提升城市品质和能级，发展壮大城市经济，加快推动城市更新，使城市变得更加有特色、有吸引力和有竞争力，惠州市于2018年7月17日起发布了《惠州市"三旧"改造实施办法》（征求意见稿）。该实施办法明确了政策法规体系、主管部门职能及奖励和监督制度，提出旧厂、旧村和旧城镇的改造主体与实施方法，并提出以改造单元为对象进行成片连片改造。因此，对该实施办法进行要点解读、利弊分析及市场和政策预判显得尤为重要。

（二）政策利好解读

1. 健全政策法规体系，明确范畴，提升"三旧"改造工作效率和效益

该实施办法明确了惠州城市更新的原则：政府引导、规划先行，市场取向、因势利导，公众参与、平等协商，利益共享、多方共赢，因地制宜、规范运作。

改造类型分为旧厂房改造、旧村庄改造及旧城镇改造。旧厂房改造是指工矿或仓储等企业的国有用地改造项目；旧村庄改造是指集体土地改造项目；旧城镇改造是指旧厂房和旧村庄以外的国有土地改造项目。

改造方式包括综合整治、功能改变、局部加建、拆除重建、生态修复和历史文化保护。

2. 机构与职责更为明晰，利于项目推动

惠州市人民政府成立了"三旧"改造工作领导小组，由市长任组长，

领导小组由各职能部门的负责人组成；各县（区）相应成立"三旧"改造（城市更新）工作领导小组；市、县（区）"三旧"改造工作领导小组负责审议同级"三旧"改造专项规划、年度实施计划、成片连片区域改造方案和具体项目改造方案。

惠州市"三旧"改造行政主管部门负责研究制定全市"三旧"改造相关配套政策和规范性文件，负责统筹市人民政府主导的"三旧"改造项目的工作实施及全市"三旧"改造项目的标图、建库和审核等工作，同时负责惠城区"三旧"工作的规划设计和具体实施。

镇（街道）人民政府（办事处）以及社区居委会、村民委员会等基层组织应当配合，对项目实施进行监督，维护"三旧"改造活动的正常秩序。

市、县（区）"三旧"改造行政主管部门应组织编制本辖区内的"三旧"改造专项规划，专项规划为期5年，并制订年度实施计划。

3. 操作流程更为简洁，加快审批速度

旧厂房改造与旧城镇改造均可分为土地权益人自行改造和政府主体实施改造两种方式；旧村庄改造可采用农村集体经济组织自行改造、与市场主体合作改造或由政府主体实施改造3种方式。

旧厂房改造和旧城镇改造均可以采用如下2种改造方式。

- 土地权益人自行改造　这包括自主进行改造及与相邻或相近地块的各土地权益人合作改造。通过以房地产作价入股、签订搬迁补偿协议、联营或收购归宗等方式将房地产的相关权益转移到单一主体后，改造主体为土地权益人；相邻或相近地块的各土地权益人合作改造的更新项目，应当成立项目公司，改造主体为该项目公司，或者约定其中一方作为改造主体。
- 政府主体实施改造　由市、县（区）人民政府依法收回土地使用权，再通过招标、拍卖或挂牌公开方式出让土地；为建设基础设施、公共设施等公共利益需要或为实施城市规划确实需要调整使用土地的更新项目，由市、县（区）人民政府依法收回土地使用权，纳入土地储备。

另外，在旧城镇改造过程中，改造主体提交改造申请前及编制改造方案时，同意改造的土地权益人数量和被改造建筑面积的比例均须达到 70% 及以上；在编制改造方案时，签订房屋拆迁补偿安置协议的土地权益人数量和被改造建筑面积的比例均须达到 90% 及以上。

旧村庄改造可采用农村集体经济组织自行改造、与市场主体合作改造或由政府主体实施改造 3 种方式。

- 农村集体经济组织自行改造　这种方式是由农村集体经济组织或其成立的全资子公司充当改造主体。
- 与市场主体合作改造　通过农村集体资产交易平台公开选择合作主体后，农村集体经济组织和合作主体成立项目公司共同作为改造主体，或约定其中一方作为改造主体。农村集体经济组织就是否引入合作主体进行表决时，须经 70% 及以上村民代表或户代表表决通过。
- 政府主体实施改造　政府主体在建设基础设施、公共设施或实施城市规划时，办理报批手续前需经农村集体经济组织三分之二以上代表表决同意，并明确具体补偿和安置途径；政府可通过招标等公开方式出让土地，由中标人或竞得人实施拆迁工作，土地达到"净地"出让条件后办理用地手续。

4. 鼓励成片连片改造

"三旧"改造项目须以改造单元为对象进行成片连片的改造，一个改造单元可以包含一种或多种改造类型，由单一主体实施改造。在成片连片改造单元中，纳入标图建库的地块面积占改造单元面积的比例达到 40% 及以上的，由市场主体实施改造；对不足 40% 的，由政府主体实施改造。市场主体实施改造的单元，以公开招标方式选取市场主体，拟参与企业须取得70%及以上土地权益人的同意。

改造单元范围内纳入标图建库范围的地块，改造主体需缴纳土地出让金，协议出让；未纳入标图建库的地块，主管部门以公开出让方式进行供地。

5. "绿色通道"审批及鼓励措施

"三旧"改造项目涉及的立项、规划、用地和建设等审批手续全部纳入"绿色通道"，优化审批流程，简化报批材料，推行网上办理。

惠州城市更新过程中，针对不同改造项目还出台了一些鼓励措施。

- 对额外提供公共空间或公共设施的改造项目，可给予容积率奖励，具体奖励标准由市规划部门另行制定。
- 鼓励进行"工改文"和"工改工"。
- 历史文化保护的"三旧"改造项目，在改造完成且通过验收后，以项目用地面积对土地使用权人按100元/平方米的标准进行补助，补助总额最高不超过500万元。
- 生态修复的改造项目，改造后土地需进行复垦的，通过市生态修复和城市修补工作领导小组牵头组织验收后，按10万元/亩的标准给予农村集体经济组织一次性补助。
- 优先选择工矿企业棚户区和城市危旧房进行改造的项目，执行"三旧"改造优惠政策。

（三）要点解读与利弊分析

1. 必须以改造单元为改造对象

惠州市发布的实施办法提出"三旧"改造项目须以改造单元为对象，根据"三旧"改造专项规划，综合考虑用地范围、规划功能单元、道路、河流及产权边界等因素，合理划定改造单元，划分成片连片改造单元。这些举措既能让改造主体有利可得，又能平衡各方利益，也有助于"三旧"

改造工作的加速推进。成片连片改造必须不留死角，全面提升改造区域的人居环境。

2. 土地出让金缴纳

《惠州市"三旧"改造用地协议出让缴交土地出让金办法》对征地、拆迁和安置补偿费用及改造单位应缴纳的土地出让金都有详细规定，政府部门也出台了土地出让金缴纳及财政扶持方面的具体要求。

由农村集体经济组织与市场主体合作开展的旧村庄改造，如果其征地、拆迁和安置补偿等成本费用由合作单位支付，那么在出让土地时，改造单位前期投入的征地拆迁和安置补偿成本从土地出让金中支付。

《惠州市"三旧"改造用地协议出让缴交土地出让金办法》规定：根据拆迁改造项目规划确定的容积率等规划指标来评估并确定改造项目的楼面地价，再分段按比例计算改造单位应缴纳的土地出让金——容积率2.0（含2.0）以下部分，缴交10%；容积率2.0以上部分，缴交40%。

（四）引导方向与市场预判

1. 填补惠州城市更新改造制度空白，有序指引更新

该实施办法的发布与施行确保了"三旧"改造中公建配套和市政基础设施的同步规划、优先建设和同步使用，实现协调、可持续的有机改造，提升城市机能。惠州城市更新将厘清政府与市场的权利边界，主动转变"政府引导就是由政府行政征收"的片面认识，综合运用空间资源规划权、配套政策制定权、市场准入把控权、改造实施监督权和改造收益调配权等，为各类主体参与改造创造条件，做好服务，全面提升"三旧"改造工作的效率和效益，切实加快改造进度。[①]

2. 片区统筹改造成为趋势

惠州"三旧"改造工作之前就已开始推进，但进展缓慢，而且改造

[①] 《有效提高土地利用水平提升城市能级》，载于《惠州日报》(2018)。

更多地集中在容易实施的旧厂房。由于该实施办法明确了"三旧"改造项目须以改造单元为对象进行成片连片的改造，因此下一步惠州市将以片区统筹方式，尽可能让一个改造单元包含一种或多种改造类型，由单一主体实施改造。

3."工改文"和"工改工"项目将有序推进

在"工改文"改造项目上，政府相关部门将优先支持符合国家规定和列入惠州市文化产业发展规划的重点发展行业，以及惠州市鼓励优先发展且有竞争优势的文化产业门类。同时，根据相关规定，政府方面会给予资金资助或税费减免。在"工改工"方面，在符合规划要求的前提下，主管部门允许制造业企业的工业物业产权按幢、层等固定界限为基本单元分割登记和转让，用于引进相关合作伙伴的产业项目等。

六、佛山市更新政策盘点和解析

（一）佛山市城市更新管理办法编制背景

佛山的城市更新政策受到其滞后的城市化发展历程的影响而稍显滞后。以村级工业化为基础的"自下而上"的城市化发展路径，造成了佛山城市化"量"高"质"低，城市化滞后于工业化；低成本城市化发展模式使得土地利用粗放低效，城市空间较为碎片化。为此，在总结各区"三旧"改造经验的基础上，佛山市政府于2007年出台了《关于加快推进旧城镇、旧厂房、旧村居改造的决定》及相关配套文件，指导全市推进"三旧"改造工作。2012年，佛山实施"城市升级三年行动计划"，试图借助"城市升级"与"产业升级"的双升级战略解决滞后的城市化发展问题。在此背景下，城市更新政策成了佛山提高土地利用效率和推动城市升级的重要手段。[1] 2018年8月出台了《关于深入推进城市更

---

[1] 《深圳与佛山差异化城市更新政策影响因素研究》，载于《城市观察》（2018）。

新（"三旧"改造）工作的实施意见（试行）》，其主要适用于"拆除重建类"城市更新项目，对于城市更新的供地方式、地价款计收及补偿标准做出了明确规定。

（二）政策利好解读

1. 规划控制，连片改造

城市更新应当充分发挥规划引领的作用。城市更新规划应当符合国民经济和社会发展规划、城市总体规划和土地利用总体规划，同时也要注意因地制宜和差异化规划。随着城市的发展，城市土地中的碎片化问题逐渐显现，导致土地难以高效利用。城市更新通过整合分散的碎片化土地，可以实现区域整体开发利用，提升基础设施配套水平，促进城市协调可持续发展。

2. 健全规划体系，突出规划引领

佛山城市更新规划体系分为城市更新专项规划、城市更新单元计划和城市更新单元规划三个层次。以城市更新单元为基本单位，佛山市建立了以"更新单元计划+更新单元规划"为核心的更新规划体系。纳入标图建库范围的改造项目要列入各区当年城市更新单元计划，并且项目还要符合城市更新单元规划的相关要求。

3. 坚持政府主导，强化市场运作

政府在政策的基础上尝试非正式的制度创新——通过构建"政府—市场—社会"的联盟，依靠地方领袖，建立"原业主—市场—政府"之间的信任。政府提前提供改造补贴资金，确保更新的顺利完成。

城市更新工作涉及面广，情况复杂，目标多元，各方利益诉求在多元格局里均应有所反映，协调平衡。由政府主导，能够更好地保障公共利益和各方主体利益。如出现政府缺位或弱化责任的情况，公共利益就会失去保障，相关利益分配也会失衡。同时，政府主导还能够从根本上解决城市更新中的基础数据不清与倒逼规划等问题。

（三）要点解读与利弊分析

1. 明确城市更新项目实施方式

城市更新项目实施方式分为政府组织实施和自行改造两类。政府组织实施是指政府通过公开方式确定项目主体，或由政府城市更新实施机构组织实施。自行改造分为三类：一是由权利主体自行实施，这包括项目拆除重建区域内的单一权利主体自行实施，或者多个权利主体将房地产权益转移到其中一个权利主体后由其实施；二是市场主体单独实施，即项目拆除重建区域内的权利主体将房地产权益转移到非原权利人的单一市场主体后由其实施；三是合作实施，农村经济组织或原农村经济组织继受单位可以与单一市场主体通过签订改造合作协议共同实施。[1]

2. 明确供地方式

城市更新项目可采用公开出让、协议出让和集体建设用地流转等方式。涉及城市更新的供地，尤其是政府收购储备后的二次供地，必须采用公开出让方式供地，其余的则可以以协议出让方式供地；通过集体建设用地流转方式供地的，鼓励集体用地转为国有用地。

3. 规范管理体系，加强组织统筹

市级层面的城市更新组织机构包括城市更新领导机构、城市更新部门及相关主管部门。城市更新领导机构负责宏观统筹，对重大、宏观问题进行审议和决策；城市更新部门负责全市城市更新日常管理与协调监督，其他相关部门进行相应的配合。

各区政府作为城市更新工作的第一责任主体，由于对本区具体情况较为熟悉，对城市更新工作进行属地化管理，有利于协调多方力量，因地制宜地开展工作及充分发挥地方的积极性。区城市更新部门、街道办事处、镇政府及社区居委会和村委会等基层组织，在区政府的领导下各

---

[1] 《城市街区有机更新及其评价》，封华明（2012）。

自开展工作。

4. 落实产业优先，加快产业升级

一方面，佛山城市更新激励产业发展保护区内工业发展水平的提升。各相关部门应严格落实《佛山市产业发展保护区划定》和《佛山市城市棕线管理办法》的要求，遵循"保障总量、引导集聚、提质增效、加强监管"的原则，引导工业企业向产业发展保护区内集聚，提高产业用地效率。

另一方面，佛山也在推动村级工业园整治提升。被纳入《佛山市村级工业园整治提升实施方案（2018—2020年）》的工业提升项目，允许兼容不超过20%的研发、租赁住房、公共配套等的计容建筑面积，相应配套设施的用地面积不得超过7%。

5. 完善相关机制、加强制度保障

佛山为此建立了健全的相关机制，包括项目批后跟踪机制和项目退出机制；结合耕地保护目标和城市治理行动计划目标责任履行情况，市政府对各区的城市更新工作实施年度考核，重点考核内容包括常态化工作机制建设、专项政策资金配套、年度改造任务完成情况和改造项目实施监管等工作；与新增用地挂钩且实行"以存量换增量""改奖挂钩"的奖惩机制，新增建设用地指标应通过盘活存量建设用地获取；加强廉政风险排查，规范改造资金使用，严格监督管理，实施跟踪评估，做到公平、公正、公开，保证更新改造工作规范健康开展。

（四）引导方向与市场预判

1. 旧村庄：继续规范有序地推进城中村改造

旧村庄一直是佛山城市更新的重点，旧村庄更新将遵循"规划管控、以人为本、文化传承与保护"的基本思路和原则来促进城乡建设协调发展，优化城市生态环境，维护农村集体经济组织和村民的长远利益。村庄更新项目中，认定建筑面积超过更新地块面积2.2倍以上的部分，按照土

地市场价格的 40% 计收地价款。

2. 旧工业园：大力扶持

佛山对旧工业园的扶持措施主要包括：激励产业发展保护区内的工业提升；推动村级工业园整治提升；制定鼓励措施，扶持工业提升；经各区人民政府批准，符合利用旧工业园区发展创新产业扶持条件的工业技术改造、服务配套设施完善及新产业和新业态的发展等项目，可实行继续按原用途和土地权利类型使用土地的过渡期政策，免予办理使用功能临时变更手续。现有过渡期支持政策以 5 年为限，5 年期满及涉及转让需办理相关用地手续的，可按新用途、新权益类型或市场价以协议出让的方式办理；通过在产业发展保护区范围内建设一定规模的商品厂房，满足无独立用地需求的中小微企业发展的空间需要，鼓励各区在产权分割、租售限价和税费返还等方面加大优惠扶持措施，降低企业用地成本，支持实体经济。

- "工业提升"类城市更新项目　在符合规划、不改变土地用途且不延长土地使用年限的情形下，政府针对这类项目不计收地价款。
- "工改居"类城市更新项目　对于"挂账收储"公开出让类项目，规定规划容积率2.5(含)以下部分，按公开市场成交价的50%补偿；规划容积率2.5以上部分，按公开市场成交价的5%补偿。而对于协议出让类项目，则规定规划容积率2.5（含）以下部分，按土地市场价格的50%计收；规划容积率2.5以上部分，按土地市场价格的95%计收。
- "工改商"类城市更新项目　对于"挂账收储"公开出让类项目，规定规划容积率3.0(含)以下部分，按公开市场成交价的60%补偿；规划容积率3.0以上部分，按30%补偿。而对于协议出让类项目，则规定规划容积率3.0(含)以下部分，按土地市场价格的40%计收；规划容积率3.0以上部分，则按土地市场价格的70%计收。

3. 旧城镇更新项目

旧城镇更新项目中,认定建筑面积超过更新地块面积 2.2 倍以上部分,按照土地市场价格的 100% 计收地价款。

4. 连片改造项目

对于不低于 200 亩的连片改造项目给予相应扶持,"挂账收储"公开出让类项目补偿原权属人的标准提高 2%,协议出让类项目的出让金计收比例下调 2%。

七、中山市更新政策盘点和解析

(一)中山市城市更新政策实施背景

根据《国土资源部关于深入推进城镇低效用地再开发的指导意见(试行)》、《广东省人民政府关于提升"三旧"改造水平促进节约集约用地的通知》及《广东省国土资源厅关于印发深入推进"三旧"改造工作实施意见的通知》等有关政策精神,按照边实施边探索和边评估边完善的思路,借鉴周边城市有益做法和社会各界的意见建议,中山市组织对《中山市"三旧"改造实施细则(修订)》进行再次修订。此次修订突出政府引导,激发市场动力,拓宽社会投资获取开发权的渠道,调动原产权人参与改造的积极性,结合中山市土地情况,区分旧村庄改造、旧城镇改造、"工改住"和"工改工"项目进行分类施策等政策导向,修订后出台的《中山市"三旧"改造实施办法(试行)》于 2018 年 7 月 13 日起实施。

(二)政策利好解读

本次修订的"三旧"改造政策与 2017 年政策相比有较大突破,呈现出诸多亮点,主要包括以下 10 个方面。

1. 更加突出产业扶持,奖励支持工业改造项目的力度更大

第一,加大财政奖励的力度,体现在如下 3 个方面。

- 对拆除重建的工业改造项目，用地面积达到 10 亩及以上、建筑容积率达到 1.5 及以上的，在项目竣工验收后，市财政通过镇区对实施主体进行奖励，奖励标准为 200 元/平方米（建筑面积）。与 2017 年的政策相比，这次将享受奖励的面积数下限从 15 亩降为 10 亩，将原政策容积率超过 1.5 的部分面积才奖励，改为达到 1.5 的全部面积都奖励；对于局部加建的新建筑，规定只要整宗地的容积率达到 1.5，对加建部分的建筑面积按 200 元/平方米的标准给予奖励。
- 改造后用于兴办先进制造业或科技创新产业的改造项目，经市经信部门认定，奖励标准再提高 20%，单个项目最高奖励 1 000 万元。
- 对规模较大的改造项目，支持和鼓励各镇区在市财政奖励的基础上再行奖励。

第二，不论重建还是加建，在项目竣工后，均允许按工业用地延长使用年限到法定最高使用年限（50 年），只需按市场价补缴相应的土地出让金即可。

第三，允许将高标准厂房按幢或层等固定界限为基本单元分割登记和转让。

第四，在村集体厂房改造后所引进的企业，从签订相关物业租约或购买合同的第二年起，按税收贡献留成部分的一定比例，由市财政连续奖励三年。

第五，鼓励并引导发展工业和实体经济，优惠政策不仅适用于"工改工"项目，同样也适用于改造为工业用途的旧村庄改造项目和旧城镇改造项目。

第六，还支持和鼓励各镇区对村集体厂房改造期内给予租金补助，对实施"工改工"改造的企业提供融资贷款贴息扶持等。这些措施，均鼓励通过"三旧"改造，更多地支持实体经济发展。

2. 鼓励市场主体以多种方式参与"三旧"改造

对于市场主体参与"三旧"改造的方式，本次修订的政策除了保留传统的收购合并归宗和作价入股方式以外，还全面引入了通过签订"搬迁补偿协议"转移房地产权益并形成单一主体的做法。"搬迁"非"拆迁"，政府监督与见证但不直接介入，旨在以多方协商为基础并以市场化手段处理"拆迁"问题。

此外，对于村集体和市场主体的合作，村集体组织通过市公共资源交易平台公开选定合作企业并自愿将集体建设用地转为国有建设用地后，可以以协议方式供地给双方约定的一方。

3. 土地政策更加灵活，相比旧政策，扩大协议出让供地范围，确保市场主体的土地开发权

除了由政府主导改造的项目以及原工业、仓储及公共服务设施用地改造为住宅用途的项目外，其他项目用地均可以以协议方式土地出让。这包括以下3种情形。

- 旧村庄、旧城镇改造，通过签订搬迁补偿协议或合作协议转移房地产权益的项目。
- 旧厂房改造，集体经济组织自愿申请将其集体建设用地转为国有建设用地后，自行改造或与市场主体合作改造为工商业用途的项目。
- 对历史遗留用地，经完善土地征收手续后改造为工商业用途的项目，可以以协议方式出让给原用地单位。

这些措施可以极大地提高市场主体参与"三旧"改造的积极性。

4. 相比旧政策，调整住宅用地一律实行招拍挂政策，明确协议出让后可建设商品住房的情形

这一政策调整主要包括以下两个方面。

第一，在旧城镇和旧村庄改造过程中，改造前住宅用途的土地面积占比超过 60% 的项目，可以按住宅用途为主、以协议方式供地进行项目开发建设；对占比达不到 60% 的项目，当项目建设总面积达到 5 万平方米及以上时，扣除回迁安置的住宅建筑面积后，可按剩余计容建筑面积的 25% 配置住宅建筑面积，鼓励旧城镇和旧村庄改造。

第二，原权利人对其自有的国有工业用地改造为商业用途的项目，或者集体经济组织自愿申请将其工业用途的集体建设用地转为国有建设用地后，自行改造或与市场主体合作改造为商业用途的项目，当用地面积达到 100 亩及以上时，可按计容建筑面积配置 25% 的住宅面积，鼓励连片改造。

这些措施可以提高市场主体、原权利人和集体经济组织参与"三旧"改造的积极性。

5. 制定更优惠的地价和更透明的土地收益补偿政策

第一，通过协议出让交由权利人自行改造的地价款计收原则为：在旧村庄改造或者旧厂房改造项目中，涉及集体经济组织自愿申请将其集体建设用地转为国有建设用地，通过协议出让方式供地的，按市场评估价的 40% 计收地价款；通过签订搬迁补偿协议实施的旧城镇改造项目，在协议出让时，以土地市场评估价，核减建筑物拆除前的项目范围内原土地房屋价值后计收地价款。

第二，土地权利人将土地交由政府主导改造，通过招拍挂公开出让后对原产权人的补偿原则为：对土地权利人自行搬（拆）迁整理土地后交由政府组织公开出让，原为工业用地（含仓储、公共服务设施用地）的项目，按出让时容积率 2.5 及以下部分的出让成交价款的 50% 补偿原土地产权人；原为商业、住宅等经营性用地的项目，按出让成交价款的 55% 补偿原土地权利人，工业、商业与住宅适用不同的补偿标准。

第三，对集体经济组织将其集体建设用地通过自愿申请转为国有建设用地，自行搬（拆）迁整理土地后，交由政府组织公开出让用于引入工业项目的，按出让成交价款的 60% 补偿该集体经济组织，支持工业发展和保障集体经济组织的利益。

这些措施可以鼓励原土地权利人主动将用地交由政府主导改造。

6. 让市场基础规则更加公开透明

第一，从编制专项规划，申请标图入库，纳入项目预备库，编制改造单元规划，纳入年度实施计划到办理用地手续等各环节，均按规定全程公开，接受社会和各相关权利人的监督，确保"三旧"改造过程的公开、公平和公正。

第二，制定统一、公开的"三旧"改造项目可开发建设面积计算规则，明确改造项目可开发建设面积的"天花板"，确保各项目建设面积上限的公开透明。

第三，组织编制全市"三旧"改造片区市场指导价，计划每半年更新一次，定期向社会公布；进一步规范"三旧"改造地价评估办法，提高"三旧"改造地价计收的透明度，给市场主体较清晰的预期。

这些公开透明的措施和规则可以更好地发挥市场在资源配置中的决定性作用，更好地以市场化手段有序推进"三旧"改造。

7. 降低享受优惠政策的项目用地面积要求

本次修订的政策，将可以完善历史用地手续的条件（除边角地、夹心地和插花地"三地"外），可以将工业用地改变为商业用地自行改造的条件及工业改造项目享受财政奖励的面积要求统一由原来的15亩降低为10亩，这将进一步扩大"三旧"改造政策的受惠面。

8. 出台政策措施支持微改造

第一，明确旧厂房微改造后可以用于互联网＋产业、研发设计、科技服务、信息服务、总部经济、文化创意、现代物流、现代旅游、商务会展及金融服务等生产性或高科技服务业；可以用于高新技术产业、科技孵化器、先进制造业用房等创业创新平台；结合中山市实际，为完善中山市公共服务设施，还可以用于教育、医疗或体育等非营利性公共服务设施及公益事业项目。旧厂房微改造用于上述用途的，都可以按原用途（工业用途）使用5年，5年期满后，按新用途办理改变土地用途手续，按两种用途市场评估价的差额补缴土地出让金。

第二，对于社区（村）自行组织的微改造项目以及危旧建筑物涉及公共利益或公共安全并由权利人主动进行微改造的项目，本次修订的政策明确：经权利人申请、镇区审定，市和镇（区）可以从"三旧"改造土地出让收入中按各自事权给予适当资金补助。

第三，明确市财政应当将"三旧"改造土地出让收入市级分成部分的全额、镇（区）财政应当将"三旧"改造土地出让收入的30%以上，按照市镇（区）各自事权统筹安排支持微改造。

这些措施有利于更好统筹全面改造和微改造，推动因地制宜实施改造，更好地完善城市基础设施和公共服务设施。

9. 提出纳入土地利用总体规划复垦区的"三旧"项目解决途径

第一，使用省周转规模。经报省主管部门同意，使用省建设用地周转规模调入"三旧"改造项目所在的复垦区，同时指定同等面积的复垦地块，先行将该项目用地完善相关手续并实施改造，在规定期限内完成指定复垦地块的复垦后向省返还周转规模，或经省主管部门同意购买其他城市的增减挂钩拆旧复垦节余规模指标予以归还。

第二，先承诺后审批。对已取得不动产权证的工业用地，在不改变土地用途且符合城市总体规划和控制性详细规划的前提下，可以采用"先承诺后审批"的方式，由属地镇区承诺通过镇内调剂方式落实并制订调入调出建设用地面积方案，经市国土部门审查，报市"三旧"办和规划部门备案后，可参照享受"三旧"改造优惠政策和办理用地及规划等有关审批手续。

这些措施可以解决那些已纳入复垦区但因不宜复垦而急需改造的项目却无土地规划的问题，以及部分用地急需实施改造却因土规调整滞后暂无土地规划而无法改造的问题。

10. 推进事权下放，提高效率并降低制度性成本

针对"三旧"改造专属工作，中山市此次修订的实施办法提出了两点。

第一，对全面改造项目的审批，纳入项目规划编制预备库和年度实施计划（报市"三旧"办备案），确认申报主体和实施主体资格等全部交由镇区审批。市级主管部门仅保留改造单元规划（涉及调整控规的情形）和改造方案制订的权限，然后由市相关职能部门审查，市政府审批。

第二，对微改造项目的审批，则全部由镇区负责审批和实施。

这些措施有利于压缩审批层级和审批时间，降低制度性成本，提高市场各方的积极性。

（三）要点解读

1. 政策体系

2018年以来，中山市国土资源局以"开门立法"的形式开展"三旧"改造政策修订工作，广泛听取各方意见，汇集各方智慧，政策成果包括《中山市"三旧"改造实施办法（试行）》和旧村庄、旧厂房和旧城镇改造的三个配套实施细则，简称为"1+3"政策。

包括这些政策成果在内，中山目前已初步搭建起了"主政策＋配套政策＋工作规范＋操作指引"的政策体系，其中：

- 主政策主要是指《中山市"三旧"改造实施办法（试行）》；
- 配套政策主要包括旧村庄、旧厂房和旧城镇改造的三个配套实施细则及有关财政税收等方面的配套政策；
- 工作规范主要包括"三旧"改造专项规划、改造单元规划和"三旧"改造数据库标图入库等；
- 操作指引包括各事项申报流程指引、改造方案编制审批指引、土地收回及协议出让供地指引和项目跟踪监管要求等。

2. "三旧"改造标图入库条件

根据广东省的相关规定，中山市在这方面主要明确了如下3个条件。

第一，需要在 2009 年 12 月 31 日前的影像图上显示已建有上盖建筑物，且上盖建筑物投影面积占用地面积的比例不小于 30%。这个时间节点，较原来的"2007 年 6 月 30 日前"延后了两年半，也就是说放宽了要求。

第二，符合土地利用总体规划。该规定是广东省的统一规定，针对当地实际情况，特别对支持实体经济发展的旧厂房改造项目，中山市出台了相应的政策措施。

第三，2009 年第二次全国土地调查和最新的土地利用现状变更调查认定为建设用地。

3. "三旧"改造的基本分类

按改造类型或改造程度划分，中山市"三旧"改造分为全面改造和微改造两种。其中，全面改造是指通过对地上建筑物进行全部拆除并按照规划用途予以重建的改造活动；除全面改造以外，其余归类为微改造，包括综合整治、局部改扩建、历史建筑修缮、生态修复及建筑物节能改造等各种情形。

按实施方式划分，中山市"三旧"改造分为权利人自行改造和政府主导改造两种。其中，政府主导改造是指政府以征收或收回等方式整理（整备）土地后，通过公开出让土地并确认其使用权人后实施改造。除政府主导改造以外，其余归类为权利人自行改造，包括用地单一权利人对其用地实施改造，或者全部权利人将房地产权益转移到某一权利主体后由其实施改造的情形。

4. "三旧"改造的基本流程

从"三旧"改造整个流程来看，除前置的专项规划和标图入库以外，其余工作可以归纳为如下 4 个阶段。

第一个是申报计划阶段。通过开展改造意愿调查，在符合改造意愿和条件的前提下，相关的权利主体（原产权人、市场主体或政府相关部门）编制改造项目计划方案，向属地镇区政府申报，属地镇区政府审核同意则纳入改造项目预备库。

第二个是规划报批阶段。纳入改造项目预备库后，属地镇区指导和协助申报主体开展土地、房屋、人口、历史文化遗存和公共服务设施等基础数据调查，编制改造项目规划方案后，向属地镇区申报。属地镇区根据申报材料，进行基础数据调查并核实调查成果，组织对改造项目规划方案的审查，符合规定要求的方案由镇区统筹组织编制改造单元规划，并征求相关利益人的意见后报市规划部门组织多部门联审、专家评审及市政府审批。各镇区结合改造单元规划的编制和审批情况，将那些年内具备动工条件的改造项目及时纳入年度实施计划。

第三个是确认实施主体阶段。对于村企合作改造，政策提供了"前期选定"或"后期选定"合作企业两种方式，两种方式下的合作企业均须通过市公共资源交易平台公开选定，各镇区和各村集体可以根据实际选择其中一种。通过公开选定合作企业后，村集体和合作企业签订合作协议，由双方约定的项目实施主体向镇区政府申报实施主体资格确认。对于旧城镇改造，申报主体与改造范围内房地产权利人签订搬迁补偿协议的比率达到占总面积及人数的90%以上的，可以向镇区申办实施主体的资格认定。经确认为实施主体后，属地镇区应组织该实施主体编制项目改造方案，明确该实施主体为协议供地对象。

第四个是办理用地手续阶段。项目改造方案经批准后，应当办理涉及的历史用地报批、项目实施监管协议的签订、旧建筑拆除和不动产权证注销及安置和复建资金的落实等手续，完成协议供地手续的办理。供地后，实施主体按基本建设程序向相关部门申办各项建设手续，由属地镇区按照监管协议，对项目的实施过程进行跟踪监管。

上述流程主要针对成片连片的旧村庄和旧城镇改造，而旧厂房改造项目或针对单宗地块的改造，各阶段的工作会相对简单很多。

（四）引导方向

中山市本次修订的政策明确以"政府引导、规划统筹、市场运作、利益共享"为政策导向，积极推动产业升级，完善城市功能，提升人居环境，提高节约集约用地水平，保障经济社会高质量可持续发展。

本次政策导向的定位相比以前做了以下4个方面的重大调整。

- 政府角色由主导调整为引导，以激发市场动力为主。
- 拓宽社会投资取得土地开发权的渠道，调动土地权利人参与改造的积极性。
- 结合中山市土地情况，精准施策，分类细化政策措施，区分旧村庄改造、旧城镇改造、"工改工"、"工改住"、"工改商"等项目分类，制定优惠和激励政策，提高政策的可操作性。
- 下放事权，提高效率，降低制度性成本。

八、江门市更新政策盘点和解析

（一）江门市城市更新政策出台背景

江门市城市更新的主要政策为2017年9月颁发的《江门市市区"三旧"改造实施意见（试行）》（下文简称《实施意见》）。《实施意见》主要依据广东省最新文件精神，并结合了江门市"三旧"改造工作实践和转型升级的需求，突出四个"注重"：注重统筹协调，加强规划引领；注重利益共享，推动连片更新改造；注重放管结合，提高审批效率；注重市场导向，加强激励约束。

（二）政策利好解读

1. 明确纳入"三旧"改造范围的条件

《实施意见》进一步明确纳入"三旧"改造范围的条件。针对旧厂房改造，结合省国土资源厅对"三旧"改造标图建库的有关要求，《实施意见》明确提出：旧厂地块上盖物基底面积占改造单元地块面积比例达 30% 以上方可作为旧厂房改造。同时，《实施意见》也明确同一改造单元规划范围含有旧村庄、旧厂房和旧城镇的，旧村庄建设用地面积占规划片区总面积 70% 以上的，可视为旧村庄改造。此外，《实施意见》还鼓励人口过于密集或基础设施配套不完善的旧村庄先行改造，避免在旧村庄改造过程中出现"只改厂房不改住宅，只改易不改难"的情况。

《实施意见》重新明确了改造项目实施自行改造的条件。新政策提出：改造为住宅或商住混合用途的旧厂房，其土地应实施公开出让；改造为商业、娱乐或旅游等用地的旧厂房及旧村庄改造仍保留自行改造方式。这一政策有利于营造公平、有效竞争的土地市场环境，保障土地原有权利人的利益，同时保障"三旧"改造单元规划的有效实施。

根据《实施意见》，市属、区属国有全资企业可在政策允许范围内将自有的旧厂房用地按"三旧"改造规划自行改造，有利于江门市国有企业通过"三旧"改造方式更好地落实城市规划要求、产业规划要求和公共配套设施要求，保障公共利益，为江门发展服务。

2. 下放"三旧"改造审批权限

按照"简政提速"的要求，配合江门市行政审批委托制改革的落实，《实施意见》将"三旧"改造审批权限下放，改造方案审批调整为由蓬江区、江海区和新会区政府组织审批，审批结果报市"三旧"办及市国土资源局、市城乡规划局、市住房和城乡建设局、市环境保护局及市文化广电新闻出版局等部门备案，以便进一步提高"三旧"改造审批的效率。

对于旧村庄改造，新政策提出土地出让收入由区政府统筹，其中 5% 统筹用于全区的城市基础设施建设，其余部分拨付给原农村集体用于成本支出及村集体基础设施建设；对于自行改造的旧厂房项目，市财政分别按不同用途拨付一定比例的资金给原权属人作为土地及地上物补偿；对于公开出让的旧厂改造项目，市财政按改造后项目的容积率分级拨付一定比例的资金给原权属人。新政策操作更简便直接，取消了原地块土地及地上物成本的核定环节，减少对地上物评估价值的审核环节，成本的计算返还与以往相比更加清晰透明。

《实施意见》提出，村集体厂房物业实施改造，土地出让收益补偿可选择货币补偿或货币与物业补偿相结合。选择货币与物业补偿相结合的，最多可回购20%的建筑面积作为补偿，回购价格根据地块出让成交的楼面地价加上江门市工程造价与招标协会出具的建筑工程造价确定，回购物业的用途、位置及分配比例等由原土地权利人和竞得人参考规划设计方案协商确定。这一政策有利于多途径安置改造集体经济组织成员，提高保障能力。

3. 完善支持政策，强化监管

《实施意见》在规划、土地和税收等方面进一步完善了支持政策。在规划方面，按照广东省最新政策要求，旧厂房改造涉及将工业用地等土地用途改变为商业和商品住宅等经营性用地的改造项目，原土地权利人或改造主体应当按照城乡规划的要求，将不低于项目用地总面积15%的土地无偿移交政府，用于城市基础设施、公共服务设施或其他公益性设施建设。此外，为便于旧村庄改造开展入户动迁工作，在项目申请供地前，可办理"三旧"改造规划布局意向方案。在土地方面，属于村集体厂房实施旧村庄自行改造的安置房项目，在单元拆迁安置完成之前，50%的房屋面积不得销售。此外，《实施意见》明确了国有土地和集体土地的地上物产权登记注销的程序，填补了"三旧"改造在办理产权登记和注销方面的政策空白。在税收方面，明确对被拆迁人取得的拆迁补偿收入暂不征收增值税、城市维护建设税和教育费附加；对于房屋拆迁补偿的款项，被拆迁人可按政策规定申请减免契税；对"三旧"用地经规定程序纳入棚户区改造范围的，享受棚户区改造优惠政策。[1]

《实施意见》要求建立"三旧"改造监管体系，实施"三旧"改造监管协议制度，明确具体监管措施以及改造主体的权利义务和违约责任，

---

[1] 《简化审批流程，加强激励约束》，载于《江门日报》（2017）。

并加强动态巡查，确保监管协议落实到位。同时，通过制定具体监管措施，《实施意见》要求各地建立健全"三旧"改造项目退出机制，对未按照改造方案和土地出让合同条款实施改造等情形，取消"三旧"改造相关优惠政策并按规定实施处罚，对以"三旧"改造为名骗取完善历史用地手续的必须严肃依法处理。

（三）要点解读和利弊分析

此次修订有9个方面的亮点：进一步明确纳入"三旧"改造范围的条件，优化城市布局；重新明确改造项目实施自行改造的条件，促进市场公平竞争；加大支持力度，做大做强国有企业；简化审批流程，提高办事效率；改革改造项目拆迁补偿的计算和确认方式，使改造成本更加清晰透明；拓展旧村改造补偿途径，保障村集体的利益；完善支持政策，强化"三旧"改造合力；明确"三旧"改造土地出让价格拟定机制；强化信息公开和批后监管，促进改造项目规范实施。下文主要从4个方面对《实施意见》进行解读和利弊分析。

1. 范围认定

城市更新的范围沿用广东省的政策要求，分为旧城镇、旧厂房和旧村庄这三类。其中旧城镇主要指的是国有土地上的旧房屋。旧厂房建设时间限定为2007年6月30号之前，但根据广东省2018年颁布的政策，这一年限会放宽至2009年12月31号之前；旧厂房改造单元上的上盖建筑物比例必须达到30%以上。例如一块已出让的工业用地，上盖建筑物不足30%，改造时则可以通过分宗的方式来进行：政府将未建的部分收回，剩余部分交由企业再开发。旧村庄主要指的是集体用地内的宅基地为主的用地，如果混合了旧厂房或旧城镇的，只要旧村面积超过70%，就可以定性为旧村庄改造。这一规定为后续部分涉及"工改商住"提供了突破口。

2. 实施主体认定

实施主体的定性是"三旧"改造项目推进过程中最重要的影响因素。

纵观珠三角各城市，凡是"三旧"改造项目推进迅速的地区，基本上都是主体认定放开的城市，深圳就是一个最典型的例子，另外东莞和广州也做了适当的放开，这三地"三旧"改造推进得就相对较快。后起之秀如中山，2018年陆续颁布"三旧"改造实施办法，在政策方面逐步向深圳和广州学习，开放程度很高，"三旧"改造的参与热情也逐步高涨。

改造主体主要分为两类：一类是政府主导，包含公共服务设施项目、工改商住项目；另一类是自行改造，主要包括旧村改造、工改工（商）、国企自改。由于受土地财政的影响，江门市对工改商住类项目，同样采取限制的措施，政府收储，再公开出让。同时，由于设定了旧村改造项目必须在集体资产交易平台上公开选择实施主体，抑制了一部分企业对旧村改造的动力，有不少企业先期介入项目谈判和拆迁等环节，但后续无法100%获得实施主体资格，其中的风险太大。

从实施主体的认定情况来看，江门市的"三旧"改造政策并不是最优的，对"三旧"改造来说会起到一定的限制作用。目前广东省的政策也在强调放开土地出让方式，鼓励企业参与"三旧"改造项目。江门市应该顺应发展趋势，逐步放开市场，这对提升江门公共服务设施水平和环境品质将有较大的促进作用。

3. 土地出让价格及补偿

根据政策要求，土地价格基本上都是按照地价评估、集体决策和公示等用地审批程序确定，协议出让用地需提前公示。

关于补偿，政策给出了不同分类标准。其中工改商（经营性质）的旧改，补缴地价款的30%返还给原土地使用人；工改商住的旧改，补缴地价款的10%返还给原土地使用人；而公开出让的项目则需拆成净地出让。对于工改商住的旧改，权利人可以根据容积率的不同获得10%~60%不等的地价款。由此可见，江门对工改商住类改造的补偿力度较大，这在一定程度上可以激励企业参与城市更新，将低效利用的土地拿出来参与城市基础设施及环境提升建设。

4. 实施要求及政策支持

- 强化规划的引导作用，明确土地贡献率　作为项目实施的纲领，"三旧"改造专项规划明确了项目改造的定位、规模和配套设施等一系列内容，对工改工、工业区转变功能（商办）的改造项目给予地价的鼓励，对于提供公共开放空间的改造项目给予容积率奖励。

　另外，政策明确了项目的土地贡献率，即不得低于15%，对于超额提供住房或者提供保障性住房和文物保护的项目给予容积率奖励。

- 明确了用地手续补办和插花地相关问题　对于符合土地规划，已经使用但无手续的用地，按照1987年和2007年两个时间点进行界定，分类处理，1987年1月1日之前的，可以继续办理国有建设用地确权登记手续；对于2007年6月30日之前的，由地级以上市政府审批完善历史问题用地手续，需办理征收手续的项目按土地现状向省以上人民政府申请补办征地手续；对于保留为集体用地的，申请补办农地转用手续即可。

　面积小于3亩，累计面积不超过改造项目用地面积10%的零碎地块，在提供有关证明材料的前提下，可不再举行听证，也无须进行社保审核和留用地安排。其他方面按现行征转用手续程序办理。

- 鼓励产业发展，支持工业区升级改造　鼓励实施"工改工""工改教""工改科""工改文""工改体""工改养老"等行业和产业的发展。搬迁和引入的项目要符合各市、区重点扶持发展的行业要求，这样的项目可享受当地招商引资的优惠政策。另外，企业在改造过程中发生的财产损失，可以在企业申报所得税的过程中扣除。

　根据规划要求，"工改工"项目，可以适当提高容积率，不需要补缴地价款，对于工业区功能转变项目也给予支持，只需要补缴部分地价款即可。这些措施在一定程度上会对工业区升级改造起到积极的影响作用。

- 完善监管监督机制，加强组织领导　采用省、市、区三级监管机制，建立动态监管机制，各区"三旧"改造主管部门要与"三旧"改造主体签订监管协议，明确具体监管措施及改造主体的责任义务。

规模较大的改造项目可依据"三旧"改造实施方案，由各区"三旧"办组织国土和规划部门审定同意分期实施方案后分期供地。

建立健全"三旧"改造项目退出机制。对未按照改造方案和供地文书确定的开竣工时间、土地用途、开发强度等实施改造的项目和实施主体，政府部门取消其"三旧"改造相关优惠政策。

加强"三旧"改造工作信息公开，加大公众监督力度。对"三旧"改造涉及的政府收购土地使用权，使用土地出让收入对原土地使用权人进行补偿及协议出让补缴地价款等重大事项，须经政府集体决策，并将决策结果公示在政府门户网站上。

（四）引导方向和市场预判

2015年，江门全市完成"三旧"改造面积2 533亩。2016年，江门市"三旧"改造面积达4 312亩，开展和完成改造的项目总投入资金达62.47亿元。通过实施"三旧"改造，江门市共节约土地1 607亩，节地率达63.44%。

1. 加大"三旧"改造实施力度

根据广东省下达江门市的"三旧"改造任务，2015年江门市实施"三旧"改造的任务为2 300亩。为完成任务，江门市"三旧"办及各相关职能部门加大工作力度，全力推动"工改工"升级改造，简化完善历史用地审批手续，加快办理改造项目规划设计条件，稳步推进"三旧"改造项目供地工作，完善手续程序，攻克"三旧"改造的难点，从而达到节约集约用地的目的。

其中，结合广东省相关政策及江门市实际，市"三旧"办着手制定了《关于印发"三旧"改造中完善集体建设用地手续审批工作方案及规程的通知》,并结合实际操作过程中出现的问题,完善了具体操作办法。该政策简化和完善了历史用地手续报省审批的材料,加快了项目的审批速度。

此外,遵循"三旧"改造工作中规划先行的原则,江门市加快了办理改造项目规划设计条件的步伐。市"三旧"办与市城乡规划局多次研究,制定印发《关于"三旧"改造迫切需要实施项目核定及规划手续办理的意见》。该意见指出,纳入三区"三旧"改造的重点项目,特别是纳入城市棚户区改造的项目,可优先出具规划设计条件和办理供地手续。在该意见的指导下,江门市顺利解决了堤东路73号旧厂、竹排后街项目及原市电池厂和市机械厂等项目的规划设计问题。[1]

2. 工改类项目受到追捧,三区实施"工改工"项目12个

2015年,江门市在推进"工改工"项目上取得新突破。经统计,三区共实施工业升级改造项目12个,包括蓬江区广东珠西先进装备制造研究院、江海区耀信金属科技有限公司等项目,其中广东珠西先进装备制造研究院项目已完成改造并投入使用。

江门市成功获评全国小微企业创业创新基地示范城市。为了进一步促进江门市工业企业健康发展和鼓励中小微企业创业创新,市"三旧"办与市国土资源局、市城乡规划局及市法制局等部门多次研究后,起草了《江门市市区工业类用地升级改造开发项目的工作指导意见》,该意见于2015年7月21日正式出台。

该意见对三区工业类用地升级改造开发项目提供了用地和规划建设等方面的支持,特别在原有工业厂房扩建时增加容积率方面提供了更大的操作空间,并且在政策上首次明确了符合条件的工业升级项目可办理房产产权分割证和土地产权变更登记,优化和鼓励工业企业发

---

[1] 《去年全市完成"三旧"改造2533亩》,载于《江门日报》(2016)。

展，提高节约集约用地水平。通过出台新政策，结合原有的《江门市区旧厂房升级改造扶持办法》等一系列"三旧"改造优惠政策，江门市为推进"工改工"升级改造项目以及建立中小微企业创业创新平台打下了坚实的基础。

下一步，江门市将在确保完成城市棚户区改造等重点工程和民生工程的任务前提下，优先发展"工改工""工改商"项目，适度控制商住项目，对已动工的改造项目加大力度，稳步推进。[1]

九、肇庆市更新政策盘点和解析

（一）肇庆市城市更新管理办法编制背景

肇庆市"三旧"改造的核心政策为2010年颁发的《肇庆市人民政府印发关于推进"三旧"改造促进节约集约用地若干意见实施细则的通知》。2016年12月6日，《肇庆市城区"三旧"改造项目开发强度核准办法》印发施行，规定项目符合控制性详细规划要求的，容积率可提高10%。2018年7月，肇庆市国土资源局发布了《肇庆市"三旧"改造实施意见（征求意见稿）》。

（二）政策利好解读

1. 政府鼓励力度大、优惠多

肇庆市政府鼓励各地探索利用社会资金开展"三旧"改造。组织实施的"三旧"改造项目，在拆迁阶段可通过招标方式引入企业单位承担拆迁工作，拆迁费用和合理利润可以作为收（征）地补偿成本从土地出让收入中支付。在"工改工"项目上，肇庆市采用不征收地价款的鼓励方式。"三旧"改造符合城乡规划且改造后不改变用途的工

---

[1] 《去年全市完成"三旧"改造2533亩》，载于《江门日报》（2016）。

业用地，能提高土地利用率及增加容积率的"工改工"项目，也不增收地价款。

2. 设定容积率奖励措施

《肇庆市城区"三旧"改造项目开发强度核准办法》规定项目符合控规要求的，容积率可提高10%。地块面积≥10公顷的整体连片旧城区改造项目，可给予增加10%的容积率奖励。针对商业、办公和居住综合项目，裙楼部分和裙楼之上的塔楼建筑密度可分开设定，裙楼部分的在现行规范标准基础上在10%~20%范围内可适度放宽。改造项目实施太阳能热水或照明系统与建筑物一体建设的，每户奖励1平方米的建筑面积。

（三）要点解读与利弊分析

1. 明确规定"三旧"改造用地范围

2009年12月31日前已建设使用，地块上盖物基底面积占入库单元地块面积比例达30%以上，符合土地利用总体规划，经第二次全国土地调查和最新的土地利用现状图认定为建设用地，以及布局散乱、利用不充分、用途不合理或规划确定改造的低效存量建设用地，都可按规定纳入"三旧"改造范围。

对于符合《转发省国土资源厅关于"三旧改造工作实施意见（试行）的通知"》（2009年）的相关规定，单块面积小于3亩且累计面积不超过项目用地面积10%的地块，以及于夹心地、插花地、边角地的农用地或未利用地，可一并纳入"三旧"改造范围。

上盖物占地比例符合建设用地规划许可证或土地供应法律文书等载明的规划条件，可不受30%比例限制。

已认定为闲置土地的项目，不得申请纳入"三旧"改造范围。政府在政策的基础上尝试非正式的制度创新——通过构建"政府—市场—社会"的联盟，建立"原业主—市场—政府"之间的"信任"。政府提前提供改造补贴资金,确保更新的顺利完成。

2. 明确规定"三旧"改造项目审批手续

- 纳入"三旧"改造标图建库的用地,根据粤国土资规字〔2018〕3号文(《广东省国土资源关于印发深入推进"三旧"改造工作实施意见的通知》)确定改造主体,由改造主体向用地所在"三旧"办提交申请。
- "三旧"改造项目最小面积应不小于1公顷,但规划部门能够单独出具规划要点的项目除外。
- "三旧"改造方案由改造主体依据"三旧"改造专项规划、控制性详细规划或"三旧"改造单元规划实施编制,具体确定改造面积、开发强度、利用方向、资金平衡及需完善的用地手续等内容。
- 已审批的"三旧"改造项目涉及完善土地征收手续和集体建设用地转为国有的,由改造主体按省、市文件有关要求组织材料申请办理,逐级上报审批。各地"三旧"办做好业务指导工作。

(四)引导方向与市场预判

1. 旧村庄:因地制宜,采取多种方式规范和引领

对于旧村庄的改造,肇庆市因地制宜,借鉴省内其他城市"旧改"的成功经验,采取了自行改造、引入合作主体改造和申请政府实施改造三种方式进行规范和引领。

肇庆的城市更新办法对自行改造规定了如下5个要点。

- 旧村庄改造项目由农村集体经济组织开展调查摸底,形成调查报告。调查报告包含拟改造范围、面积、权属及用地手续情况、地上建(构)筑物测量及拆除补偿成本、土地租赁合同关系解除成本和征拆可能存在的难点分析。

- 制订自行改造方案（包含改造面积、开发强度、利用方向、资金来源和管理、需办理的用地手续及回迁方案等内容）。
- 改造方案由农村集体经济组织召开会议进行表决（须取得股东或成员代表 90% 和地上建筑物所有权人 90% 以上同意）并公示 15 天以上，公示无异议后报所在镇政府（街道办）审核。
- 镇政府（街道办）审核同意后，农村集体经济组织向"三旧"办提出自行改造项目申请，"三旧"办按程序报政府审批，纳入"三旧"改造年度实施计划（草案）。
- 项目批复后，农村集体经济组织按规定成立开发公司，根据"三旧"改造年度实施计划实施改造。

对于引入合作主体改造的方式，肇庆的更新办法也规定了如下 5 个要点。

- 旧村庄改造项目由农村集体经济组织开展调查摸底，形成调查报告。
- 制订改造方案（包含改造面积、开发强度、利用方向、资金来源和管理、需办理的用地手续及回迁补偿方案等内容），连同合作开发协议、招拍挂方案等，经农村集体经济组织召开会议表决，并公示 15 天以上，报所在镇政府（街道办）审核。
- 农村集体经济组织向"三旧"办提出旧村庄改造项目申请（引入合作主体），"三旧"办按程序报政府审批，纳入"三旧"改造年度实施计划（草案）。
- 项目批复后，农村集体经济组织以公开方式选定合作主体。如采取招标方式确定合作主体的，农村集体经济组织成员代表应占评标专家组人数 30% 或以上。
- 确定合作主体后，农村集体经济组织与合作主体按规定办理相关用地手续，根据"三旧"改造年度实施计划实施改造。

肇庆旧村庄的改造的另一种方式是申请政府实施改造，相关更新政策做出了如下 4 点规定。

- 农村集体经济组织开展调查摸底，形成调查报告。调查报告包含拟改造范围、面积、权属及用地手续情况、地上建（构）筑物测量及拆除补偿成本、土地租赁合同关系解除成本、征拆可能存在的难点分析。
- 制订委托改造补偿方案（包含补偿标准、回迁方案及利益分成等内容），由农村集体经济组织召开会议进行表决（有股东或成员代表 90% 和地上建筑物所有权人 90% 以上同意），并公示 15 天以上。
- 农村集体经济组织向"三旧"办提出委托政府实施改造项目申请，"三旧"办按程序报政府审批，纳入"三旧"改造年度实施计划（草案）。
- 项目批复后，土地储备部门与农村集体经济组织签订委托政府实施改造协议，按规定实施征地拆迁、回迁工作及土地出让前期工作。

2. 旧厂房：大力扶持、继续推进

对于"工改商""工改住"项目申请收储，土地权利人向"三旧"办提出改造项目申请，"三旧"办按程序报政府审批，纳入"三旧"改造年度实施计划（草案）。

项目批复后，土地权利人在 1 个月内向土地储备部门提出收储申请，签订收储协议，按协议约定时间（原则上不超过 6 个月）对土地拆迁平整以净地方式移交收储。移交时应双方现场验收，并签订交地确认书。逾期未完成清拆移交工作的，撤销项目批复。

国土、土地储备部门根据"三旧"改造年度实施计划和土地供应计划公开出让土地（原则上从签订交地确认书时间起不超过 3 年）。土地出让后，"三旧"办申请按政策或收储协议约定的收益比例实行扶持。

3. 旧城镇：合理有序推进

肇庆市对旧城镇的改造，按照市里和省里相关规定的要求合理有序地推进，具体有如下 4 个方面的举措。

- 镇政府（街道办）、政府有关部门对拟实施旧城镇改造的范围开展调查摸底，形成调查报告。
- 制订改造方案。
- "三旧"办按程序报政府审批，纳入"三旧"改造年度实施计划（草案）；项目批复后，通过公开方式确定征拆合作主体，签订合作征拆协议，实施征拆补偿和土地收储等工作。
- 土地收储完成后，按"三旧"改造年度实施计划和土地供应计划公开出让土地。

4. 标图建库：实事求是，及时调整

"三旧"改造主体或政府相关部门向地块所在"三旧"办提出"三旧"改造标图建库动态调整申请。删减地块的改造项目应提供删减原因说明书。

"三旧"办进行实地核查，对符合纳入"三旧"改造用地范围的地块，制定最新的土地利用现状图、土地利用总体规划图及 2007 年或 2009 年影像图，增补入库（增补前应对地块项目有关信息在相关政府网站上公示）。

各县（市、区）政府每季度最后一天（即 3 月 31 日、6 月 30 日、9 月 30 日和 12 月 31 日）前将本行政区域调整完善后的"三旧"改造标图建库数据（包括增补地块）报市"三旧"办。市"三旧"办审核后纳入肇庆市"三旧"改造地块数据库，可按规定实施"三旧"改造。

十、珠三角核心城市城市更新政策对比表

珠三角核心城市城市更新政策的对比情况见表 2–1。

表2-1 珠三角核心城市更新政策对比

更新政策	珠三角核心城市						备注
	深圳	广州	东莞	佛山	中山	
改造主体的认定	可以协议出让。由完成拆迁补偿协议的公司最终取得实施主体资格 优点：可以在申报专项规划及前期与村里签订协议时，采用村股份公司或者其他壳公司，在后期大开发商介入时再重新确定项目公司，而且不会产生转让税费 另外，除了城市更新项目外，深圳还有非农建设用地返用地也可以直接协议出让 目前，受制于集体资产交易的影响，旧村又非农用地项目等需要通过交易平台交易才能确定开发主体	以政府公开渠道出让为主。若采取村股份公司自行改造方式，则需要先公开招标股份公司全资子公司逐步转给开发商。这种方式不仅要取得村股份公司股权，还需与村里签订协议，并逐步缴交监管资金——相对比较复杂 公开选取开发商，需要就以下关键事项进行竞争：将可售面积更多地让利给村里作为回迁面积，这样更多的拆补偿金直接导致开发成本支付，致使让利给村里的竞争直接导致开发成本提高	原权利人自行改造，可以协议出让 东莞的旧改在申报后就不可以再变更主体。因此，对于工厂的自行改造，最好先通过鉴证交易，过户至新项目公司名下，方便后期与开发商合作 在新政策出台之后，东莞的旧村开发也需要通过交易平台竞争才能确定改造主体	需要公开出让	旧村、旧城镇签订搬迁补偿协议或合作协议转移房地产权益的项目 旧工业区改工或商业的以及历史遗留用地的改造项目，可以在完善启动项目或者工业的项目，可以在完善用地单位协议出让给原用地单位	深圳、东莞和惠州的政策较好；而广州和佛山需要先走公开渠道，再收项目公司股权，相对比较麻烦 为防止集体资产流失和房地产企业无序竞争，村集体物业改造通过平台实施会成为趋势

（续表）

更新政策	珠三角核心城市						备注
	深圳	广州	东莞	佛山	中山	
古地面积的规定	改造范围不小于1万平方米；原特区内可以小于1万平方米（2017年强特区放权后，特别是原关内地区批了很多小地块更新，由于对城市基础设施的贡献较小，这一政策已禁止）	不明确	成片拆迁改造面积原则上不小于5公顷；自行改造无面积要求	旧村居改造项目占地面积原则上在50亩以上	改造单元面积不小于100亩，工业区项目除外，鼓励成片改造	成片成规模改造为主，便于项目集中实现配套供地
进行旧改的前提条件	只需要符合如下基本规定即可：基本满足法定图则的改造方向即可；古地面积符合相关规定，五类用地达到60%。深圳还出台相关政策，可以补办两规（《深圳经济特区处理历史遗留违法私房若干规定》和《深圳经济特区处理历史遗留生产经营性违法建筑若干规定》），调整非农建设用地等措施，满足合法用地60%的要求	广州市2009年的旧办法中规定了52个需全面改造的城中村，如果要做城中村改造，基本上要在这个范围内进行	已纳入省"三旧"改造地块标图建库范围控规符合改造规划方向说明：已标图建库非常重要，这是项目是否改造的前提	已纳入省"三旧"改造地块标图建库范围控规符合改造规划方向说明：已标图建库非常重要，这是项目是否改造的前提	符合标图入库条件的项目，符合土地利用总体规划且符合2009年第二次全国土地调查、现状图都是建成区	深圳的政策最好，基本符合条件的项目均可以做旧改，而且可以选择对村里的某一栋一块地块单独旧改，这样可以避免像广州那样整村改造，易于操作。东莞的标图建库的项目其实较多，也有较大的选择空间

(续表)

更新政策	珠三角核心城市					备注
	深圳	广州	东莞	佛山	中山	
主要流程	满足五类用地的要求→区里立项→市规土委备案→专项规划审批→实施主体确认→办理用地规划许可证→补缴地价款→签订土地合同→办理土地证	第一阶段为全面改造方案编制阶段，第二阶段为全面改造方案审批阶段，第三阶段为全面改造组织实施阶段 前两个阶段为拆迁现状调查、户籍人口调查，拆迁成本及市政配套设施成本计算和补缴地价款计算过程。这两个阶段耗时较长，一般需要3～5年 村里自行改造则按第三阶段的流程操作：公开招标→开发商投标→开发商与村股份公司签订正式合作协议→开发商缴纳第一期监管资金，约为本项目的10%→签约资金约达到80%后，清全部监管门后，付申请拆迁许可证，开始拆迁→根据与村股份公司签订的合同约定，签订正式合同后，逐步将全资子公司股权转给开发商→完成拆迁后（可分期），补缴地价款→办理土地证	列入镇政府年度计划→制订"三旧"改造项目规划研究方案→向镇"三旧"办申报"三旧"改造方案→"三旧"办审核后上报市"三旧"办集中审批→市"三旧"办联合审批后报市政府→市政府同意批复→凭批复到规划局申请《建设项目用地规划批准书》→"三旧"办及其他九个部门进行联合审批（并联审批）→拆除厂房围团，公示→补缴地价款→领政新（国有土地使用证）	与广州基本相同	编制"三旧"改造专项规划→改造意愿调查→确定申报主体实施资格→基础数据核查→按规划调整→编制年度实施计划→改造项目报批→签订项目监管协议→办理供地手续→项目报建	深圳与广州不同是广州改最大的规划审批之前，已对拆迁量、建设成本和需进行了详细计算、补缴的地价款等进行了详细计算，由此导致广州项目的规划审批时间会非常长，而且如果规划审批时留利消空间不够，项目也无法推进。广州的优势在于拆迁时可以按政府补偿标准执行，推动时有标准，并且有行政可以协助
审批流程						

（续表）

珠三角核心城市

更新政策	深圳	广州	东莞	佛山	中山	备注
容积率审批	城市更新项目可以较大地提高容积率；非农建设用地及征用地较难提高容积率 优点：可以在拆迁补偿成本不变的情况下，提高土地一级整理方的收益。也就是说，一级土地开发商因为有利润，才有动力推动项目拆迁，保证本项目的开发商现有利润空间	容积率的审批是政府根据拆迁量反推出来的，即融资地块占地面积×容积率×评估地价单价=项目总拆迁成本+补缴地价款。补缴地价款按地价市场评估价的20%计收 此种方式的不利之处在于，政府将拆迁成本已提前根据政府的标准估算好了，所以，较大提高容积率的可能性不大。但政府的拆迁成本及利润又比实际预估的要少很多，这样直接导致开发商利润下降。并且，政府考虑成本，没有考虑一二级联动时一级开发商的套现得利空间	自行改造基本上完全按照控规运作，没有提高容积率，如需提高容积率，审批流程较长	自行改造基本上完全按照控制性详细规划的容积率标准	容积率测算指引，按基础、补偿和奖励进行计算，容积率上限需按照中山市技术标准进行核定，具有一定的上升空间	容积率审批的空间意味着项目利润空间。有利润空间，项目本身才有推动的可能。广州的旧改政策完全根据政府相关标准计算得出基准，直接导致高容积空间非常小，也就是说会导致项目难以推动
土地贡献率	不低于15%，但保障房占地面积被包含在内；部分项目的土地贡献率可能非常高	原则上不少于策划方案总面积的30%	无要求	不明确	不低于15%，且不小于3000平方米，并且要无偿移交公共服务设施	在实际操作过程中，项目的土地贡献率普遍较高，基本都已经达到30%以上，局部地区已经到40%~50%。高贡献率带来高容积率，但对建筑布局和环境品质影响极大

(续表)

更新政策	珠三角核心城市					备注
	深圳	广州	东莞	佛山	中山	
拆迁标准	灵活，完全由开发商与被拆迁户谈判解决，政府不参与其中 不利之处：没有标准，被拆迁户容易漫天要价；而且必须100%完成拆迁后，才能实施主体资格	有标准，政府对于现金补偿金额及回迁面积都已计算好 政府标准：合法产权部分1赔1；2007年6月30日前已建，再按每户三层半（280平方米）1赔偿；2007年6月30日之后建设的无合法产权的房屋，不予回迁补偿，只给予建安成本约1 500元/平方米的补偿 好处：政府已制定拆迁标准，并且在拆迁之前，有90%村民已表决同意此标准才能公开招标，拆迁时可以按标准执行；并且在拆迁过程中，政府和村联社可以协助推进。而且，对不履行集体经济组织成员决定的拆迁补偿安置方案的，村集体经济组织可以依法提起诉讼	无标准	无标准	旧村庄1赔1，集体物业不低于1赔1回迁；旧城镇按1赔1回迁；旧工业区未明确	进入拆迁阶段，相对而言，广州的拆迁更容易一些。但政府审批的拆迁标准低于市场标准，开发商需要额外付出一些超出审批之外的成本 深圳由于被拆迁户心理价位不断提高，拆迁难度较大

（续表）

更新政策	珠三角核心城市						备注
	深圳	广州	东莞	佛山	中山	
监管资金	在项目前期和实施主体确认时，需要签订资金监管协议。监管资金无具体标准，一般为回迁房和配套设施的建安成本，而且一般需要在项目建成后才返还给项目公司	采取村股份公司自行改造的方式。需要在开始建筑物拆除之前缴纳全部监管资金，监管资金包含除地价款外的全部成本，金额非常高，导致开发商的资金成本较高，可以采用50%保函+50%现金缴纳。拆迁及开发建设期间，可以申请利用监管资金进行拆迁及回迁房的建设	无监管资金	不明确	安置复建监管资金应当存入镇（区）指定的监管账户，并由属地镇（区）实施主体和监管账户开户银行三方共同监管。复建安置资金具体数额，由镇（区）根据项目回迁安置房和集体经济发展物业总量按照建安成本测算确定	深圳的监管资金是拆迁完成后实施主体得到确认时缴纳；广州的监管资金是在开始拆迁前缴纳，这样会等开发商在缴纳大量资金后，不知道能不能完成拆迁，变相让被拆迁户处于心理优势地位
保障房配比	全市分为三类地区配置保障房，按计容建面计算，一类为5%，二类为8%，三类为12%；另外，如果有非农指标则配建面积要做相应核减；原土地性质为工业用地的则要核增。非农指标的三个重要作用：满足立项的标准，尤其是达不到五类用地占比要求的，可以落非农交后满足比例；少补地价款，非农建设用地补缴的地价有优惠；少配保障房	无保障房	无保障房	无保障房	无保障房	

（续表）

更新政策	珠三角核心城市					备注
^	深圳	广州	东莞	佛山	中山	^
补缴地价款的标准	比较复杂，基本分为： 城中村、旧屋村等用地改为商住，以基准地价为标准补缴地价款，较为优惠 工业用地改为商住用地，补缴地价款为改造后的商住用地的市场评估价减去原有工业用地的残值 "工改工"项目，原有合法面积不再缴交地价款，超出部分按基准地价的50%缴交地价款 其他用地类型以基准地价为标准缴交地价款 70个历史遗留项目，以基准地价为标准缴交地价款 非农建设用地及征返用地，以基准地价为标准缴交地价款	城中村改造项目按市场评估价的20%补缴地价款 问题：政府并没有说明是按评估价批复改造方案时的市场评估价标准，还是按拆迁完成后补缴地价款时的标准，毕竟这样前后至少差两三年时间，评估地价标准也在变化的残值	非经营性改为经营性用途的补缴土地出让金标准：第一类镇街为1000元/平方米；第二类镇街为600元/平方米；第三类镇街为400元/平方米（以上补缴土地出让金是容积率为1的楼面地价） 商业改为商住用途的补缴土地出让金的标准：第一类镇街为500元/平方米；第二类镇街为300元/平方米；第三类镇街为200元/平方米（以上补缴土地出让金是容积率为1的楼面地价）	改变土地用途的土地出让金补缴标准：属国有出让建设用地，补缴的土地出让金=（新用途土地市场价格－原用途土地市场剩余价格）×余额）×40%	自行改造的项目，按市场评估价的一定比例进行收取；政府主导项目，按项目的实际收益的一定比例返还房经济组织	除了深圳的"工改工"项目，以市场评估价100%为标准缴交地价款外，深圳其他几个城市补缴地价款和其他城市补缴地价款的标准都不高

第三章

城市更新全球典型案例分析

就具体实践而言，城市更新可以从宏观和微观两个方面来进行。宏观的城市更新包括对整个街区或者一个完整的地区的综合改造，例如通过建筑功能结构、外部生态环境及公共交通等方面的改造让这一地区焕然一新。微观的城市更新则主要指的是对一栋建筑进行外观上的修缮和功能上的升级，使其更加与城市当前的发展动态相匹配，从而推动城市的进步。

发达国家在城市更新方面已经做了很多探索和创新，并积累了很多成功经验。概括而言，这些城市更新案例都以尊重原始建筑的外观为大前提，或是对建筑进行创意的注入和功能的升级，或是对某一地区进行宏观的改造并吸引多种产业入驻，最终达到带动整个城市复兴繁荣的效果。本章将详细地介绍部分国家城市更新的典型案例及其对我国城市更新的启示。

第一节
美国 SOHO 区的旧城改造

美国纽约 SOHO 区的改造工程是一个非常成功并且闻名世界的城市更新案例。它以保护老城区为基础，在保留原始建筑外观的前提下对闲置下来的楼房进行功能的转变和创意的注入，使老建筑焕然一新，与当前的城市发展趋势更加匹配和协调。改造之后的 SOHO 区融合了旅游、购物、居住和展览等多种功能，从吸引投资和刺激消费两个方面带动整个城市的更新发展。

一、SOHO 曾经的辉煌和没落

SOHO 是 South of Houston Street 的英语缩写，泛指美国纽约下城区休斯敦街道以南的街区，占地约 0.17 平方英里（约 440 297 平方米）。在 19 世纪工业革命时期，美国东北地区迅速崛起，大量人口涌入纽约，SOHO 也成为各种酒店、歌剧院，甚至是妓院的集聚地。从美国独立战争开始，这片地区的住宅用地就被大量缩减，SOHO 也逐渐被改造成一个典型的工业区（见图 3-1），随着制造业的繁荣，大量工厂入驻此区。后来随着制造业的衰落，它们又纷纷撤离此地。到了 20 世纪 50 年代，这片地区的建筑废置率达到顶峰，十室九空，剩下的仓库演变成为压榨劳动力的血汗工厂。治安恶化，当地人称 SOHO 区为"百亩地狱"。

图 3-1　工业革命时代的 SOHO 区

图片来源：沃霍尔的"工厂"：从曼哈顿到北京的银色传奇。https://www.artnetnews.cn/art-world/wohuoerdegongchangcongmanhadundaobeijingdeyinsechuanqi-40655。

二、一度转型，从艺术到商业

萧条的环境成了艺术家的天堂。因为这里拥有廉价的地租、高大的建筑内部空间和大片的落地玻璃窗，所以大批贫穷的艺术家视SOHO为创作的绝佳场所，并纷纷于20世纪60年代入驻。他们把厂房里面广阔的空间改造成为艺术创作的地方（见图3-2），把仓库改装成艺术品的储藏室，SOHO也因此摇身一变成为艺术家创作的天堂。很快，这片曾经的"地狱"成为纽约最负盛名的创作天地和展览热土，它吸引着美国各地的艺术家来此创作和居住。而伴随着SOHO知名度的不断提升，一系列餐厅和服装品牌也跟风入驻，导致SOHO区的地租水涨船高。进入21世纪后，许多艺术工作室的租金更是涨到了数百万美元，许多工作室开始因无法承受高昂的地租而撤离此处，取而代之的是各种奢侈品店、品牌家具店、古董店、画廊、餐馆和咖啡厅等。逐渐地，SOHO区以艺

图3-2 SOHO艺术创作区一角

图片来源：沃霍尔的"工厂"：从曼哈顿到北京的银色传奇。https://www.artnetnews.cn/art-world/wohuoerdegongchangcongmanhadundaobeijingdeyinsechuanqi-40655。

术中心为切入点朝着商业区和旅游区的方向发展。

三、政府指导，承旧启新

从 20 世纪 80 年代开始，纽约市规划局联合立法部门制定了一系列法规，并且在社区居民的直接参与下，出台了"以旧整旧"的改造政策，其整体思想是充分利用 SOHO 区原有的文化氛围，政府主导和企业参与两个方面相互协调合作，将高雅艺术与大众消费相互结合。在该政策的指导下，改造工程正式开始，SOHO 区从此开始了重生之旅。改造的具体内容包括如下四点。

（一）修改法律，允许艺术家在 SOHO 的楼房里合法居住

1982 年，纽约州通过了《纽约州多户住宅法》，该法规定了什么样的空间可以租给艺术家作为工作和住所空间，同时保证了这种临时住所的合法性，人们称之为《阁楼法案》。时至今日，SOHO 的居民依然在为他们合法的居住权益而不断奋斗。

（二）取消改造的诸多限制，吸引房地产商来 SOHO 投资

一套 1977 年的公寓，改建前的租金为每平方英尺（1 平方英尺约合 0.0929 平方米）2.28 美元，改建后的租金上升到 7.68 美元，达到曼哈顿公寓的平均租金水平。改造对开发商来说能实现绝对的升值，SOHO 区也被开发商称为"阁楼组成的黄金海岸"。近期的一个例子是 SOHO 100 纽约豪华公寓项目（见图 3-3）。它的总投资达 6.07 亿美元，由全球知名开发商比齐合伙（Bizzi & Partners）公司及 SHVO 联合开发，比齐合伙为一家专注于开发美洲及欧洲高端商业和住宅物业的全球性房地产开发公司，而 SHVO 则已开发了超过 150 亿美元的高端房产。项目的设计师由获得 1998 年普利兹克奖的伦佐·皮亚诺担任，室内设计则由爱马仕御用室内设计团队负责。该项目旨在利用双塔设计和多重空间，为

住户带来360度的全景视角，使住户可以在俯瞰曼哈顿的同时远眺纽约中、下城区，享受超五星的居住体验。目前，该项目已经获得开发商额外投入的4 500万美元作为EB-5（基于就业的移民类别第五类）过桥资金，并创造出2 531个就业机会。开发完成后，楼房预计可以吸引大量高端投资人，从而促进附近地区的消费和生产。时至今日，"居住在SOHO"已成为美国奢华生活方式的代名词。根据《福布斯》公布的2017全美最贵住宅排行榜，纽约的SOHO区位于第六名。

图3-3　SOHO 100纽约豪华公寓项目
图片来源：投资美国房产. 建议投资优质公寓. http://www.iotworld.com.cn/html/News/201606/dc3b07cd33ceabee.shtml。

（三）"以旧做旧"，即不破坏楼房外在面貌，只改造内部设施

例如，艺术家把这些建筑的一层临街的房间改造成商店，出售自己的作品。由于他们没有钱去装修如此巨大的房间，所以这些工业建筑原始的外貌得到了充分的呈现，与橱窗和展品对比鲜明。无独有偶，入驻的高档商户也没有改变建筑的面貌，相反他们沿用了SOHO传统的设计语言（见图3-4）：略显粗糙的铁框玻璃门、明亮光滑满是裂缝的水泥地面、裸露的墙壁以及墙壁上厚实的木制隔板。铁质的楼梯暴露在建筑外部，玻璃与橱窗内的灯光营造出舞台闪烁的效果，廉价的装饰与橱窗里展出的奢侈品形成巨大的反差。承载着这些细节的皆为拥有几百年历史的老建筑，它们有着极其相似的外观特征：大方块状的几何体、红砖外墙、老式防火梯、又黑又旧的水塔、狭窄的街道和随处可见的涂鸦等。细节的设计与建筑的外观强化了SOHO区在视觉上的冲击效果，产生了反差美。

图3-4 入驻的商户大楼外貌

图片来源：纽约SOHO和那些美术馆般存在的买手店们。https://www.douban.com/note/687586763/。

（四）改造的同时辅之以餐饮、酒吧、旅游和时装等行业

20世纪80年代，SOHO就已经成为美国最抢手的商业区之一，现在的SOHO，更是美国的购物天堂，布满了潮牌店和奢侈品店。这里囊括了100多家高档的主题餐厅和世界各地风味的美食店；还有普拉达（PRADA）、香奈尔（CHANEL）和LV（路易威登）等奢侈品品牌的旗舰店（见图3-5）。

图3-5 SOHO里的LV店

图片来源：LV,Dior,Fendi都排队找他做设计，贝聿铭赫赫有名的弟子。https://www.sohu.com/a/157836893_764997。

同时，SOHO还是纽约著名的旅游景点，因为许多上百年的老建筑被完整地保留了下来，并且始终受到精心维护。其中一处便是一个古老的大理石拱门（见图3-6），它由怀特·史丹利于1892年设计，建造的目的是纪念美国第一任总统乔治·华盛顿宣誓就职100周年。它矗立在SOHO的中心广场上，左右两根柱子上均刻有华盛顿的雕像，分别代表战争与和平时期的华盛顿；在拱门的右面有一个楼梯隐藏在柱子内侧，观光者可以通过楼梯到达拱门顶部，远眺附近的街景。

图3-6　纪念美国第一任总统华盛顿的大理石拱门

图片来源：美国纽约——美国梦的日与夜．https://you.ctrip.com/travels/newyork248/1669524.html。

四、画龙点睛，城市增值

SOHO的改造工程无疑是引人注目的，因为它将一片被称为"地狱"的街区改造成了集艺术、购物、餐饮和豪宅等多功能于一体的旅游街区。它最大的成功之处在于不破坏历史建筑原有的外貌，通过对室内装修材料的处理和对不同色调的灯光的运用，使SOHO区里面的每一个橱窗看上去都焕然一新，充满了现实主义风格。众所周知，历史遗留下来的建筑是城市文化的物质形式，它的"不可再生性"决定了老建筑的效用无法用金钱来衡量。每天，来自世界各地的游客都慕名前往SOHO，参观那里充满艺术气息的展出和极具时尚氛围的购物长廊。SOHO以艺术为切入点，用自己独特的底蕴和崭新的面貌为纽约这座城市增光添彩。

五、展望明天，启迪深远

从被弃置的工厂，到贫穷艺术家的天堂，再转型成为高级时尚街区和豪宅区，SOHO在升级的过程中带动了周边的各行各业，进而推动了纽约市整体的更新升级。这就是"SOHO效应"。对此，我们可以从两个方面借鉴SOHO模式，将其运用在城市更新的实践中。

一方面，对于艺术气息浓厚、艺术底蕴深厚的地区来说，政府需要艺术家留下来，作为一个整体设立一个组织，并让他们作为上下游产业链中的一环来支持产业的生存和发展。这样可以充分发挥创意经济对城市更新的推动作用。具体来讲，城市里所有的空间都可以资本化，从而吸引广大中产阶级和拥有文化资本的人。在这个过程中，城市不断迎合他们的需求，最终达到融会贯通的境界。试想，如果仅有雕塑家，而没有下游产业来销售雕塑家的作品，为他们提供继续发展的空间，那么创意基地和产业园就无法形成。因此，我们要让艺术产业加入已有的产业链里来，相辅相成，互相支持，统筹好社会的经济发展和艺术家群体之间的利益。毕竟，人才是城市的灵魂，人对城市改造的理解和思考是城市更新与发展最坚实的基础。

另一方面，一个社区需要多种功能共存，只有这样才能满足不同居民的各个方面的需求。如果一个社区只有住宅和餐厅，那么它的吸引力必定不如住宅、餐厅、医院和学校等功能完备的另一个社区，因为只有功能齐全的社区才可以满足居民的多方面需求。对此，我们需要充分发挥政府行政职能和市场机制，充分听取相关利益方的意见，站在宏观的角度，制定全局性的政策。在考虑到不同阶层居民需求的同时，提高公众对于政策的认同感，有利于政策后续的贯彻落实。与此同时，当地政府应该充分发挥市场的功能，特别是引入开发商，这样既能够解决资金问题，又可以提高社区的运营效率，实现多方共赢。

第二节
伦敦金丝雀码头区域再生计划

金丝雀码头曾是伦敦重要的港口，随着经济的转型，开始逐步没落直至关闭。1980年，政府部门对当地开始实施区域再生计划。经过30多年的建设，金丝雀码头从一个没有任何商务基础的废旧工业区，已发展为伦敦至关重要的金融商务区（见图3-7）。如今，金丝雀码头已享誉世界，众多欧洲银行总部及专业服务公司均坐落于此。其中，金融业主要包括跨国银行组织、金融咨询公司、金融经纪中介、保险公司、投

图3-7 伦敦金丝雀码头的金融商务区夜景鸟瞰图

图片来源：英国·金丝雀码头总体规划。https://www.soujianzhu.cn/display.aspx?id=3612。

资银行、私人银行和股票交易所；传媒业主要包括报刊发行机构、广告策划机构、出版机构和新闻采访机构。

一、优越的区位与悠久的历史

金丝雀码头由西印度码头的荒地发展而来，占地21平方千米。伦敦传统的商务区集中分布于金融城、中城和西区三个区域。其中，金融城是最伦敦核心的商务区，而城市东部边缘的金丝雀码头在传统商务区之外。

金丝雀码头位于伦敦港区的狗岛，距离金融城约6千米。港区位于东伦敦泰晤士河下游，整体呈带状，沿河由西向东延展，泰晤士河在此由北向南U形拐弯，使狗岛成为东、西、南三面环水的半岛。位于其中心偏北的金丝雀码头在东、西两侧与泰晤士河直接相连。

金丝雀码头的位置与连接伦敦西城最古老的城区、伦敦塔桥和伦敦东侧格林尼治的空间轴线相重合，城市的历史与码头区的历史在金丝雀码头所在区域叠加，共同形成了丰富的历史文化资源。[1]

在过去航空和陆运都不太发达的几个世纪里，水上航运一度是主要的交通方式。19世纪为港口建设的繁荣期，而港口的建设也带动了周边商业区和工业区的发展。英国港口曾经是世界贸易的集散地，繁华而先进。彼时，金丝雀码头是不夜码头，到处都是一片繁忙：水上川流不息的轮船在装卸；岸上则是车水马龙，多座起重机吊着集装箱，不知疲倦地将它们移往载重汽车或货轮上。然而在20世纪60年代，由于海运业的萎缩，航运公司需要寻找更大、更有效的深水港口，伦敦原有的港口不适应以大型集装箱为基础的新型交通运输方式，所以各码头逐渐衰落下去，直至关闭。金丝雀这个面积达22平方千米的码头就是其中之一，1980年码头停止运营。

---

[1] 《伦敦金丝雀码头城市设计》，载于《世界建筑导报》(2007)。

二、公私合作，一波三折的项目重建之路

从 1980 年码头关闭后，也就是撒切尔夫人执政期间，英国政府发布了刺激金丝雀码头地区发展的政策，包括 1981 年建立伦敦码头区开发公司和在 1982 年向狗岛授予的城市企业区地位。

今天的金丝雀码头重生于瑞士信贷前董事长迈克尔·冯·克莱姆提出的将金丝雀码头转变为后台的想法。在进一步讨论后，他提出了兴建新商业区的建议，包括让伦敦码头区开发公司引进一种廉价的轻型地铁——港区轻轨，借此利用大量冗余的铁路基础设施来改善金丝雀码头的交通可达性。

该项目被出售给加拿大的奥林匹亚和约克公司，并于 1988 年开始动工。第一批建筑于 1991 年完工，其中包括加拿大广场 1 号楼，当时该大楼为英国最高的建筑，也是重建后码头区的地标。当该片区开业时，恰逢伦敦商业地产市场急剧衰落，奥林匹亚和约克公司于 1992 年 5 月申请破产。

最初，伦敦金融城将金丝雀码头的存在视为威胁。于是，金融城修改了规划，以扩大其办公空间，例如在火车站和道路上方建设办公楼。由此造成的办公空间的供过于求直接导致了金丝雀码头项目的失败。

1995 年 12 月，一个由奥林匹亚和约克公司的前业主及其他投资者支持的国际财团再次购买了该项目。新公司名为金丝雀码头有限公司，后来改称为金丝雀码头集团。

1997 年，房地产市场的普遍复苏加上对大型甲级写字楼的持续需求，使金丝雀码头的销量缓慢提升。复苏的转折点在于延期的朱必利（Jubilee）地铁延长线的施工，政府也希望借此能够为千禧年的庆祝活动做好准备。

2004 年 3 月，金丝雀码头集团由一家投资财团接管，其最大股东是格利克（Glick）家族投资公司，而管理层由摩根士丹利公司领导。

三、以金融为中心的定位与布局

金丝雀码头改造项目的开发宗旨是复兴这一港口地区，使土地与建筑发挥实用效益，创造一个具有竞争力的环境，确保住宅及社会服务设施齐全，以吸引人们来该地区居住和工作。如此重大的开发项目需要以充分而合理的规划作为基础，金丝雀码头改造的规划依据包括以下 4 个方面。

- 周边地区的功能变化　大量金融和商业服务机构对写字楼面积和品质的需求不断增大，媒体、电信和 IT（信息技术）业的大扩张也进一步刺激了对写字楼的需求。
- 优异的自身资源　区域坐拥优越的地理位置、深厚的历史背景和泰晤士河边诸多有纪念意义的建筑。
- 便捷的交通情况　河运枢纽、公交与地铁均能抵达附近地区，地下隧道及轻轨也逐步施建。
- 完善的相关配套　这一区域内设有 19 家护理中心、55 所小学、10 所中学、6 个运动场、63 所幼儿园、6 个警察局、3 个消防局、10 个图书馆、9 个休闲中心。

在如此优越的区位条件下，金丝雀码头有限公司颇有远见地将这一区域的功能定位为以现代金融和传媒业为主的都市滨水商务区。

金丝雀码头的设计师打算重新利用水系，结合整体的空间布局进行填埋和开挖。比如，原有水面被填埋成为建筑用地，并通过规划设计使填埋后的用地成为结构性的开放空间，增强空间布局的整体性。或将原来的用地挖开引入水系，并通过城市设计使引入的水系和重要的空间节点整合起来，最终使水系空间有机地融为一体。

在空间布局方面，开发商使用整饬大气的设计风格：规则矩形的用地、对称的建筑布局、形体规整的建筑、大方格的道路、大型结构性开放空间以及按照轴线来组织开放空间等。

在立体空间方面，作为地下空间的主体，地下商业街连接着地下停车场和其余辅助空间。公共活动的空间从单一的地面扩展到了位于不同标高的地下商业街、地面开放空间和滨水活动空间。步行、汽车及轨道交通等不同交通方式分设于不同标高的楼层，从而立体化地整合了交通空间。[1]

四、政策与优惠双行，刺激租客入驻

（一）企业特区政策

在20世纪80年代开始的伦敦经济复兴过程中，企业特区政策起到了重要的作用。企业特区为区域的招商引资提供了巨大的支持，在吸引投资者和客户的同时也加快了开发建设的进程。港区就是伦敦第一批企业特区中的一个。

企业特区是指以提升已有商业投资水平或吸引投资为目的，提供一系列商业优惠政策的特定区域。企业特区的规模不等，从个体商业园到整个城市或地区。区内企业能够获得的优惠政策包括：当地营业税的减免，降低企业所得税和国家保险，对资产和地产的投资实行税收抵免或资本收益津贴以及放宽规划限制等。[2]

企业特区的优惠政策的时间限制一般在10年左右。这就要求特区在有限的优惠期内形成自身的优势和增长点，以保证在企业特区优惠政策结束后能持续成长。

经过30多年的发展，很多专家学者开始讨论企业特区政策的得失，分析其对经济发展的利弊。但是无论如何，金丝雀码头的再生过程无疑

---

[1] 《国际知名中心商务区发展及启示》，载于《中国市场》(2014)。
[2] 《国内外滨水商业街比较研究》，载于《时代经贸》(2015)。

是企业特区的成功案例之一。

(二) 开发区优惠策略

为了吸引租户迁入码头,开发区采取了许多优惠策略。例如,如果朱必利地铁延长线没有在一个特定日期之前开通,租户可以在取消租赁协议,而且无须承担任何责任;如果租户从市区搬迁过来需要因此赔偿原房主的费用,那么相关费用由码头集团公司承担;支付给一些租户搬迁的费用;对一些商业巨头实行一年免收租金的优惠;尽管码头集团公司与租户签订了25年的租赁协议,但执行起来却非常灵活。[①]

同时,为了使码头地区在夜间也能亮起来,开发区不惜代价地将媒体企业拉进来。这些24小时运转的媒体办公室照亮了码头的夜空,使码头在夜间具有了活力。

五、办公设施与以总部为主的入驻企业

金丝雀码头现有办公物业面积约139万平方米,由28栋办公楼组成,另有6栋办公物业处于在建或规划状态。

金丝雀码头的办公楼客户以总部型客户为主,平均建设面积约5万平方米。为了满足不同规模的客户需求,办公楼面积从1.3万平方米至11.5万平方米不等,且呈现较高的档次。其中,3万平方米以下办公楼10栋,3万至5万平方米12栋,9万平方米以上的6栋。

金丝雀码头中50%的物业被整栋租赁,30%的物业被大客户租赁,只有3栋楼里面约20%的物业面积为散租。

大型金融机构总部是金丝雀码头的核心客户。柏克莱、瑞鑫、摩根大通和汇丰的占用面积都超过10万平方米。加上摩根士丹利和花旗,这6个大客户占用物业面积接近60万平方米,相当于总面积的40%。

[①] 《伦敦金丝雀——码头变身CBD》,载于《中国房地产报》(2005)。

如今的金丝雀码头已经是高楼林立,其中有的高楼早已投入使用,而修建中的一座座新的高楼也正在拔地而起。

金丝雀码头的塔楼——第一加拿大广场(见图3-8)于1988年开工,竣工于1991年。该大楼共计50层,高约236米,自1991年建成后长期

图3-8　金丝雀码头的第一加拿大广场

图片来源:城市商业中心发展案例分析。https://wenku.baidu.com/view/78b6c01aa8956bec0975e3ad.html。

是英国最高的建筑,如今是英国第二高的竣工建筑,最高的是新建的碎片大厦(309米)。第一加拿大广场由西萨·佩里设计,是一座棱形建筑,从底部到顶层的方角锥直指天空,而且塔楼的外层全部是由不锈钢和玻璃构成,非常有特色。它是一座多租户办公楼,内驻包括银行业、保险业、金融业、出版业、电信业、商团和政府机构在内的32家国际商业及公共机构,租户包括纽约梅隆银行、CFA(特许金融分析师)协会、欧洲能源交易所和国际糖组织等。

第一加拿大广场后续建成的25号楼(见图3-9)是金丝雀码头里另一座具有代表性的楼宇,入驻于此的是世界知名的花旗银行总部。这座

图3-9 金丝雀码头的加拿大广场25号楼

图片来源:伦敦的Skyline。http://www.sohu.com/a/120584979_395960。

大楼高达 200 米，共 42 层，内部面积达到 111 825 平方米。外观上，它与相邻的一座 16 层大楼相连，成为复合式的建筑。值得一提的是，该楼配备了全欧洲最快的商用电梯，速度达到 8 米每秒。

六、配套设施主要是为商务人群服务

金丝雀码头的商业配套规模不大，总面积 55 000 平方米。由于商务区的居住人口不多，因此商业配套主要服务于在此工作的商务人群。作为一个区域性的休闲购物中心，这里聚集了约 200 家各式店铺、餐厅及生活配套设施。

商业配套中 43% 为零售业态，其中餐饮和各种便利店占约 50%，另有 9% 的商业配套为休闲娱乐，主要为大型健身中心。购物商店等配套设施集中在办公楼区的底层，既有效利用了建筑空间又吸引了大量人流，也为在办公区内的白领人群提供了购物和休闲的便利。

金丝雀码头大部分的商业分布于走廊层，从而把各个办公楼的地下通道连在一起，组成商业街，并与轨道交通站点连接（见图 3-10）。

图 3-10　金丝雀码头中穹顶下的商业街

图片来源：卡博特广场。https://m.baidu.com/tc?from=bd_graph_mm_tc&srd=1&dict=20&src=http%3A%2F%2Fchapmantaylor.com%2Fzh%2Fprojects%2Fdetail%2Fcabot-circus%2Fen&sec=1553742318&di=33b478df09c93f96。

金丝雀码头拥有欧洲最大规模的公共艺术收藏之一，每年都会举办100多场艺术活动。最引人注目的是坐落在卡博特广场的中间，由林恩·查德威克创建的情侣椅（见图3-11）。路人可以通过手机扫描，聆听关于这些艺术品的诙谐逸事。

图3-11 金丝雀码头中由林恩·查德威克创建的情侣椅

图片来源：卡博特广场。https://m.baidu.com/tc?from=bd_graph_mm_tc&srd=1&dict=20&src=http%3A%2F%2Fchapmantaylor.com%2Fzh%2Fprojects%2Fdetail%2Fcabot-circus%2Fen&sec=1553742318&di=33b478df09c93f96。

尽管金丝雀码头以"混凝土丛林"而闻名，但开发商在绿化上确实是费了一番心思的，以便构建宜人的环境体验。事实上，金丝雀码头拥有超过20%占地面积的广场、人行道和园景公园。横梁地屋顶花园及卡地亚圆形花园为游客和上班族提供了宁静的空间（见图3-12），也便于给路过的人带来片刻的休憩场所。

在夏季，金丝雀码头周围会设立几个屏幕，为路过的人提供观看温网比赛（见图3-13）、电影和足球世界杯的机会。人们可以在此席地而坐，享受野餐和泰晤士河畔的夏日时光。

毫无疑问，如今的金丝雀码头已经是伦敦这座现代化的国际中心

图 3-12　金丝雀码头的横梁地屋顶花园

图片来源：国际影赛获奖作品赏析。https://m.baidu.com/tc?from=bd_graph_mm_tc&srd=1&dict=20&src=http%3A%2F%2Fwwww.shangtuf.com%2Farticle%2Fshow%2F6850.htm&sec=1553742480&di=067941c9c4c722cd。

图 3-13　温网比赛期间金丝雀码头的观众

图片来源：在伦敦观看温布尔登的比赛。https://www.local-lux.com/game-on-where-to-watch-wimbledon-in-london-1407。

的新的地标，不过它的历史也需要被铭记。19世纪初期，金丝雀码头作为英国殖民的发源地，拥有世界上最大的航运港口。直到今天，每天大约有1 000艘船只经过金丝雀码头。游客可以在码头区的伦敦造船厂博物馆纵观这一地区的历史（见图3-14），该博物馆详细描绘

图 3-14 伦敦造船厂博物馆展现的码头场景

图片来源：伦敦隐藏景点！10 处罕见主题博物馆不能错过。https://kuaibao.qq.com/s/20180703A1S24100?refer=spider

了该地区作为贸易中心的数百年历史。

七、高标准改造，吸引大量人口

改造后的金丝雀码头占地面积约 39 万平方米，办公面积约 140 万平方米，商业面积约 5.5 万平方米，酒店客房约 1 000 间，工作人口近 10 万人，年客流量约 2 600 万人次。

在 1980 年后的人口增长中，金丝雀码头所在的陶尔哈姆莱茨区是伦敦人口增长最快的区域，增幅达到 64%。应该说，从 20 世纪 80 年代初开始的金丝雀码头再生工程为区域带来了新的支柱产业，从而带动了人口的增长。

作为新的金融商务区，金丝雀码头的吸引力非常突出，1999—2009 年形成了全伦敦金融业从业者向陶尔哈姆莱茨区域集中的局面（见图 3-15）。在这一时期，伦敦金融业从业者减少了 3 759 人，绝大部分区域金融机构的从业者都出现了不同程度的下降，而陶尔哈姆莱茨区的

第三章 城市更新全球典型案例分析 | 131

伦敦金融业从业者变化
−3 759

陶尔哈姆莱茨	42 179
伊斯灵顿	11 273
威斯敏斯特	1 471
旺兹沃思	
里士满	
厄灵	
默顿	
哈默史密斯－富勒姆	
沃尔瑟姆福里斯特	
巴金－达格纳姆	
兰贝斯	
哈林盖	
布罗姆利	
布伦特	
格林尼治	
希灵顿	
金斯顿	
萨顿	
雷德布里奇	
巴尼特	
刘易舍姆	
肯辛顿－切尔西	
纽汉	
黑弗林	
贝克斯利	
豪恩斯洛	
恩菲尔德	
哈罗	
卡姆登	
萨瑟克	
哈克尼	
克罗伊登	
伦敦市	

金融业者区域分布 1999 年
- 46.0%
- 36.1%
- 10.1%
- 7.8%

金融业者区域分布 2009 年
- 41.0%
- 27.9%
- 20.4%
- 10.7%

图例：
- 伦敦市
- 威斯敏斯特
- 陶尔哈姆莱茨
- 其他

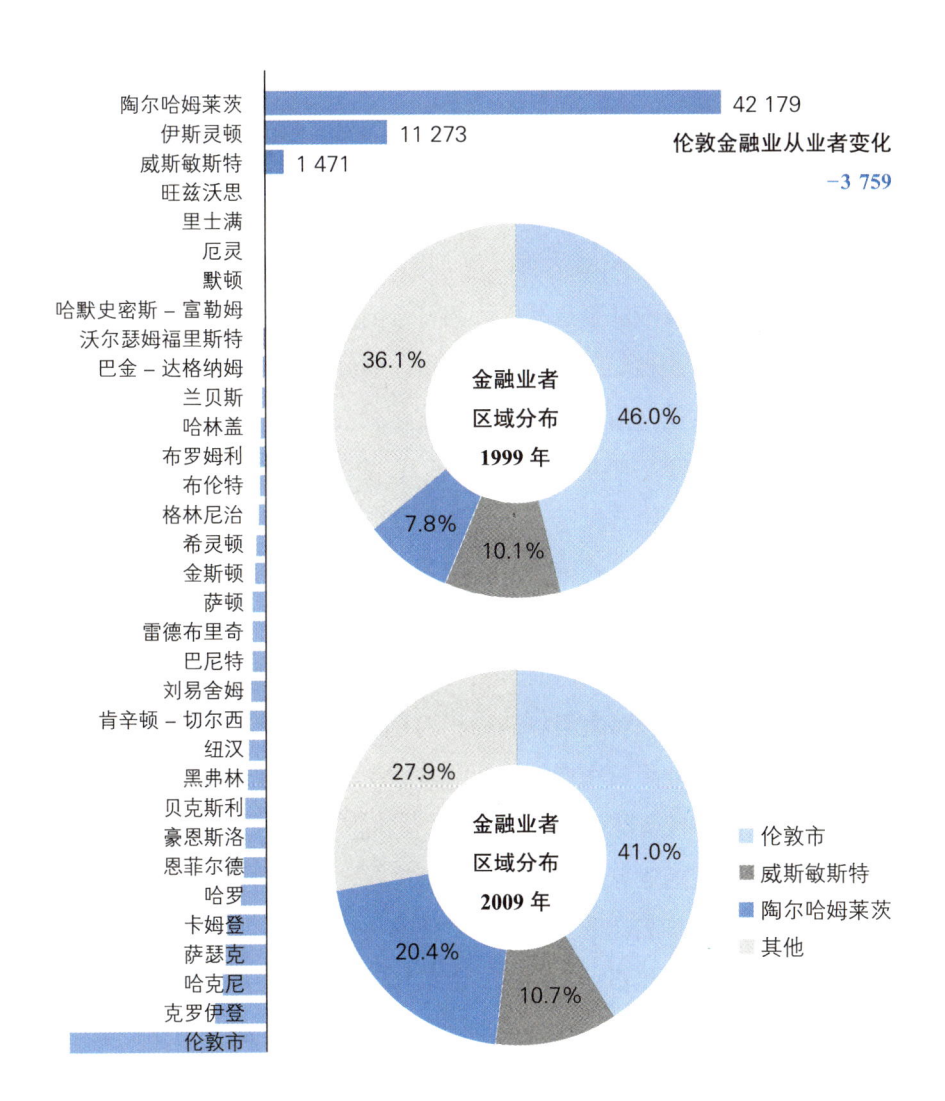

图3-15　1999—2009年大伦敦各区金融业从业者变化

金融业从业者增长了 42 179 人。1999 年，陶尔哈姆莱茨区的金融业从业者占伦敦的 7.8%，这一比例在 2009 年上升至 20.4%。

八、总结与启示

金丝雀码头是 20 世纪 80 年代以来举世瞩目的城市更新典范。此次改造通过对整体区域的准确定位，切中时代所需，进行了历史建筑外沿的翻新和落后功能的置换，将河运枢纽转变为金融商务区，改变了伦敦市金融和商业中心的格局，成为英国乃至欧洲最繁忙、最核心的商务中心。

金丝雀码头自身的资源是区域价值整合的先行条件。依靠丰富的历史背景和优越的地理自然条件，开发商得以展开水系重塑，设计清晰的轴线关系，开发大型开放空间，创造立体化城市体系。经过一系列对泰晤士河码头区的清理，成功完成"1+1 > 2"的区域改造工作。

公私合作的开发模式奠定了项目开发的坚实基础。政府的半官方开发公司伦敦码头区开发公司取得了土地所有权，再让该公司与私营开发商合作，将土地转让给金丝雀码头开发公司进行开发。这种公私合作模式避免了土地所有权问题，同时引入了全球最先进的开发理念。金丝雀码头项目的发起者和投资者奥林匹亚和约克公司是一个广泛参与房地产开发经营、金融混业经营和自然资源经营的超大型企业。这种开发模式为金丝雀码头的中长期发展奠定了坚实的基础。[①]

全球知名金融企业总部和金融监管机构的入驻带动了金融业聚集。通过重金吸引全球知名企业入驻，金丝雀码头建立起了区域内的金融业支柱地位。如今，花旗银行的欧洲、中东和非洲总部及摩根斯士丹的欧洲总部都设在此。2012 年，摩根大通银行的欧洲总部也落户这里。除这些银行总部之外，众多其他的知名金融企业、律师事务所、会计师事务所、咨询公司和 IT 企业亦纷纷落户于此。英国金融服务监管局的总部及金融

---

① 《伦敦金丝雀码头改造对深圳的启示》，载于《开放导报》(2013)。

督察服务机构在 1998 年也入驻金丝雀码头。①

以毗邻伦敦金融城的区位享受产业溢出效应和软环境。伦敦金融中心的核心区是金丝雀码头以西 3 英里（约 4 828.03 米）的伦敦金融城。金丝雀码头作为后起之秀，一方面直接与金融城竞争金融业客户，另一方面又在无形中享受伦敦金融城的溢出效应，以及英国政治制度和金融产业相关的法律、法规制度软环境。伦敦理想的居住环境，乃至英语作为国际商务通用语言都为金丝雀码头发展金融业创造了极具全球竞争力的基础条件。②

在以上各方面优势之中，很多都是金丝雀码头与生俱来的，在不符合客观条件的情况下难以照搬照抄到我国各个城市更新的规划和发展之中。然而，我们依然可以学习借鉴该案例中的市场逻辑和手段。这给予我们的启发在于，一个成功的发展计划必须是以市场需求为导向并随内外环境的变化和调整而最终确定的，是动态和系统的。因此，在城市更新的长远道路上，我们应该改变单一市场化的城市更新策略，赋予城市更新主体充足的城市规划弹性，以城市基础设施建设推动更新改造地区的产业聚集，对关键地区采取大片区统筹规划的方式进行改造，并尽可能鼓励国内外金融资本对更新改造项目进行长期投资。

第三节
法国南特岛工业遗产保护与城市复兴

法国南特岛的城市更新项目是一个将历史遗产再利用，并有机融入城市复兴的经典案例。通过产业结构和城市布局的规划整改，在保护工业遗产的同时，南特岛从衰落的传统工业时代步入了繁荣的后工业时代。

---

① 《伦敦金丝雀码头改造对深圳的启示》，载于《开放导报》（2013）。
② 《伦敦金丝雀码头改造对深圳的启示》，载于《开放导报》（2013）。

一、优越的地理位置与悠久的历史

位于大西洋沿岸的南特是法国的第六大城市,在 2013 年的城市人口统计中,南特岛的人口总数超过 29 万。其坐拥卢瓦尔河入海口新港,地理位置得天独厚,也因此,南特岛自古便是法国的主要港口。

在 18 世纪的贸易时代,南特港口成了法国最大的口岸,船舶业兴盛,南特岛承担了法国近一半的大西洋奴隶贸易(见图 3-16)。甚至在随后的 19 世纪中期,其他城市受法国大革命的影响经济一片萧条,南特岛却凭借工业革命的先机,大力发展造船业和食品加工业,从而使工业快速发展,厂房仓库大面积铺开,南特岛独占法国经济鳌头。然而在 20 世纪 70 年代,南特港口迁移到卢瓦尔河口另一侧的圣纳泽尔,老港口的工业逐渐萧条。1987 年,最大船舶制造商 Dubigeon 船厂的破产宣告了南特岛的船舶制造时代的终结,虽然许多第三产业公司借机进入南特岛地区,但是萧条的经济状况使这些商业实体也逐一倒闭。

图 3-16 19 世纪 90 年代的南特岛

图片来源:Confluence of Edre(i.e., Erdre)and Loire, Nantes, France。http://www.loc.gov/pictures/resource/ppmsc.05145/。

二、阶段性的城市复兴计划

1987 年，在 Dubigeon 船厂倒闭的同年，南特市政府推出了城市复兴计划，仅仅规划过程就长达 15 年。多个项目团队进行了冗长细致的调查研究，在分析了各区域的经济潜力和各空间的潜在功能等内容后，项目于 2002 年正式启动。值得一提的是，类似闲置和废弃的工业用地已成为许多国家推进城市复兴的主要选址地。从客观条件来看，这些厂房大都位于城市的中心地段，交通便利、基础设施完备，较短的项目周期和较少的基础建设投资都是新兴产业发展的条件；从社会意义来看，工业遗产所蕴含的文化意义逐渐被社会认知和重视，通过精准的商业定位和合理的开发经营，工业文化已经成为消费新趋势，可以强力推动当地经济的发展。

南特的城市复兴计划由两个阶段组成。第一阶段于 2000 年开始，2010 年完成。这一阶段包括一个生态区的新住宅区建成，住宅区周边建造了新的人行道、通道和桥梁，以连接河流和城市的其他地方。这一阶段也见证了创意公司和文化企业来到先前的工业仓库和机库中开店，其中一个例子就是现在享誉世界的南特机械乐园。

第二阶段于 2010 年开始，并将持续到 2030 年。在这一阶段里，住宅和商业区将得到进一步开发，并且新的公共空间也会慢慢地被建立起来，特别是在之前的铁路周围的土地。与此同时，着重开发绿色交通，比如穿越岛屿的自行车道和两条新的公交线路。

三、遗产与创意碰撞，废墟变乐园

2007 年 7 月 1 日，一座名为"南特机械乐园"的主题公园在卢瓦尔河的南岸、南特岛的北部地区正式向公众开放了（见图 3–17）。乐园由两大企业创立，分别是弗朗索瓦德拉罗齐埃（Francois Delaroziere）制造公司和玛瑙斯（Manaus）联合公司。乐园设计则由两个公司的设计师弗

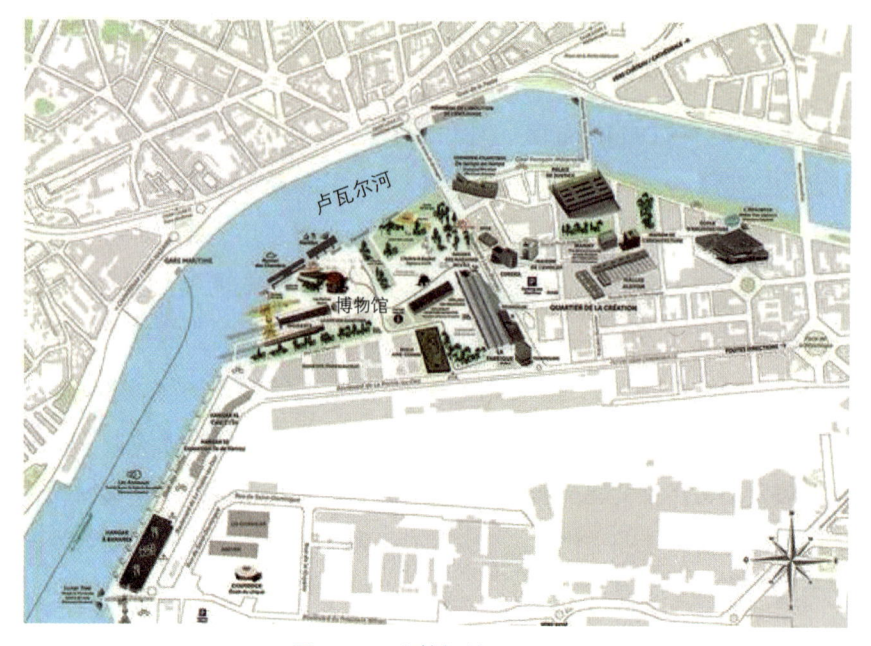

图3-17 南特机械乐园选址

图片来源：法国南特机械乐园，梦想中的科幻世界。https://clickme.net/24411。

朗索瓦·德拉罗齐埃和皮埃尔·奥利菲斯合力创作，它融合了儒勒·凡尔纳的发明世界、达·芬奇的机械世界及法国南特岛的工业历史。乐园所覆盖的旧建筑皆为过去的废弃船舶制造厂房。项目以推广城市形象和建立创意园区为立足点，分划多个区域，虽然目前乐园还在持续构建，但凭借设计师充满想象力的构思和工匠极为精巧的工艺，南特岛机械主题乐园已经吸引了成千上万的游客，南特市也因这一设计成功实现产业转型，重获在法国的经济地位。

机械工匠们在机械乐园的废旧船厂厂房里开始了他们的工作。从参天的树梢、广袤的草原到静谧的海底，工匠们的想象所至之处皆能制成机关精巧、栩栩如生的机械。在这里，公众可以从两个离地7.5米的露台俯瞰到工作中的机械师（见图3-18），甚至在工作人员的指引下，游客可以操作已制造完的机器。

图3-18　乐园工坊里正在工作的机械工匠

图片来源:"蒸汽朋克"凡尔纳故乡的机械居民。http://wap.art.ifeng.com/?app=system&controller=artmobile&action=content&contentid=2549899。

　　园内最著名的机械当属在 2007 年和乐园同时面世的巨型机械大象。该大象由 45 吨的木头和钢材制成,高 12 米,宽 8 米。机械巨象配有一台 450 匹马力的发动机,可同时承载 49 名游客,并使每一轮游览持续 45 分钟。在 3 条不同的旅游线路中,游客可以选择任意一条线路游览完整座乐园。该机械大象的设计参考了由法国国宝级剧院皇帝豪华剧团(Royal De Luxe)制造的苏丹大象的形象。每当这个庞然大物从钢铁教堂中缓步走出,游人都会驻足,其景观叹为观止(见图 3-19)。在巨象的内部,游客不仅可以看到机械的各种零部件,而且处处可见能工巧匠的智慧。南特岛诞生的这只巨型机械大象于 2006 年在伦敦展出,成为南特岛在世界范围内移动的广告。

　　由于机械乐园的蒸汽朋克风格与工业遗产高度契合,南特的城市复兴工程尽可能保留了大部分的原有特色,在保持工业识别力和群众吸引

图 3-19　机械乐园中的巨型大象

图片来源：机械大象的历史。https://m.baidu.com/tc?from=bd_graph_mm_tc&srd=1&dict=20&src=http%3A%2F%2Ftongxinwenhua.baike.com%2Farticle-3849051.html&sec=1553743460&di=db830dd45e988cf3。

力的同时，选择性地拆除了废旧船舶厂的维护性外观设施，以增强建筑本身的开放性及娱乐性。

南特岛复兴规划组曾对工业遗产的保护和改造进行过审慎的探讨，并提出了"尊重与改变"的理论。一方面，改动工业遗产毋庸置疑会影响其原本面貌和真实性，进而损害其固有价值；另一方面，工业遗产占地面积大、容积率低、类别重复，单纯的冻结式保护不能充分挖掘其空间面积和文化底蕴的重叠价值。因此，巨细无遗的前期准备、循序渐进的规划和合理改建是城市复兴的必要条件。将废弃工厂融入创意升级，以历史文化促进城市复兴，又由城市复兴带动文化传承，形成文化宣传和经济繁荣的良性循环。

四、滨河空间的自然和人文环境共同升级

南特城市复兴项目还包括景观提升工程，即面向卢瓦尔河的占地 13 公顷的大型工业滨水公共地带的建设。

（一）改善生态环境，培养群众环保意识

由于滨河居住区建立在废弃工业用地之上，部分活动区域的土地受到工业污染，不宜直接接触。设计师在受污染的土壤上架起可视的金属网平台，一方面为居民提供了室外活动空间，另一方面，金属网隔离了人们直接接触那些暴露在外的受污染的土地表层。加之在一旁矗立着的指示牌的介绍，这样的场景让人们直观感受到工业污染对日常生活的影响，唤醒居民的环境保护意识。

为了吸收土壤中的污染物质，设计师在保留原有绿化的情况下，大量引入新的植被（见图 3-20）。除了居民区以外，在造船厂向卢瓦尔河

图 3-20 南特岛的创意绿化

图片来源：法国考察．小型植物园设计典范——南特植物园．www.chla.com.cn/htm/2013/0918/184146_13.html.

延伸的地区，设计师亦提供了系统的绿化，并建设了 4 个花园，"河岸花园"与"风之平台"分布在码头的步道尽头，绿植覆盖了河口的堤岸，降低了陡峭的坡度，使游客便于临水游览；"旅行花园"和"河口花园"则建立在破旧的船坞上，繁花似锦与残垣壁相映成趣。

（二）改造工业元素，创造巨型文化景观

除了将废旧船舶工厂改造成机械乐园以外，设计师也对富含工业元素的大型场地及设备进行了精巧的构思，在凝聚当地文化认同感的同时，尽可能挖掘其原本缺乏的景观价值。其中最有代表性的就是在河面中零星散布的数个船台。这些船台长达 100~200 米，保护良好的船台被定位成视野开阔的观景台，平面下的活动空间则被当地"船舶历史协会"征用。其余较为破败的船台倾斜沉没于水面，做绿化所用。绿植花圃模糊了河岸和水面的分界线，提高了景观的亲水性。除此之外的工业遗迹，如起重机、吊车、铁轨和桥墩等，散落在船台和码头周围，它们中具有观赏价值的一部分被直接保留，其余的则与新型材料设计相结合，成为城市角落具有文化底蕴的装饰品。

（三）引入现代艺术，创意描绘城市边线

为了唤醒当地居民对河流文化的认同感，同时增强南特岛对于外来游客的商业吸引力，滨河空间的复兴计划引入了新的城市项目——河口景观区。河口景观区从南特岛开始，沿着卢瓦尔河岸蔓延至相邻的圣纳泽尔。自 2007 年以来，景观区内收纳了 30 件原创艺术品，这些艺术品皆由国际知名的艺术家设计创作。作为一个具有政治意义的旅游项目，河口景观区的成功也融入了来自各行各业的努力配合：环境协会、工业、农民、渔夫、当地专业团体及海岸保护局等，多方携手共进，将河口景观区打造成欧洲知名的旅游景点。

漫步在卢瓦尔河岸，丰富的动植物资源、巨型的工业建筑和海洋遗

产使人目不暇接。河岸和海口的现代艺术装置不仅可以让游人近距离融入新颖的艺术氛围，更可以加强现代与历史的关联性，令南特人的精神与当地特有的河口文化产生强烈共鸣（见图3–21）。

图3–21　卢瓦尔河中的艺术装置

图片来源：中国艺术家在法国海岸线的巨型海蛇骨架装置。https://news.artron.net/20140107/n556297.html。

"环"，也称为"戒指"，是河岸边的一套具有代表性的现代艺术装置，它由两名艺术家：丹尼尔·布伦和帕特里克·布夏恩共同设计，于2007年与河口景观区同年面世。该装置包含18个等距离排列的银环。银环由镀锌钢制成，直径4米。夜间，18个银环由三色LED（发光二极管）灯点亮，成为一道亮丽的风景线（见图3–22）。

"环"的独特设计给观者留下千变万化的视角和充足的想象空间，然而设计者丹尼尔·布伦还是点明了他设计中的历史意义。"环"的形状代表着镣铐和禁锢，而18暗喻着18世纪，设计师希望凭此设计让人们铭记18世纪时南特岛黑奴贸易的罪恶历史，瑰丽的景色里承载着人们对于历史沉重的思考。

图3-22 卢瓦尔河畔夜色中的"环"

图片来源：法国南特红色预警，机械怪物大举来袭！http://www.lotour.com/zhengwen/2/lg-jc-29810.shtml。

五、经济复兴，商业繁荣

几个世纪以来，南特的经济与卢瓦尔河和大西洋息息相关，这座城市拥有法国18世纪最大的港口。在工业时代，食品加工业主要包括糖厂，如贝格圣（Beghin-Say）；饼干厂，如蓓恩（LU & BN Biscuit）；罐装鱼，如Saupiquet 和 Tipiak，以及蔬菜加工厂商，如邦迪埃勒（Bonduelle）和卡塞格林（Cassegrain），这些品牌至今仍然主导着法国食品消费市场。南特地区是法国最大的食品生产地，该市最近已成为粮食安全创新中心，拥有各类相关实验室和公司。

在圣纳泽尔的港口业务基本停止后，南特经历了去工业化的过程，最终导致1987年船厂关闭。那时，南特市试图吸引服务公司。当地政府利用其文化和靠近大海的地理位置，展现了以创意为主的现代商业文化。凯捷（Capgemini）管理咨询公司、SNCF（法国国营铁路公司）和布依格（Bouygues）电信公司在该市开设了大型办事处。自2000年以来，南特开发了欧洲南特商业区，拥有500 000平方米的办公空间和10 000个工作岗位。尽管其股票交易所于1990年与巴黎证券交易所合并，南特依然是法国继巴黎和里昂之后的第三大金融中心。

南特是法国经济表现最好的区域之一，每年的国民生产总值约为550亿欧元，其中差不多190亿欧元会被再次投入当地经济建设。南特拥有超过25 000家企业，167 000个工作岗位，其大都会区拥有42 000家公司和328 000个工作岗位。这座城市是法国拥有最具就业活力和机会的城市之一，2007—2014年，南特大都会创造了19 000个就业机会（表现优于马赛、里昂和尼斯等大城市）。南特周边环绕着工业区和购物公园，沿着该地区建造了许多环形公路。大都会区有十个大型购物中心，最大的一个拥有116家商店和几个超市。虽然购物中心威胁到南特市中心的独立商店，但大都会仍然是该地区最大的零售区，配有约2 000家商店。旅游业亦是当地不断发展壮大的行业，南特每年接待境内外的200万名游客，是法国游客量第七大的城市。

2014年，该市74.6%的企业涉及贸易、运输和服务业务，涉及行政、教育和卫生业务的占16.2%，建筑业占5.4%，工业占3.7%。虽然工业没有20世纪70年代之前那么重要，但南特依然是法国第二大航天研究中心。欧洲空客公司在南特生产其机队的翼盒和天线罩，雇用约2 000人。南特市剩余的港口码头仍然处理木材、糖、肥料、金属、沙子和谷物，占南特-圣纳泽尔港口航运总量的10%。南特的创意产业在2016年拥有超过9 000家建筑、设计、时尚、媒体、视觉艺术和数字技术公司，2007—2012年创造的就业机会占南特全部就业量的15%，并在南特岛建立了一个创意园。

六、总结与启示

南特岛的复兴和城市改造项目是一个具有代表性的工业遗产革新项目，它实现了从经济、文化和环境等各方面的共同繁荣。在15年的漫长规划中，南特岛运用循序渐进的手法，审慎地在保护文化遗产与城市现代化之间权衡，提出了"尊重和改变"并行的大方向，终将工业遗产成功再利用，并有机地催化了城市全面复兴的进程。

2012年，南特岛被全球化及世界城市调研组评为世界级三级城市；2013年，南特岛因其超高的生活水平荣获由欧洲委员会颁发的欧洲绿都奖。

在城市发展转型的重要阶段，南特岛的成功为我国的城市更新提供了很多具有实操性的启示。工业遗产所蕴含的巨大经济潜力、对历史文化的宣传和对社会意识形态的凝聚力都值得我们重视。同时，政府和开发商也应大力引进创意和新元素，用叠合的手法改造已经凋敝的遗迹，在彻底挖掘其文化及商业价值的同时创造新的历史。

第四节
纽约高线公园带动多产业复兴

纽约高线公园是一座由废弃高架货运铁路改造而成的开放公园，已跻身纽约市炙手可热的观光景点。这个蜿蜒在曼哈顿西区长约2.3千米的线性公园是城市规划设计师争相效仿的经典案例，也是著名的城市更新项目——2005年，纽约市对高线周边地区进行了重新分区，在鼓励开发的同时也保留了社区的特色，使高线区成为纽约市增长最快、最有活力的社区（见图3-23）。自2006年改建工程开始后，高线周边地区的项目建设许可签发比原来增加了一倍，至少有29个大型开发项目动工，总投资超过20亿美元，产生了12 000个工作岗位，新建了2 558套居住单元、1 000间酒店客房，超过424 000平方英尺（约合39 391平方米）的办公空间和85 000平方英尺（约合7 987平方米）的艺术展示空间。作为美国首个废弃高架铁路成功改造的项目，高线公园年均吸引约700万人在此漫步、休闲或参观。

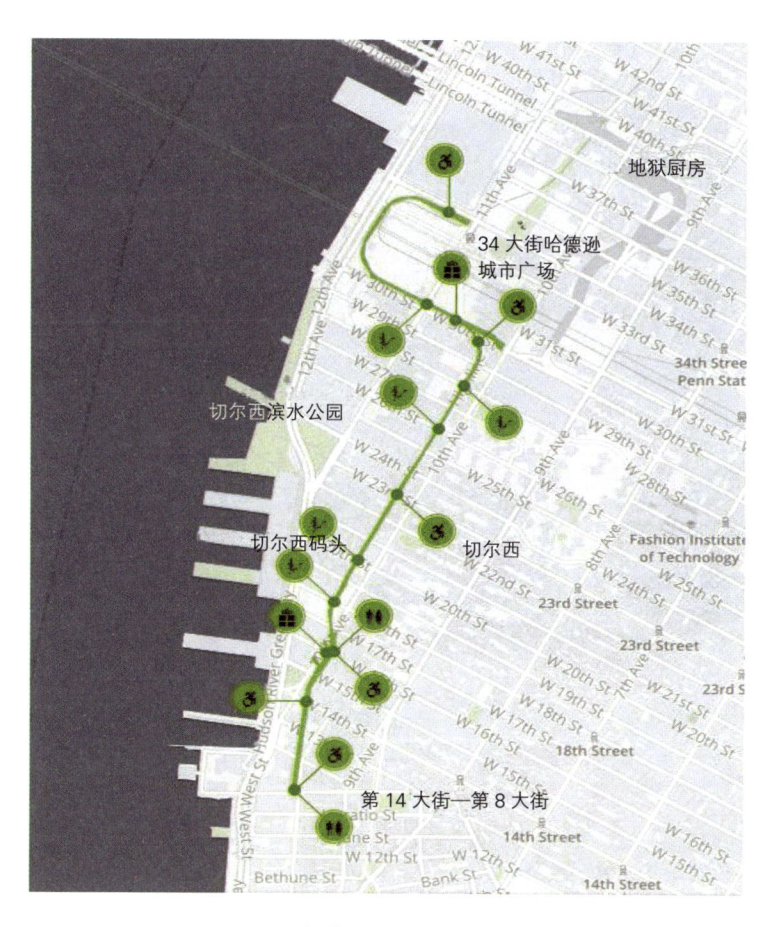

图 3-23　高线公园及其周边地区概览

图片来源：沿着高线公园一路走到华盛顿广场公园。http://www.mxtrip.cn/detail/146155032a7edadf204e7bc152968ae7_1/。

一、高架桥的前身——"死亡之路"

1847 年，纽约市授权在曼哈顿西区的第十和第十一大道沿线建造铁轨。纽约中央铁路的货运列车驶过这条经过街区的铁路运送煤炭、乳制品和牛肉等商品。当时，为了安全起见，铁路公司聘请了许多"西区牛仔"（见图 3-24），这些人骑着马在火车前挥舞着旗帜以警示路人。然而，铁轨上还是发生了许多令人扼腕叹息的事故，第十和第十一大道由此得来"死亡之路"的绰号。1910 年的数据显示，在第十一大道总计有

图3-24 "死亡之路"与执勤中的"西区牛仔"

图片来源：关于城市复兴高线公园的启示。https://m.baidu.com/tc?from=bd_graph_mm_tc&srd=1&dict=20&src=http%3A%2F%2Fwww.chla.com.cn%2Fhtm%2F2018%2F0313%2F267288.html&sec=1553744455&di=de3c68779f1373a4。

548人死亡，1 574人受伤。

20世纪之初，美国社会展开了关于治安危害的公开辩论。1929年，纽约市和州政府同意了由建筑师罗伯特·摩西构思的西区改造方案。这个21千米的项目清除了105个街区铁路道口，增加了13公顷的滨河公园，并在铁路西侧建设了高架公路，这在当时耗资超过1.5亿美元，约为2017年的21.4亿美元。最后一段街区铁道于1941年从第十一大道拆除。

二、高线高架桥的设立与衰落

高线高架桥上的第一列火车于1933年运行。随后，高架铁路于1934年6月29日正式投入使用，它是西区改造工程的第一部分。高线最初从第35街延伸到春街的圣·约翰公园，其设计方案是要穿过街区中心，为此拆除了 640 栋建筑物。高线直通工厂和仓库，以便火车上的货物在厂房内装卸。牛奶、肉类、农产品及原料和制成品可以在不扰乱街道交通的情况下运输和卸载，这减少了周边贝尔实验室大楼（自 1970 年以来一直安置韦斯特贝斯的艺术家社区）及前切尔西市场中纳贝斯克工厂的负荷。

20 世纪 50 年代州际卡车运输的增长，导致整个美国的铁路运输量下降。大约在 1960 年，该线的最南端部分因使用率低而被拆除，到 1978 年，高线高架桥每周仅有两辆货运列车通行（见图 3-25）。1980 年，高线的所有者康瑞公司不得不将高架桥与国家铁路系统的其他部分断开一年，因为在第 34 街建造的贾维茨中心需要对第 35 街进行重建。在高架桥断开期间，沿途的两家大客户搬去了新泽西州。从第 35 街到高架桥的线路在贾维茨中心的建造期间被拆除，并被第 34 街的当前线路所取代。通往高线的轨道于 1981 年被重新连接，但由于沿途没有更多的客户，第 34 街的线路一直被搁置，高架桥就此遭到长期弃用。

图 3-25　高线上孤独运输的火车

图片来源：房地产业的下一个大风口：城市更新。https://m.baidu.com/tc?from=bd_graph_mm_tc&srd=1&dict=20&src=http%3A%2F%2Fbbs.pinggu.org%2Fthread-4119285-1-1.html&sec=1553744616&di=f59081aa784b75b4。

在 20 世纪 80 年代中期，一群拥有土地的业主开始试图推进整个高线高架建筑的拆迁。切尔西居民、激进派和铁路爱好者彼得·奥布莱茨在法庭上对拆迁工作提出反对意见，并试图在高线上重建铁路系统并提供运输服务。奥布莱茨提议以 10 美元的价格购买高架桥，以便在线上运行少量货运列车。康瑞公司接受了他的提议，因为拆迁将花费 500 万美元。但是，这一提议在法庭上产生了争议。到 1988 年，大都会运输管理局仍在与康瑞公司谈判是否有可能利用该线路建造轻轨路线。

因为预计该线路将被拆除，高线的北端在后期与国家铁路系统断开连接。由于和宾州站相连的帝国连接站（于 1991 年春季开放）的建设，轨道被送往新的帝国连接隧道至宾州车站。尽管遭到保护主义者反对，但从河岸到甘斯沃特街的西村高线的一小部分在 1991 年还是被拆除了。

虽然这条线路直到 20 世纪 90 年代再未被使用且年久失修，但铆接钢结构的高架结构非常牢固。渐渐地，城市探险者和当地居民发现在废弃的铁路沿线的砾石中长出了坚强而耐旱的野草和灌木（见图 3-26）。世纪之交，该线路在纽约时任市长鲁迪·朱利安尼的管理下被彻底拆除。

图 3-26　高线高架桥改造前野草丛生的轨道

图片来源：纽约曼哈顿高线公园 high line park 变身记. http://www.go8po.com/news/archives/550808。

三、"高线之友"为铁路重新利用发声

1999 年,高线周围社区的两位居民约书亚·戴维和罗伯特·哈蒙德设立了一个名叫"高线之友"的非营利组织。他们主张将高线高架桥妥善保存,并重新利用为以巴黎的种植长廊为模板的公共开放空间、高架公园或绿道。"高线之友"最初是一个小型社区团体,在鲁迪·朱利安尼第二任市长期间(1998—2002 年),当高线高架桥遭到拆迁威胁时,该组织主张保护和改造高线。

四、分段改造,层层递进

拥有高线的 CSX 交通建设公司允许摄影师乔尔·斯特恩菲尔德在此拍摄一年。斯特恩菲尔德在系列纪录片《大博物馆》中展示了这草甸般的自然美景,这些照片也在讨论保护高线的主题会议上被公开展出过。时装设计师戴安妮和她的丈夫巴瑞·迪尔在她的工作室组织筹款活动。随着重建高线人行道的社区需求的增长,2004 年纽约市政府承诺投入 5 000 万美元建立当地的公园。值得一提的是,市长迈克尔·布隆伯格、市议会议长吉福德·米勒和克莉丝汀奎·因皆是此提议的支持者。最终,高线公园的资助者共筹集了超过 1.5 亿美元。

2005 年 6 月 13 日,联邦地面运输委员会颁发了临时路径证书,允许该城市从国家铁路系统中移除。2006 年 4 月 10 日,布隆伯格市长主持了纪念公园动工仪式。该公园是由詹姆斯·科纳景观建筑事务所负责,建筑师迪乐负责总体设计;荷兰的皮特·道夫负责园林设计,国际天文公司负责灯光设计,布罗·哈珀德和罗伯特·斯曼联合公司负责工程设计。纽约市城市规划和规划委员会主席阿曼达·布登也投入到该项目的开发之中。

高线公园改造项目共分为三个部分,每一部分都是一个阶段。2006 年 4 月,第一阶段的改造项目开始动工。2009 年 6 月,第一阶段的改造工程正式完工并向社会开放。这部分工程长约 0.8 千米,跨越了从甘斯

沃尔特大街到西 20 街的 9 个街区，中途包括了第十大道及具有历史意义的肉类加工区和西切尔西社区，也包括位于第 14 街和第 16 街的五个楼梯和电梯。第一阶段项目设计的出发点是尽可能地保留高线的原有特征，尽可能少做改动。

基于高线面积和规模的精确测量，具体的设计方案利用较少的路面和较多的原始地表，再加上各种植物，创造出了一个崭新的活动空间。在这一阶段里，原先存在的铁轨大多被保留了下来（见图 3-27），混凝土和绿化带组成了人行道。设计团队受到野生植物景观的启发，在切尔西地区种植了大量野草和野花，配以铁轨上原本的杂草和石子，形成了以本地物种为主的绿地公园。每年春天到秋天，轨道的间隙里都会开出不同颜色的野花，让高线公园从视觉上变得缤纷多彩；而野花野草丛生的生态系统既缓解了热岛效应，又给一些小型野生动物提供了生存空间。这种景观既可以使游客感受到大自然最原始的美丽，也可以让他们感受

图3-27　原始的铁轨混杂着野草

图片来源：一段废弃的铁路造就的传奇。https://graph.baidu.com/api/proxy?mroute=redirect&sec=1553744716261&seckey=2aae41543a&u=http%3A%2F%2Fwww.diyitui.com%2Fcontent-1447703202.36012128.html。

到铁路长期被废弃的历史沧桑。此外，原本荒芜的土地被充分地利用起来，从周围建筑物屋顶上收集起来的雨水可以用于花草灌溉。每一处细节都可见设计师的环保意识。

高线公园在视野上是无可比拟的。在公园与西侧铁路站场之间的过渡区域，有一条向哈德逊河延伸的柔和的长弧线。弧形道路的西侧沿线摆放了一排长达十几米的木质长凳（见图3-28）。来到这里，游客可以完成从快节奏的工作转换到原始自然的身心之旅。林地立交桥分布在高线沿途的不同地方，行人在桥上驻足，远眺，欣赏桥下的风景和远方的市景。在公园北面的高架草坪上，人们可以尽情俯瞰纽约的布鲁克林区和哈逊河，并远眺新泽西州。

图3-28　高线公司过渡区的长凳

图片来源：纽约高线公园中的新风景：用乐高积木搭建的乌托邦。https://graph.baidu.com/api/proxy?mroute=redirect&sec=1553744764194&seckey=e857bf2c2e&u=http%3A%2F%2Fart.ifeng.com%2F2015%2F0616%2F1296019.shtml。

2011年6月7日，高线公园改造项目举办了第二阶段的开工剪彩仪式。市长迈克尔·布隆伯格、纽约市议会议长克里斯蒂娜·奎因、曼哈顿区区长斯科特·斯特林格和众议员杰罗尔德·纳德勒皆有出席。第二阶段的工程于2011年6月竣工。这一段的改造从西20街一直延续到西30街，跨度为10个街区，总长约0.8千米，改造特点可以用"窄"和"线性"来概括（见图3-29）。整个工程主要包括了无障碍通道，每隔三个街区就会布局楼梯和电梯作为入口处，并且在西30街和西23大道分别建造了两部升降梯，来补充现有的两部观光梯。这一阶段的改造旨在强调空间的排列要为行人打造多方位、多层次的感观。

图3-29　充分体现第二阶段工程特点的公园一角

图片来源：城市高架桥的景观优化途径初探。http://blog.sina.cn/dpool/blog/s/blog_9afeca2b01012yiu.html。

在这10个街区里，沿途一系列的小景观起到了画龙点睛的作用。比如位于西20到西22道之间的"切尔西灌木丛"。那是一个占地455平方米的草坪，上面种植了适合不同季节生长的植物，如美洲冬青和紫荆等。一年四季，灌木丛都会呈现不同的颜色，让路过此处的游客感受到四季变换的风情。23大道附近则有一片十分广阔的区域，那是旧铁路的备用站点，现已被改造成聚会的场所，矗立着通过回收的柚木而制作的长椅。在位于高处的 26 街观景台上（见图 3–30），人们能够拥有广阔的视角，欣赏路上车水马龙的景观，唤起大家内心对整个城市的记忆。这个设计的初衷是让人们回忆起原本在此处的巨型广告牌。还有西 28 大道附近随着线形的道路而延伸的花坛，上面铺满了耐寒性极强的野草和生命力旺盛的野花。

图 3–30　26 街观景台

图片来源：纽约高线公园。http://www.urcities.com/urbanDesign/20140926/12135.html?source=1。

2012 年 9 月，高线公园改造的第三阶段开始，这部分工程位于西北部 30 街到 34 街之间，长度占整个高线公园的三分之一。这部分铁路的所有权本来隶属于 CSX 铁路运输公司，但在 2010 年，纽约市政府通过公用地审批获得了它的所有权。工程历时整整两年才完工，纽约市政当局在 2014 年 9 月 20 日举行了高线公园落成的剪彩仪式，公园在第二天正式向公众开放。第三阶段耗资 7 600 万美元，分为两部分。耗资 7 500 万美元的一部分从第二阶段的尽头开始，直至位于第 11 大道的西边的第 34 街终点线。第二部分是支线 "Spur"，由公共艺术计划组安装了各式的艺术装置，它将与已经在支线上建造的哈德逊城市广场10号进行整合。

第三阶段改造工程与前两阶段有很多共同点：木质长凳、野花草装饰和观景台等。与前两阶段不同的是，在低洼处新增了儿童游乐园，并用橡胶把最初的横梁包裹起来，在为儿童提供休闲娱乐场所的同时保护他们的安全；在第10大道和西30区交汇的地方，露天建筑"Spur"成了第三阶段改造工程的标志性建筑。它位于两座高耸的写字楼之间（见图3-31），可以让置身其中的人们远眺哈德逊河的景观。茂密的植被环绕着露台，打造出自然原始的环境，露台中央则留出了充分的公共空间供人们休息。

现在，高线公园在"高线之友"的参与下，一直被精心地维护着。无论是市民还是游客，都可以在此处找到自己喜爱的活动。举例来讲，

图3-31 俯瞰露台建筑"Spur"

图片来源：高线公园 废铁路变纽约观景台保持荒野之美。https://m.baidu.com/tc?from=bd_graph_mm_tc&srd=1&dict=20&src=http%3A%2F%2Ftravel.ce.cn%2Fgdtj%2F201702%2F27%2Ft20170227_4901589.shtml&sec=1553745250&di=97ce0d12f80737e0。

高线公园的志愿者组织经常会举行一些亲子活动，孩子们可以在此处与亲人一起组建自己的建筑模型；稍大一些的少年则可以通过参与定期的"绿色军团"（Green Corps）环保活动，和园丁们共同为公园里的植物修枝除草，维护公园设施。夜幕降临后，酒吧驻唱歌手们也会来到此处，给高线公园带来引人入胜的表演，向市民和游客展现别具一格的夜生活。

五、城市标志，引领未来

毋庸置疑，高线公园作为纽约的地标之一，为纽约的繁荣昌盛做出了不可磨灭的贡献。作为新世纪的城市公园，它有机融合了结构、建筑、美感和社会功能，扭转了被废弃的铁路破旧的景象，将其变成休闲度假的绝佳场所。高线公司源源不断地吸引着世界各地的游客来此参观，有效地刺激了当地的投资和消费，带来了可观的经济效益和社会效益。

公园的改造充分带动了周边地区的房地产开发。在高线公园主要经过的切尔西街区里，纽约市政府特别成立了西切尔西特别区，并联合纽约市规划局在新区里面规划建设了约 2 500 套新住房、超过 1 000 间酒店和 47 000 平方米的办公场所等。该特别区总投资超过 20 亿美元，预计产生 12 000 个工作岗位。这样的规划吸引了大量开发商投资，将会在很大程度上提升切尔西区的竞争力和活力。

公园的成功运营引领着沿线区域经济的发展。在 2009 年一期完工后，高线公园就成了附近居民闲暇时常去的休闲场所，刺激了附近餐厅和酒吧等产业的兴起，带来了远超预期的经济效益。根据有关部门的模型预计，高线公园将在开放后的 20 年内为曼哈顿增加 2.5 亿美元的税收收入。现在看来，这一数字已经被严重低估。

可持续运营为公园带来可观的运营效益。自从 2014 年改造工程全部完工并向公众开放后，公园的收入一直为正，并呈增长趋势（见表 3–2），从经济效益上实现了可持续发展。

表 3-2　高线公园开放后的运营收入　　　　　　　　　　　　　（单位：万美元）

运营费用及收入		
项目	2014 年	2015 年
运营费用	1 095.3	1 182.3
运营收入	1 094.1	1 159.3
净收益	12.0	230.0

非运营行为费用及收入		
项目	2014 年	2015 年
费用	481.9	265.7
收入	863.2	1 141.9
净收益	380.1	853.2

公园的开放丰富了当地的文化活动。2015 年，惠特尼美国艺术博物馆在甘斯沃尔特大街旁开设了新馆（见图 3-32），毗邻高线基地。对外开放后，这里将成为高线公园主要的文化活动中心，为休闲色彩浓厚的高线公园增添几分艺术色彩。此后，来自全球各地的参观者可以在此处进行文化交流和思想碰撞，为曼哈顿增添活力和色彩。

图 3-32　新建的惠特尼美国艺术博物馆

图片来源：著名建筑物：以丑闻名世界．http://www.sohu.com/a/26669001_111562．

第五节
美国丹佛联合车站 PPP 模式

丹佛联合车站的前铁路和车站改造工程是美国各类交通改造中规模最大的项目,作为一项斥资巨大的公共私营合作制的基础设施投资,丹佛联合车站改造项目的成功催化了一波私营投资的风潮。在尊重历史的基础上,丹佛联合车站展现了具有前瞻性的科技视角和具有设计感的建设精神,成为现代化交通枢纽的标杆和典范。

1881 年,为了将地理位置偏僻的城市与美国其他地区相连,联邦政府将丹佛联合车站建在了中央商务区的边缘地带,该车站迅速成为通往西部的重要交通枢纽。在鼎盛时期,联合车站每天会经过 80 多列火车,为 24 000 名乘客提供服务(见图 3-33)。然而,20 世纪 60 年代,由于飞机和汽车的普及给人们的出行提供了更多的选择,丹佛联合车站的客运量有所下降,曾经车水马龙的车站变得萧索阒静。每天,只有两辆列车从此经过。

图 3-33　丹佛联合车站曾经的繁忙景象

一、政府倡导下的车站重建方案

20世纪60年代至80年代，丹佛联合列车站一直门可罗雀，原有的资源被闲置，未得到充分利用。直到20世纪80年代中期，丹佛市开始寻找方法重整该区域，意图将丹佛联合车站改造成这一地区和科罗拉多州的新经济命脉。

2001年，区域交通局（Reginal Transportation District）、丹佛市县交通局、科罗拉多州交通厅（Colorado Department of Transportation）和丹佛地区政府委员会（Denver Regional Council of Government）签署了一份政府间协议，共同商讨该车站的各种重建方案。根据协议，2001年，以上各单位联合收购了丹佛联合车站及周围19.5英亩（约合78 913.7平方米）的旧铁路场地，共同发起并编制了《丹佛联合车站重建规划》。经过广泛的公众宣传和环境审查，该规划于2004年获选民投票通过批准。

重建规划的一个主要特点是对历史性的丹佛联合车站的改造和重新利用，并希望由此带动整个区域的复兴。丹佛联合车站位于公共空间的核心连接点，连接着附近的体育场馆、娱乐区"LoDo"、中央商务区和普拉特河的开放空间，包括28万平方英尺（约合26 013平方米）的居住空间，7万平方英尺（约合6 503平方米）的零售物业，以及100万平方英尺（约合92 903平方米）的商业办公场所和酒店。该地区的所有交通服务设施都集中在一个联运区，因此，该重建规划的内容主要包括：轻轨和通勤铁路的建设、一个拥有22个停靠站的地下公共汽车站、街道的改扩建、停车场重建、周边商业配套设施的更新等（见图3-34）。这项体量庞大、主体多元的复兴计划仅靠政府的单方面力量是很难实现的，因此，决策部门最终选择了公私合营的PPP（政府和社会资本合作）开发模式。

图 3-34　联合车站的平面图

图片来源：美国丹佛联合车站。http://www.soujianzhu.cn/news/display.aspx?id=2476。

二、政府基金在 PPP 项目中发挥主导作用

在 2008 年年底至 2009 年年初，丹佛联合车站项目管理局、特拉梅尔克劳（Trammell Crow）公司与丹佛市区两级的交通局通力合作，应对资金挑战。自从丹佛联合车站项目管理局通过了 5 亿美元的建设预算后，各相关方就开始寻找项目资金。

总体上，政府基金发挥了重要的引导作用，主要由联邦和州政府的联合资助、贷款及当地税收增加额三部分组成。

丹佛联合车站的资金主要来源是美国交通基础设施融资和美国交通部出资发起的创新项目。具体而言，联邦政府为州或当地交通基础设施每投资 1 美元，这个项目就提供 10 美元的信贷援助支持。而这个新项目早在"过渡期"就通过税收增加融资的方式及其他创新的资金来源，从个人市场获得较低融资利率。

尽管加上丹佛地区交通局从联合车站周边的公司获得的超过 3 000 万美元的土地出售收益，该项目仍短缺 3 亿美元，因此融资成为最大的

挑战。

幸运的是，该项目获得了惠誉评级（Fitch Ratings）机构投资等级的称号，使美国交通部通过了丹佛联合车站项目管理局的几项贷款申请。该项目最终获得了联邦运输管理局和联邦铁路管理局的两笔贷款，每笔贷款金额为1.5亿美元。这两笔贷款不仅为公共汽车和铁路设施提供了资金，使项目合作伙伴能够投资它们编制的交通规划，还为该地区周边土地的私人开发提供了极大的便利。

三、高效合作的PPP组织架构开启改建之路

一开始的计划是由四个合作单位——区域交通局、丹佛地区政府委员会、丹佛市、科罗拉多州交通局协同购买丹佛联合车站及其周围78 913.7平方米的土地，并由丹佛地区交通局负责管理项目物业。然而，这项计划因为没能创建法人代表、无权契约等问题而以失败告终了。最终，第三修正案设立了行政监督委员会，限定时间选择了合作开发商来负责该项目，并规划了项目开发监督条例。

该项目采取公私合作的形式，由各级政府部门和私人企业共同组成项目组，依法设立项目组织结构（见图3–35）。2008年7月，丹佛市议会成立了丹佛联合车站项目管理局，负责资助、收购、设计、建造、翻新、运营和维护丹佛联合车站的再开发项目。

丹佛联合车站项目管理局是这个项目的融资实体，是科罗拉多州的一个非营利性组织，人员构成主要来自丹佛区政府、科罗拉多交通局、区域交通局、丹佛各市县政府以及市区开发局。丹佛市区开发局是提高税收能力的权威机构，成立了联合车站社区公司。项目合作伙伴确定将联合车站社区公司作为项目的主开发商，负责私有土地的征收、建筑设计和建造，并参与交通和基础设施运营管理（见图3–36）。

公共基础设施的开发建设是由一个专门的公共交通和重建局执行，在项目完成后移交给现有的交通运输管理机构。同时，公共交通和重建

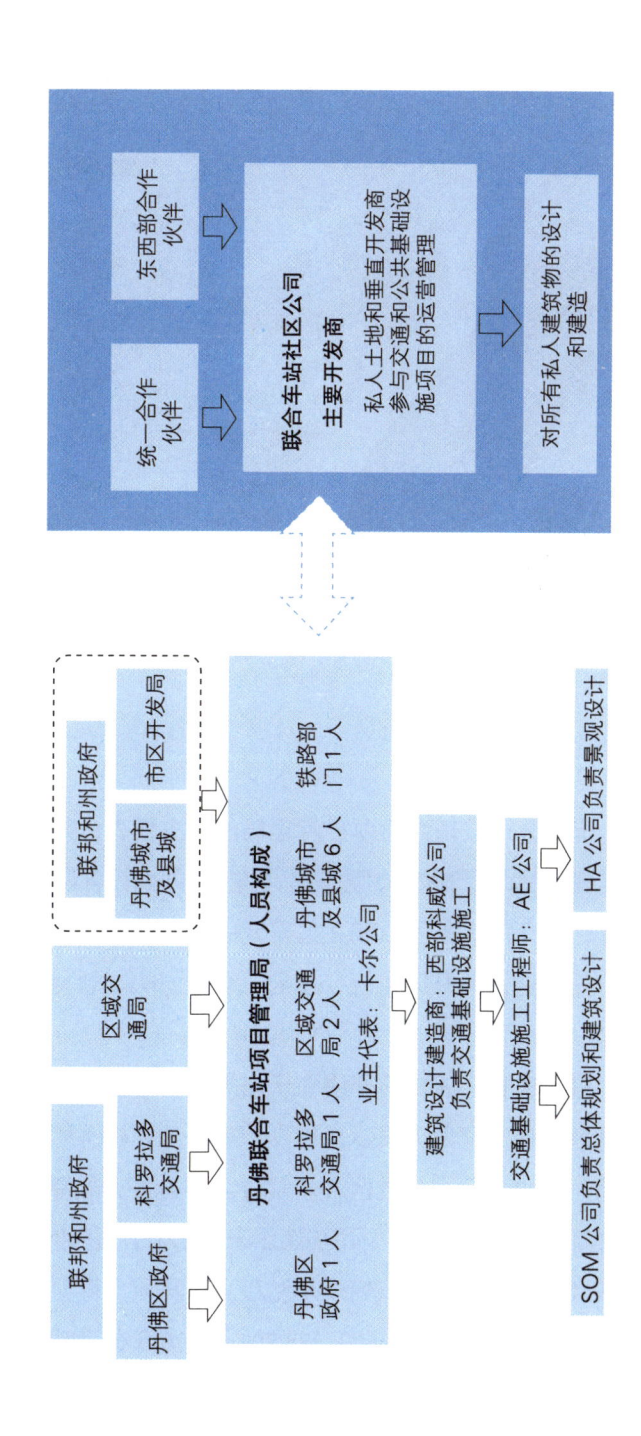

第三章 城市更新全球典型案例分析 | *161*

图3-35 丹佛联合车站项目组织结构

图3-36　丹佛联合车站项目现场鸟瞰

局也将解散。

在这个过程中，卡尔公司被任命为项目管理局的业主代表，并与建筑合作伙伴科威及全球技术和管理支持服务提供商AE共同设计和拟定协议，成功获得了3亿美元的联邦贷款和2亿美元的各种拨款。三方共同管理款项和联邦合规问题，并共同监督、规划、建立团队以顺利实施项目。

如此复杂的多式联运项目，成功的秘诀在于它拥有一个多方协作的团队。其中包括土地所有者、开发人员、设计师、工程师和熟悉复杂项目的景观设计师，它们均由联合车站社区公司领导。作为负责丹佛联合车站改建的主要开发商，联合车站社区公司挑选了来自三个公司的人才：SOM、AECOM和基威特（Kiewit）。该团队致力于建设一个将为新的市中心社区提供超过300万平方英尺（约合278 709平方米）的多功能综合体，为市中心的周边社区带来新景观。

四、以可持续发展为重心进行布局改造

丹佛联合车站重建项目实现了丹佛市可持续发展的远景目标——"绿印丹佛"（Greenprint Denver）。通过战略性地组织整个场地的多式联运元素，该项目提供了一个完全整合的交通连接和公共空间网络，同时也催化了私企的开发。LEED（绿色能源与环境设计先锋奖）是一个评价绿色建筑的工具，致力于在设计中有效地减少对环境和住户的负面影响，LEED由美国绿色建筑协会建立并于2003年开始推行，在美国部分州和一些国家已被列为法定强制标准。丹佛联合车站的改造涵盖了一些新的交通模式、LEED认证的交通设施、一个未来LEED邻里开发建设的多功能社区和通过LEED认证的私人建筑，这些元素共同创造了一个广受赞誉的可持续城市环境。

实现可持续项目的另一个关键是使用LEED系统来规范未来社区开发建设和相邻站点的LEED评级。通过实现比ASHRAE（美国采暖、制冷与空调工程师协会）建筑标准高出约38%的能源效率，项目中的公交总站将为新建筑寻求LEED认证。地下公交设施和场地照明亦使用了自然采光和通风的铁路平台设计，以求绿色建造。另外，联合车站社区公司聘请了景观设计师和规划咨询公司，将地下公交设施顶部的贫瘠土地变成一系列花园和广场。每个花园都拥有不同的科罗拉多生态系统，并在联合车站区的中心提供阴凉的会议场所。

五、联合车站结构和外观上的改建

为了使改造后的丹佛联合车站成为一个交通便利、四通八达的交通枢纽，SOM公司负责对其进行扩建和改造。20英亩（约为80 937平方米）的前铁路站场用地被改造成城市交通区，并纳入了轻轨、城际列车、火车、自行车、公交车和人行道的多元交通方式。

整个车站的设计亮点在于露天列车大厅（见图3–37）。大厅由11个

图3-37 联合车站的露天列车大厅

图片来源：丹佛联合车站（Denver Union Station）。http://www.ccbuild.com/article-546001-1.html。

不锈钢的拱形架构组成，横跨180英尺（约54.8米），最高两端离地70英尺（约21米），从最高点以弧形向中心下滑至镂空处，离地70英尺（约6.7米），在钢架的外部覆盖着聚四氟乙烯织物。这样的设计既保护了旅客站台，又给人开阔通透之感。

通勤铁路站拥有8条铁轨，轻轨站服务于3条区域线。一条熙熙攘攘的步行街将列车大厅与轻轨客运站相连，这样的连通性改善了车站内及周边的空间网络，使枢纽与位于东面的城市中心及车站四周的住宅区域浑然一体。

联合车站巴士集合大厅设有22个停靠点的区域巴士总站，服务于16条地区性班车、本地巴士和快速巴士路线。巴士总站长980英尺（约298.7米），地面上铺就了光洁的水磨石地板，而明媚的黄色玻璃瓷砖和天窗玻璃厅使室内永远充满天光，活力盎然。由于使用了再生材料，而且考虑到了增加通风、自然采光和绿色清洁，巴士大厅获得了2014年绿色建筑的LEED金级认证，成为美国第九个获得LEED认证的建筑。

六、改建带动联合车站周边社区的发展

在丹佛联合车站的周围，项目管理局规划了新的配套大型建筑 Wewatta 广场（见图 3–38）。Wewatta 广场是丹佛联合火车站的进入地下公交设施的新入口点。广场周围分别建造了 8 层长方形翼楼和 11 层三角形翼楼。火车大厅和 Wynkoop 广场占地 1000 余平方米，是丹佛联合车站的旧入口。这里用于应对繁忙的人流量，并能够转变为农贸市场、音乐会场、开放舞池等。

图 3–38　丹佛联合车站的新入口——Wewatta 广场

图片来源：https://architectblueprint.com/real-estate/。

从 5 月中旬到 10 月中旬，每个星期六上午 9 点至下午 2 点，农民和食品生产商在丹佛联合车站广场开办集市，出售最新鲜的当地美食：从水果和蔬菜到奶酪和新鲜出炉的面包。联合车站也是丹佛最新城市养蜂计划的所在地，该建筑屋顶上有四个蜂巢。丹佛车站及其餐厅与该计划合作，因此现场生产的蜂蜜和蜂窝通常被制成糕点、饮料和其他零食售卖。

丹佛联合车站项目为丹佛地区带来了新的办公楼，并重新树立了对该城市成为商业重镇的信心。例如，在第 16 街，特拉梅尔克劳公司新开

发了一座 400 000 平方英尺（约合 37 161 平方米）、通过 LEED 金级认证的甲级写字楼，该写字楼于 2012 年 7 月开业，租赁率超过 90%。领先的肾脏透析公司达维塔（DaVita）在此开发了一个 260 000 平方英尺（约合 24 155 平方米）的先进研究院，并把大约 950 名团队成员从加利福尼亚州搬迁到丹佛。此外，地区保险集团 IMA 正将其公司总部搬迁至位于丹佛联合车站北端的一栋占地 114 000 平方英尺（约合 10 591 平方米）的新办公楼。新开发项目以一楼的零售店为特色，这为办公楼增添了商业便利。最后，位于火车大厅后面的 13 层高的 Cadence 公寓包括了 219 套公寓单间和 8 000 平方英尺（约合 743 平方米）的零售面积。Cadence 公寓于 2013 年秋季完工，优越的地理位置为居民提供了直达轻轨和通勤铁路的便捷。

七、总结与启示

丹佛联合车站的改建是一项闻名全美的 PPP 模式的成功案例。首先，它结合了公民和政府的共同意愿，以长远的眼光为前提，持之以恒；其次，政府投资催化了民间资本的投资，完善了项目周边地区的发展；最后，充满创意的设计是建筑的灵魂所在，联合车站成立至今已经荣获了十余个设计奖项，包括 2015 年美国城市土地学会颁发的全球卓越奖。这些都要归功于有关各方的精诚合作，和具有透明性、责任划分清晰且包容性极强的合作构架。在 PPP 模式风行的今天，丹佛联合车站的城市更新案例对我们国家的城市更新和改造项目有多方面的借鉴价值。

第六节
伦敦奥运会场馆的可持续理念

2012 年伦敦奥运场馆的规划项目是一个经典的城市更新案例。该项目的特点是兼顾经济效益与长远的社会效益，以"可持续发展"为主题，在实现经济效益和提高国际影响力的同时考虑到该地区长远的发展规划，充分统筹当代和后代在各个方面的利益。

一、曾经的辉煌和衰落

作为奥运场馆选址地的斯特拉特福，是东伦敦长期落后的地区（见图3-39）。从18世纪工业革命开始，斯特拉特福就以工业区而出名。该地区遍地可见化工厂和垃圾填埋场，吸引了不少工人和受教育程度低的蓝领来此工作。20世纪70年代以后，大量劳工和外来移民涌入东伦敦，加剧了该地区的社会治安和环境污染问题。随着80年代传统重工业逐渐退出英国，转移到发展中国家，该工业区逐渐衰落，演变成为伦敦人避之不及的地区：环境方面，工厂的排放物严重污染了水源和土壤，持续危害着附近居民的健康；治安方面，斯特拉特福地区的恶性事件频发，犯罪率远远高于全英国平均水平。

为何将这样萧条的地区选为奥运场馆的所在地？伦敦当局表示，将奥运场馆选于此处的原因是该地区可以释放巨大的土地资源，从而转化

图3-39 改造前的斯特拉特福地区

图片来源：http://www.disused-stations.org.uk/s/stratford_market/index46.shtml。

成广阔的可改造空间。根据当时的战略规划，斯将拉特福改造工程占据了该地区 173 公顷的土地，很大程度上解决了周边居民住房以及就业的需求。此外，改造工程还着眼于修缮基础设施和美化环境，从而推动整个城市的更新改造。

二、"可持续发展"为伦敦赢得奥运

"可持续发展"的理念始终贯穿在伦敦申奥的每一个环节里。在 2005 年申办奥运会的初期，伦敦市政府就已经提出了"为下一代留遗产"的规划目标，并且详细阐明了如何在申办过程中落实"可持续发展"的理念。作为唯一提出这种理念的申办城市，伦敦打动了国际奥组委会，最终从众多申办城市中脱颖而出，成功申请到 2012 年夏季奥运会的举办权。

"可持续发展"理念主要体现在两个策略上：一是采取长期活性规划，"被动式"地整治落后城区；二是"拥抱临时性"，针对赛后预计会被闲置的场馆设施，采用易于拆除、迁移或再改造的材料和建设方式，便于大赛后对场馆进行再利用。对此，伦敦采取了一系列具体的措施来贯彻落实。

（一）长期活性规划，"被动式"治理整改

2008 年 5 月，在奥运会热潮的推动下，英国规模最大、历时最长的城市改建项目在斯特拉特福地区拉开了帷幕。项目规划时长 25 年，分为 6 个阶段，伦敦奥运会谢幕时，该改建项目的第一阶段刚刚结束。改建采用了被动式规划手法：将尊重自然和利用已有条件与设施放在首位，辅助性设计开发新建住房，统筹交通规划并配套公共服务设施；同时以维护生态多样性为目标，运用专业的环境检测手段，对当地生态环境展开了综合性治理。改建的目标是在 2020 年以前使斯特拉特福地区成为英国顶级旅游目的地之一，以及在 2030 年前在该地区提供超过 20 000 个工作岗位。在此后的每个规划阶段中，伦敦市政府都会按

发展情况做出相应的动态调整，以保证项目在不同时段与城市的发展相匹配。

（二）密集排布交通，与市中心相连

伦敦奥运会对斯特拉特福地区的交通可达性提出了很高的要求，因此公共交通设施的完善成为城市改造的一项重要内容。对此，伦敦改造了多条城市地铁和轻轨，其中包括东伦敦线、北伦敦延长线等，此外还规划了9条通过奥运公园的新地铁线路。为保证赛事期间运动员往返比赛场馆与奥运村之间有便捷的交通，伦敦引进了日本的"子弹头"高速列车，大大缩短了两地通勤时间。与此同时，斯特拉特福国际火车站也在2009年正式开始运营，它与30%的伦敦火车站和地铁站相连，而且与机场的通勤时间也被缩短为20分钟。

（三）奥运村转型，化身保障住房

在奥运会结束后，奥运健儿们居住的奥运村（见图3-40）在经过重

图3-40 伦敦奥运村外观

图片来源：伦敦2012年奥运村。https://m.baidu.com/tc?from=bd_graph_mm_tc&srd=1&dict=20&src=http%3A%2F%2Fwww.chla.com.cn%2Fhtm%2F2009%2F0514%2F36330.html&sec=1553745935&di=64c1ae39c29ede3a。

新装修和调整结构后,被改建成为 3 600 个独立的单元住宅,其中一部分被定位成保障性住房,向低收入者开放;另一部分则被改造成公寓,面向公众出售。这种奥运村的后续管理无时无刻不体现着当初申奥时"为下一代留遗产"的规划目标,也为未来奥运村的建设和规划提供了经典案例。为了创造出宜居的城市环境,居民区周围配套了相应的公共服务设施,包括学校、创意商城、医疗机构和体育设施等。

(四)清除历史遗留污染,维护生态环境

斯特拉特福地区的土地多为工业用地,大量化工厂、胶水厂及垃圾填埋场曾集聚于此,因此土壤和地下水源都受到大面积的严重污染。针对这个现状,主建方并没有使用传统的清洁方式,而是选择就地清洗土壤,来达到减少土壤污染的目标。在具体实施上,主建方在奥林匹克公园的范围内建立了两座"土壤清洁机",将有毒的土壤就地挖起,放入巨型土壤"清洁机"(见图 3-41)。在分离掉沙子和碎石后,"清洁机"提炼出污染物,清洗土壤,接着用超大型"电磁铁"分离土壤里面的重金属,最终达到清洁土壤的效果。被"清洗"过的土壤将会被送到专业机构接受检测,只有被认定为合格的土壤才会留在奥林匹克公园。最终,奥林

图 3-41 有毒土壤被送进土壤"清洁机"

图片来源:英国伦敦用新技术清洗受污染土壤重新利用。http://www.er-china.com/PowerLeader/html/2011/01/20110117153918.shtml。

匹克公园里面超过 80% 的土壤被净化，曾经饱受污染的地区已经恢复到干净和安全的标准。

在清除有毒土壤后，主建方开始了对地下水的净化工程，在此过程中运用了多种高科技手段。环境整治亦包括了在保留现有动植物的前提下，引入了多种适宜当地环境并且能在赛事期间盛开的花卉。在奥运场馆另一面的河漫滩地区，因为景色优美，物种多样，所以被规划为奥运湿地公园，并为此配置了专门的管理机构，运用"椰壳托盘种植法"展开湿地种植，从而使湿地植物总数达到 38 万株，占地 1.5 万平方米。

这些土壤清洁和生物保护工程不仅仅是为了建设奥林匹克公园而开展，更重要的是，它们考虑到了长远的社会效益，美化了居住环境，为斯特拉特福地区的下一代人提供了卫生舒适的成长空间。

三、"拥抱临时性"，着眼赛后长期发展

（一）低碳建造场馆，赛后循环利用

后奥运时代，"可持续发展"的理念依然对场馆的运营起到引导作用。赛后，大型的比赛场馆都被改造成了多功能体育馆并向附近居民开放，场馆变得更加便民利民。考虑到很多场馆都只会在奥运会期间使用，所以它们都是按照临时性建筑的标准来建造的，不需要像永久居住建筑那样来规划和配置。这样做最大的优点就是不但可以克服技术和预算的挑战，而且可以很大程度上实现低碳运营。例如，因为奥运会是在 7~8 月举行，所以不需要安装暖气。这样一来，临时场馆就可以在很大程度上节约建筑材料，节省能源。

除此之外，伦敦奥运交付管理局在委托工程时规定，所有场馆都必须使用至少 25% 的再生材料。官方传递的这种"用最少的材料创造最高的效率"的统筹理念，在无形中引导施工者形成"在建造的每一个环节都减少碳排放"的意识，从而促使他们在施工过程中广泛使用

低碳建材，养成降低碳排放的工作意识。一个经典的例子是，主场馆"伦敦碗"共使用了 10 万吨钢材，其中大量材料源于用工业废料制成的低碳混凝土，其较一般水泥的含碳量低 40%。"伦敦碗"的建筑结构为锁网状，场馆顶部的环状装饰都是用废弃的煤气管构筑而成，这样的设计节约了大约 300 吨的钢材。场馆的固定座位以水泥为建材，而不是塑料，这大大降低了碳排放。事实证明，在总共 34 个奥运会场馆里，超过一半都是临时性场馆，如水球馆、篮球场等。在建造这些临时场馆的过程中，40 万吨的建材得以循环利用，导致实际的碳排放量比正常情况下减少了 70% 左右。这种根据具体需求建立临时性场馆的行为，以及低碳建造的过程和对低碳能源的使用，是"可持续发展"理念最重要的具体表现形式之一。

（二）内部改造场馆，引导全民健身

英国奥林匹克筹建局可持续发展主管里卡德·杰克逊曾表示，伦敦奥运场馆设计的最大特点就是建筑的可拆卸和再利用。[1] 因此，在建造的过程中，很多临时场馆都使用铆钉作为紧固件，而不是钢筋水泥来黏合，因为这样可以方便未来的拆卸和回收。例如，赛车馆里（见图 3-42）近一半的座位赛后都会被拆除，赛道也要被拓展和改建，从而使得多种类型的自行车运动都可以在此进行。这里将会变身为"自行车运动乐园"。在向公众开放后，这些场馆为全民健身提供了优质的场所，此举与提高全民身体素质的奥运精神不谋而合，在后奥运时代依旧弘扬奥运精神。

除赛车馆外，在举办游泳赛事的场馆"海浪"里，原本的 3 个游泳池将会被细分成 5 个，座位也从 17 500 个减少到 2 500 个，空余出来的空间则被改建成市民活动中心、报刊中心和咖啡厅等，为周围居民提供

---

[1] 《伦敦奥运会：打造史上最环保奥运会》，载于《中国联合商报》2012。

图3-42　比赛中的赛车馆

图片来源：2012年伦敦奥运会主体育场伦敦碗。https://m.enterdesk.com/bizhi/3854.html。

良好的休闲场所。

还有一个可部分拆卸的场馆是主场馆"伦敦碗"。它就像是一个可以组装的大型玩具，能够随着需求的变化而改变。作为本届奥运会的主场馆，"伦敦碗"设置了约8万个座位，其中2.5万个固定座椅采用的是下沉式设计，5.5万个可拆卸轻质铁座椅位于地上四层（见图3-43），并由25米高的临时垂直板覆盖。为了便于赛后拆卸，最上层的顶棚结构与体育场的主体结构为分离式设计。奥运会结束后，上面四层的座椅将会被拆除，主场馆将"瘦身"成为一个足球场，更加适合市民参加体育活动。主场馆碗状的设计既可以拉近运动员和观众之间的距离，又可以保证最大的可视角度，而可拆卸的结构更是立足长远，为奥运会之后的场馆运营提供了更多的选择空间。

图3-43 "伦敦碗"内景

四、理念引导,多方统筹

在"可持续发展"理念的引导下,伦敦政府坚持以"绿色"和"低碳"为首要标准,并将此标准贯穿在具体的建设和运营过程中,借机对破旧落后的斯特拉特福地区进行更新与改造。在具体实施方面,伦敦坚持统筹当下和未来的社会效益,对城市更新展开"被动式"的规划。从清洁土壤到建造临时性场馆,通过大规模的污染治理和生态环境的维护与改造工程,提升了斯特拉特福地区的宜居性。改造和更新项目引入了各种高新科技,并随时调整具体措施以适应时代需求,与时俱进,保证项目与现阶段的城市发展进程相匹配。值得一提的是,斯特拉特福与伦敦的新金融中心——金丝雀码头距离较近,所以许多在那里上班的白领都会选择居住于此,因此更加宜居的环境会增强伦敦吸引外来人才的竞争力。

"拥抱临时性"充分体现了兼顾当下和未来的社会效益。在场馆的规划过程中，伦敦奥运组委会谨慎考虑赛后利用的实际问题，将建设分为永久性建设和暂时性建设。后者不仅可以实现真正的低碳奥运，还能节省预算。这种充分为后代考虑的建造方式对其他超大规模建筑（如机场和大型会展中心等）都具有长远而深刻的启迪。

第七节
西班牙邦巴斯艺术馆和里卡餐厅：视觉美学的极致体验

西班牙瓦伦西亚邦巴斯（Bombas Gens）艺术馆和里卡（Ricard Camarena）餐厅的改造项目，是一个在保留原始工业建筑架构的基础上，巧妙地将历史遗迹、艺术展廊和商业化的餐厅结合起来的经典城市更新案例。它在有限的土地上充分体现了时代个性和文化内涵，为追求历史底蕴和用餐体验的当地居民及外来游客提供了绝佳选择。在餐厅和艺术馆的每一处角落，游客都可以尽情地享受视觉上的绝佳体验，而里卡餐厅现已因此成为西班牙瓦伦西亚地区最有名的米其林餐厅之一。

一、艺术馆的历史

瓦伦西亚这家被废弃已久的工厂，政府的多次改造尝试都以失败告终。邦巴斯艺术馆和里卡餐厅的前身是20世纪30年代第二次工业革命晚期建造的一个液压泵厂（见图3-44），占地6 981.17平方米。当时，液压泵厂的主人卡洛斯委托建筑师卡米那提设计出一座具有前瞻性和现代风格的工业建筑。工厂的地址位于西班牙瓦伦西亚市布尔雅索特街（Avenida de Burjassot）54-56号，办公室位于工厂大楼的正前方，仓库则处于办公室的正后方。自从20世纪末期工厂停工以来，所有厂内的设备都被废弃了，这个建筑也逐渐淡出了人们的视野。从那时起，多个政府部门与私人机构

图3-44 改造前的邦巴斯工厂

图片来源：将顶级餐厅与艺术中心一网打尽。https://zhuanlan.zhihu.com/p/43964608。

都尝试对工厂进行保护和改造，例如2003年瓦伦西亚市政厅倡导的改造提升工程，以及尝试在建筑内部安装其他设备的工程等。但是已被废弃多年的现状给改造带来了诸多的困难，使得这次改造尝试以失败告终。

二、世纪性的改造工程

邦巴斯工厂的真正改造是从真爱艺术基金会寻找新文化活动馆的地址开始的。由于基金会被这家废弃的工厂独有的工业风造型和得天独厚的位置所吸引，因此，邦巴斯工厂成为基金会眼中集艺术、社会和研究等多功能为一体的场所的最佳选址。在改造开始前，对于基金会和建筑师来说，最大的难题在于如何从工厂有限的空间里面创造出更多的空间，并且传承原来的美学设计。经过项目发起人的多次思考，工厂的首次改造工程由建筑师爱德华多·德·米格尔、雷蒙·埃斯特维和博物馆保护专家安娜贝拉·塞尔多夫三位合作完成。2017年7月8日，工厂以文化活动馆的身份正式重新向公众开放（见图3-45），展出了西班牙内战期间的难民营和16世纪的地窖遗址等。后来，厨师里卡德·卡玛雷纳也参

图 3-45　改造后的工厂——邦巴斯艺术馆全景

图片来源：https://aasarchitecture.com/2017/10/bombas-gens-centre-dart-ramon-esteve.html。

与到改造工程里来，在艺术馆的一隅开设米其林餐厅，打造举世瞩目的餐厅与艺术中心的结合体，也使得功能相对单一的艺术馆更加富有多样性和活力。

三、传承古典，多元改造

这家工厂的改造以保留原建筑为大前提，而且对艺术馆内外环境的改造均体现了古为今用的理念。新的艺术馆的庭院里仍然保留着原工厂的两个高耸的柱状设施；四个原始的工厂仓库则改造为艺术馆的中心地带。中心区的旁边布局了餐厅和托儿所，不仅满足了文化艺术场馆的社会功能，还体现了人文关怀。其他在庭院里面的独立建筑包括 16 世纪地窖的遗址，以及西班牙内战时期的空袭避难所。在改造期间，陶瓷砖和镀锌钢是最为广泛使用的建筑材料，因为它们是工业革命时代最具代表性的建材，可以为艺术馆赋予明显的工业革命时代的气息。在原始建筑的内部，木制的平屋顶被重新打造成为高低不平的屋顶，形成视觉上错落有致的感觉，增强了空间感。参观者可以从建筑正面的小门进入邦巴斯艺术中心。在庭院中一个不起眼的角落里，设计师重新诠释了以瓦片为主要建筑材料的地窖，使得地窖的外观看起来更加引人注目。地窖的墙是由镂空的墙壁围成的，如此设计的目的是让自然光可以渗透进来；而地窖的屋顶保留了原本的平顶的特点，让参观者可以充分体会数百年前的古典气息。游客可以在从玻璃人行天桥走到地窖的途中看到挖掘农舍时发现的地下室和旧时的瓷砖（见图3-46）。

图3-46　地窖内景

图片来源：Architecture News。https://www.e-architect.co.uk/architecture-news。

四、巧妙地加入餐厅元素

在餐厅的改造工程中，每一个细节里面都融合了设计师独特的心思。在新一轮的改造工程里，艺术馆旁边的餐厅由里卡德·卡玛雷纳联合弗朗西斯·莱福工作室进行扩大和升级。改造后取名为里卡餐厅。作为邦巴斯艺术馆重生的重要部分，改建而成的里卡餐厅为充满艺术气息的工业建筑增添了几分商业的气息，也使艺术馆的功能变得更加全面。里卡餐厅总面积为780平方米（见图3-47），其中一楼的就餐区面积为640平方米，位于地下室的厨房有140平方米。餐厅总体上可以为分两个部分：可以看见旧时工厂墙壁的三角形就餐区和翻新过的顶棚下方的吧台。两个部分的主色调均为美洲桃木的棕色，整体设计简约而不简单。餐厅的墙壁是由瓦伦西亚历史上非常常见的陶瓷砖和黏土构成的，这样的选材使得餐厅处处弥漫着一种复古感和仪式感。

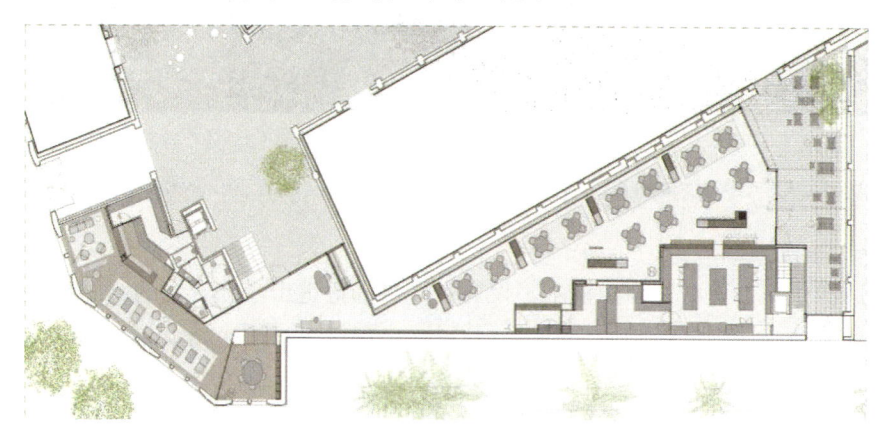

图3-47 餐厅整体设计平面图

图片来源：源于自然，归于宁静，这设计太棒了！。http://www.sohu.com/a/230645522_174194。

同时，餐厅光色相映，美感尽显。在餐厅的主入口处，有一大片露天空间，几张白色沙发静静地沐浴在阳光下，为顾客提供休闲或等待的场所。入口处所铺的地砖也是邦巴斯艺术馆所使用的地砖，这种极具历史感的建筑材料串联起了古今，让顾客有种徜徉在时空隧道的感觉，体现出设计者从用餐前就为顾客营造出舒适贴心的氛围。另一个次入口则位于由10张相同的艺术照片组成的一个长廊（见图3-48），置身其中，顾客能够体会到扑面而来的现代气息。在进入餐厅的路上，顾客可以感受到隐隐照射进来的自然光，明亮而不刺眼，给客人带来一丝舒服的感觉。

进入就餐区，美洲胡桃木则构成了这片空间的主基调，与褐色的墙砖交相辉映，为餐厅的内部空间增添了一分质感。墙砖旁边的栅格也是

图3-48　餐厅次入口处

图片来源：用纯粹传递无限感官体验，瓦伦西亚里卡餐厅。https://m.enterdesk.com/bizhi/3854.html。

以胡桃木为建材，因为桃木不仅为餐厅内部打造出一种变幻的空间感，还能起到减少噪声的功效。设计师根据所想要突显的墙砖来安排栅格的位置。阳光把栅格的影子投射在墙砖上，形成了光与影交错的视觉冲击，将设计在视觉上的艺术和美感发挥到了极致（见图3-49）。具有工业风格的混凝土地面和木材的混合使用让视觉呈现效果更加柔和，而色彩的搭配也处处显示着设计师对细节的精细琢磨。例如，餐厅大堂的桌子上选用的桌布是棕灰色系，与胡桃木的浅棕色互相呼应；浅灰色的座椅低调优雅，与桌布和周围的环境浑然一体。

自然光的引入则使顾客的注意力自然而然地集中到食物上。偌大的大堂只布局了极少的餐桌，且每桌之间都保持了一定的距离（见图3-50），这不仅保证了服务质量，还能在无形中提升顾客的用餐体验。简而言之，在就餐区，从整体到细节，无不体现着设计者的智慧。

在包厢内（见图3-51），处处都弥漫着低调而奢华的气质。黑底白纹的大理石墙面和木制的书柜，配以极简风的白色座椅，充分显现出包厢的内涵，提升了顾客的用餐体验。此外，隐藏在桃木天花板里面的照明系统可以在需要的时候为圆形餐桌提供照明。为了与这项设计形成呼

第三章 城市更新全球典型案例分析 | *181*

图3-49 栅格形成的光和影

图片来源：用纯粹传递无限感官体验，瓦伦西亚里卡餐厅。https://m.enterdesk.com/bizhi/3854.html。

图3-50 餐厅大堂内景

图片来源：荒废工业区大翻新，变高档餐厅！http://www.sohu.com/a/191338693_775227。

图3-51 餐厅包厢

图片来源：瓦伦西亚·邦巴斯 I 顶级艺术餐厅。https://www.shejiben.com/sjs/8422833/case-3671035-1.html。

应，设计师并没有在天花板安装很多吊灯，其余装饰性的灯具也被安置到了餐区边缘处。

五、定制灯具，彰显光的艺术

在家具和装饰物的品牌选择方面，设计师也是根据餐厅的主基调和整体风格来进行搭配。其中，家具以西班牙领先家具制造商精度（Kendo）为主，灯具则是以西班牙精致品牌桑塔科尔（Santa & Cole）和意大利高端品牌路易斯鲍尔森（Louis Poulsen）为主。精度一直以大胆创新和独特设计而出名，它可以为餐厅打造出量身定制的家具，使家具与室内的整体设计更加浑然一体。而对路易斯鲍尔森来说，"功能追随形式"是它100多年来一直坚持的设计理念。这个品牌的灯具在外观和功能上都立足于自然光，做光线的重塑者，弥补了欧洲大陆冬季光照时间短的缺憾。此外，该品牌在餐厅内所配置的灯具更是以其简单质朴的造型为餐厅的整体视觉美感锦上添花（见3-52）。

图3-52 餐厅一角的灯具

图片来源：瓦伦西亚·邦巴斯 I 顶级艺术餐厅。https://www.shejiben.com/sjs/8422833/case-3671035-1.html。

在夜间，碟形的吊灯散发出柔和的光线，营造出朦胧的美感。在灯光下，浪漫的用餐氛围为精美的食物锦上添花，使餐厅成为情侣约会和商务宴请的绝佳场所。

六、特色酒吧，传递美食理念

餐厅内另一个别具一格的地方是酒吧（见图3-53）。酒吧是一个三角形的区域，位置处于原工厂顶楼的棚顶下，最高处有8米，最多可以容纳二十几人。它的内部装饰均采用Stonehegen公司设计的名为莎士比亚灰（Pietra Grey）的石材。酒吧被充分裸露的围墙和木制的窗户包围起来，它的设计呼应了里卡德·卡玛雷纳所传达的美食理念：纯粹，不复杂，但却传递出无限的感官体验。易于解读的空间往往也蕴藏着很多的惊喜。

图3-53 餐厅内的酒吧

图片来源：瓦伦西亚·邦巴斯丨顶级艺术餐厅。https://www.shejiben.com/sjs/8422833/case-3671035-1.html。

七、古为今用，世纪传奇

邦巴斯工厂改造项目以尊重和修缮为前提，通过古时建筑今时用，实现了新旧交融，让原本与当今社会格格不入的工业建筑焕发崭新的生机。邦巴斯工厂从工业革命时期的辉煌到被世界遗忘，现已经华丽转身成为艺术展廊与米其林餐厅的结合体。更重要的是，改造项目充分利用了光和影交错的效果，以及传统的与现代的建筑材料的完美搭配，使游客无论是在艺术馆里参观时，还是在餐厅用餐时，都可以体会到视觉的享受。这种对工业革命时代记忆的包容和延续，对商业和艺术元素的融合与重塑，共同成就了邦巴斯艺术馆和里卡餐厅今天的非凡。

作为瓦伦西亚最值得参观的旅游景点之一，邦巴斯艺术馆赋予了瓦伦西亚这个城市更多的文化底蕴。从此，瓦伦西亚逐渐从死板过时的工业城市转变成为充满艺术情调的旅游城市。邦巴斯艺术馆从各个方面进一步带动城市服务业、餐饮业、金融业及其他第三产业的发展，促进整个城市的升级和转型。更重要的是，瓦伦西亚市可以以艺术馆和餐厅为窗口，推动这座城市走向世界。

综上所述，城市更新在当今的社会背景下早已不是简单的推倒重建，也不是对老建筑进行单纯的外观上的美化，而是把老建筑作为一国传统文化的物质载体，并对其注入新的功能，使得充满沧桑感的老建筑与城市的定位结合起来，充分显示出城市独有的价值。这种城市更新既可以为社会带来不可小觑的经济效益，又可以提升城市的形象和国际知名度，从而对该城市甚至是它所在的国家产生深远影响。

第八节
伦敦泰特现代艺术馆有机融合当代创意

伦敦泰特现代艺术馆的改造项目有机地将历史与当代创意结合起来，是一个经典的城市更新案例，在保护现有建筑内涵的基础上，创意地融入现代艺术元素，实现了历史、工业和现代美感的完美结合。泰特现代艺术馆现已成为伦敦最有名的地标之一（见图3-54）。

图3-54 伦敦泰特现代艺术馆

图片来源：泰特美术馆对艺术市场产生的效应。https://m.baidu.com/tc?from=bd_graph_mm_tc&srd=1&dict=20&src=http%3A%2F%2Fnews.artintern.net%2Fhtml.php%3Fid%3D28677&sec=1553752116&di=87e1357639ccc537。

一、艺术馆的前身

伦敦泰特现代艺术馆的前身是一个私人拥有的河岸热能发电厂,始建于 1947 年,竣工于 1963 年,由建筑师贾尔斯·古尔伯特·斯科特爵士设计而成。厂房位于伦敦泰晤士河南岸,占地 200 平方米,通过千禧桥连接着北岸的圣保罗大教堂。工厂的内外结构皆由斯科特设计。从外部看,工厂就像是个扁平的盒子,高高的烟囱耸立在建筑的中心位置;从内部看,钢筋组成了支架,搭建起工厂的整体框架。无论从哪个角度来看,工厂的形状和色调都充满着浓厚的第二次工业革命时期的色彩。1981 年,该发电厂被废弃,失去了它原本的功能,但它依然不动声色地矗立在河岸边,诉说着伦敦几百年来工业化的发展历程。

二、从废弃电厂到现代艺术馆

1994 年 4 月,泰特艺术馆的董事会开始寻求新的场地,以满足日益增多的收藏和展品的需求。河岸热能发电厂凭借其得天独厚的地理优势、独一无二的内部结构和具有时代感的建筑外观成功入选,成了艺术馆新场馆的最佳选址,也是泰特艺术馆在英国的第四个场馆。董事会将改造后的艺术馆命名为泰特现代艺术馆。同年 7 月,英国政府出巨资买下发电厂的所有权,并在世界范围内征求改建方案。许多知名的建筑公司和建筑师都参加了竞标,包括日本设计师安藤忠雄、意大利建筑师皮亚诺等。最终,瑞士设计师雅克·赫尔佐格和皮埃尔·德·梅隆的改造方案被采纳(见图 3–55),他们也因此在 2001 年获得建筑界的最高荣誉——普利兹克奖。

三、置换功能,创意布局

设计师们以尊重原建筑为原则,在保留原发电厂外观的基础上,实现了功能的置换。在他们的改造计划里,美术馆的入口位于建筑的西侧,

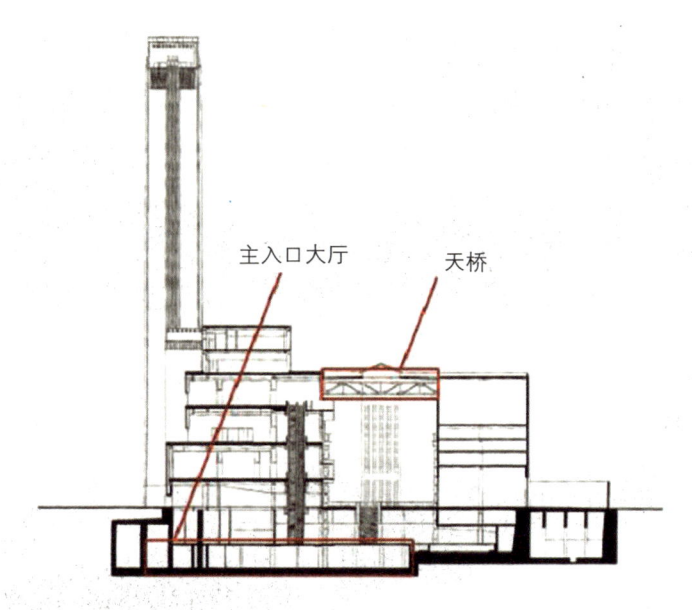

图 3-55 改造后的艺术馆手稿

图片来源：泰特现代美术馆。http://blog.sina.cn/dpool/blog/s/blog_4de57fcf010009uo.html。

由原工厂的一个侧门改造而成。这样的设计布局可以分流观众，使他们不会大量集聚在建筑正前面的广场上，从而让场馆周围的空间显得更加井然有序。出口则设置在中央烟囱的正下方，这样布局的目的是让参观完毕的观众可以来到河岸边的中央广场上漫步，远眺圣保罗大教堂，增强参观艺术馆的整体体验感（见3-56）。

艺术馆内部被分为 7 层。其中占据 5 层楼高且占地 3 400 平方米的原发电厂涡轮车间，被设计成为艺术馆的中央大厅和主要展览场所（见图 3-57），这里既可以展出大型雕塑艺术品，又可以举行中型规模的聚会，还可以承担一定的集散地功能。这里曾举行过许多轰动业界的展览，如 2016 年法国艺术家菲利普·帕雷诺举办的《无论何时》主题展览，以及 2015 年墨西哥艺术家亚伯拉罕·克鲁兹威利戈斯为涡轮大厅专门创作的泥土艺术装置《虚无之众》，后者也是艺术馆与其艺术投资伙伴韩国现代汽车艺术基金会合作第一次展览。

图3-56 艺术馆出口的中央广场

图片来源：泰特现代美术馆。http://blog.sina.cn/dpool/blog/s/blog_4de57fcf010009uo.html。

图3-57 艺术馆主展厅

图片来源：泰特现代美术馆。http://blog.sina.cn/dpool/blog/s/blog_4de57fcf010009uo.html。

从主展厅可坐电梯直接到达主楼顶部，在那里，设计师们加盖了两层高的玻璃盒子。现代化的玻璃墙和古老的红褐色砖头交相辉映，巧妙地将历史感和当代美感融合在一起，简洁而流畅（见图3-58）。玻璃盒子的设计不仅可以为艺术馆带来充足的光线，还可以作为休息的场所，方便观众在感到疲劳时于此处小憩，观赏伦敦河景。此创意有机地将当代新功能融入工业革命时期的建筑中，为历史建筑注入了崭新的活力。在主展馆五楼的高度修建了一条空中人行道，横跨整个艺术馆上空，穿越了若干个场馆里的关键区域，连接起许多被分隔开的展览区。这种在空中建造交通通道的方法充分利用了广阔的空中空间，从各个角度带给人不一的视觉美感。

在标志性的烟囱的顶部，建筑师们选择用薄板建造一个半透明的玻璃屋顶。每当夜幕降临，亮色的光芒都会从烟囱里面投射出来，照亮红褐色的砖墙。这道风景被称为"瑞士之光"（见图3-59）。在它的光芒

图3-58　顶楼的玻璃盒子

图片来源：英国泰特现代美术馆旅游商品研究。http://blog.sina.cn/dpool/blog/s/blog_b28325310102v4w1.html。

图3-59　远眺"瑞士之光"

图片来源：伦敦泰特现代艺术馆。https://m.baidu.com/tc?from=bd_graph_mm_tc&srd=1&dict=20&src=http%3A%2F%2Farchcy.com%2Ffocus%2Fmuseums%2F58c9284a242e9fac&sec=1553752736&di=f50f3b25879a2c8d。

的照耀下，场馆就像披上了一件闪亮而华美的外衣，此景也成为伦敦最具有标志性的一处夜景。

在建筑的南部，游客可以通过一条新的通道从美术馆内部横跨泰晤士河，最终到达河对岸的广场。

四、创意采光，锦上添花

在保留建筑原貌的同时，设计师们将创意元素贯穿在场馆内部的诸多细节里面。在光照方面，主展厅内设置了一个自然采光系统（见图3-60），目的是从艺术馆顶部引入自然光；为了使光照强度可以根据外界条件而调节，主展厅还配制了自动百叶窗遮阳系统。此外，考虑到伦敦夏季日照时间较长，为了保证每日闭馆后所展出的作品不再暴露于日光下，所有的窗户都设有"黑窗"装置。也就是说，所有窗户都会在闭馆后被调成透光的黑色。

第三章 城市更新全球典型案例分析 | *191*

图 3-60 自然采光系统

图片来源：Topshop 设置虚拟天桥的体验。https://m.baidu.com/tc?from=bd_graph_mm_tc&srd=1&dict=20&src=http%3A%2F%2Fwww.ckia.org%2Farticle_1432.html&sec=1553753127&di=0d2c5da024129b13。

在除主展厅以外的分区展馆里，不同的控制回路能够控制不同色温的灯具（见图 3-61）。这样设计是为了让各个展区的灯光强度可以随该展区展品的特征而变化。如此灵活多变且富有创意的照明体系，充分迎合了展览品日益多样性的趋势和需求。更值得注意的是，设计师把展厅里面具有照明功效的灯箱和轨道射灯结合在一起，其中，灯箱玻璃前盖的设计借鉴了门的开合动作，使得工人无须取下灯箱就能完成换灯等维修工作。

五、重生之后，华丽绽放

改造工程从 1995 年正式开始，结束于 2000 年 1 月，合计花费超过

图 3-61　其他展区灯光效果

图片来源：Topshop 设置虚拟天桥的体验。https://m.baidu.com/tc?from=bd_graph_mm_tc&srd=1&dict=20&src=http%3A%2F%2Fwww.ckia.org%2Farticle_1432.html&sec=1553753127&di=0d2c5da024129b13。

1.34 亿英镑。2000 年 5 月，改造后的泰特现代艺术馆正式向公众开放。在开放后的第一年里，艺术馆就吸引了大约 525 万世界各地的游客前来参观，超过其他三个已有的泰特艺术馆在同一年的客流量，并远远超过之前预测的 180 万的客流量。时至今日，泰特现代艺术馆已经成了伦敦最著名的人文景点之一，它凭借源远流长的历史、独具特色的风格和富有韵味的内涵，每年都为伦敦带来超过 1 亿英镑的收入。

六、再度升级，举世瞩目

2004 年，泰特艺术馆的董事会开始了新一轮扩建的筹备工作，以满足连年增长并远超预期的客流量的需要，但是扩建计划最大的阻碍就是资金上的短缺。《建筑师日报》曾报道称："2012 年最初的项目成本估计为 2.15 亿英镑，现在则上升到 2.6 亿英镑。"由于募集款项的速度远低于预期,所以新场馆一直从 2012 年拖到 2016 年 6 月才正式对外开放。

被誉为"泰特现代艺术馆 2"的新馆位于原建筑的南面,共 10 层楼高,由雅克·赫尔佐格和皮埃尔·德·梅隆再次担任设计师。完工之后,场馆的面积预计增加至 5 000 平方米,是原来面积的两倍,展馆内的结构也会显得更加有层次。其中,主展厅最下面一层将继续被当作最大的展出空间;中间三层将会展出 20 世纪 60 年代以后的当代大师的作品,以及 70 年代的影像作品;四层则会献给罗尼·虹的四色"玻璃墩"和戴维·梅德拉的油画作品等。在五楼处,有一个适合 5~12 岁儿童参观的儿童艺术展廊(见图 3-62)。在那里,展品的主题是"激发儿童的灵感",展览氛围也非常有助于激发年轻人对艺术的认知。随着展览空间的扩大,馆内展品将会反映更多的关于当代艺术的变化趋势,尤其是艺术与科技的交融。此外,更多的女性艺术家及非欧美裔的艺术家的作品将会被吸纳到展馆内,因此展览作品的主题也会变得更加具有包容性、多元化和国际化。

图 3-62　儿童艺术展廊

图片来源:Art Gallery space. https://www.tate.org.uk/about-us/projects/tate-mordern-project/art。

七、放眼未来，影响深远

泰特现代艺术馆始于艺术，却不限于艺术本身。它所能提供的，不只是一个让各国艺术家的心血集聚于此的平台，更多的是，它能加强泰特现代艺术馆的品牌对各国艺术品的渗透，不断吸引收藏家和艺术家加入艺术馆的委员会，不断提高泰特的国际知名度。未来，委员会的成员将和来自不同国家的策展人一起，开展团体性质的艺术旅行，深入地了解不同地区艺术的发展情况，把更多精彩的新艺术品带到伦敦展览。这样富有创意的行为为世界范围内的文化交流提供了新的渠道。与此同时，跨国的文化交流活动更是为伦敦的生产、投资和消费创造了更多的空间，为伦敦在各个领域未来的发展提供了更多宝贵的机会。

除此之外，泰特现代艺术馆还计划发展成为21世纪著名展会的领先者，让伦敦变得更加艺术化和现代化。作为英国访问量最大的国家文化展览场所，泰特现代艺术馆的存在使得艺术气质与金融和商业气息相互融合，共同塑造着伦敦这个国际化大都市，提升了它的包容性和宜居性，增强了它的吸引力。

泰特现代艺术馆时刻传播着创新精神，为伦敦的城市更新创造契机。以尊重原建筑的内涵和底蕴为基础，泰特现代艺术馆的改造不仅仅为死气沉沉的工厂注入了崭新的活力，使萧瑟阴暗的区域华丽转身成为游客最热爱的景点之一；还将创意的理念通过展会的形式传播到了世界各地，使五湖四海的艺术爱好者都能体会到伦敦的创新精神和艺术的高度。与此同时，通过这一再利用工业遗迹的创举，伦敦市政府也可以充分抓住此次机会，推动城市更新的进程，为其他地区和国家的旧改工程提供标杆性的参考方案。

第九节
新加坡浮尔顿酒店的经典升级

新加坡浮尔顿大厦改造项目是一个围绕着对物业升级和改造的经典项目，在保护历史建筑的同时引入现实元素，做到了历史和现代的一脉相承，充分融合。

浮尔顿大厦始建于1924年，其名字由第一任海峡殖民地总督罗伯特·浮尔顿得来，最初的修建目的是纪念英国殖民新加坡100周年。它的风格属于新古典主义，从外观来看，大厦由五个不同方位的门面组成，每一个都由多立克柱支撑（见图3-63）；地基单元为中空的筏式。内部华丽的古典装饰则由瑞士雕塑家鲁多夫·文宁和意大利雕塑家卡瓦利·鲁多夫·诺里设计。

图3-63 浮尔顿大厦外观

图片来源：13地标古迹活化留住狮城回忆. http://www.takungpao.com.hk/international/text/2018/0416/159004.html。

1928 年，在大厦首次开放后两周，新加坡邮政总局作为主要租户正式入驻大厦，并占据较低的两层楼，用作邮政大厅、办公室和整理室。大楼中的邮筒可直接把信件由带式运输机送往地下室，并派送到整理室中。地下室位于浮尔顿路下的行人隧道，一直连接到码头。邮局拥有现代化的设施：14 部电梯和自动邮件分拣设备。此外，交易中心、海运部、贸易部以及一些商会都承租了大厦的部分楼层。一时间，大厦成了各政府部门和企业的办公地。在第二次世界大战的英日交战时期，大厦曾被用作临时医院。20 世纪 70 年代，大厦成了新加坡税务署的总部大楼。

一、从行政设施到高档酒店

不同的国家在不同的历史时期，都会根据社会的需求对城市的部分区域进行改造，从而带动这一地区的复兴和繁荣。1985 年，新加坡公共工程局开始主导大厦内部的改建工程。1996 年，新加坡政府宣布了将浮尔顿大厦改造成为高档酒店的计划。

次年，香港信和置业有限公司竞得改造权，改造工程正式拉开序幕。新加坡市区重建局首先把大厦列入文化遗产的保护计划中，并聘请著名设计公司赫希贝德纳联合设计顾问公司（HBA）来设计酒店房间，以文物的形式传承保护。最终，改造工程由 61 位建筑师，众多香港顾问参与，耗时 3 年，花费约 3 亿新加坡元，于 2000 年年底竣工。2001 年 1 月 1 日，浮尔顿酒店正式宣布开业。除此之外，信和置业还建造了坐落在浮尔顿路对面的综合性商业大厦——一号浮尔顿。

二、功能的改造

在大楼翻新的过程中，浮尔顿酒店业主方买下了位于居民区和中心商务区的三明治状地带及海边场所。宾客可以通过一个装有空调的人行道走到浮尔顿历史街区。这个街区由一组面向大海的历史建筑群组成，经改造后成为酒店的餐饮和休闲区（见图 3-64）。在这群历史建筑物里

图3-64　自海湾眺望浮尔顿酒店及旁边的历史建筑群

图片来源：新加坡商务中心区"精品"五星级浮尔顿酒店。http://bbs.zhulong.com/101030_group_3000039/detail19199833/p1.html?louzhu=0。

面，有一座哥列码头，现已被改造成为一家豪华的海景餐厅，穿过它可到达浮尔顿海湾酒店。这一路上，游客会有种从古代穿越到现代的感觉，从内心深处产生与历史的共鸣。

为了使具有历史意义的浮尔顿大厦能够始终保持可见性——不管是从滨海湾还是马路上，市建局提出了一个要求：浮尔顿一号马路对面的建筑物的高度不得高于一定标准。这确保了入住酒店的客人能够无障碍地欣赏新加坡的海滨风景，饱览城市天际线。如今，坐落于景色如画的新加坡河与滨海湾沿岸，酒店将瑰丽的建筑、历史文化、现代风格、个性化服务和精致装饰完美融合，已经成为新加坡最璀璨的一景。酒店位于市中心，紧邻城市的艺术娱乐区，交通极其发达：巴士站、地铁站距离酒店仅有几分钟的步行路程，宾客可乘坐地铁到达诸多景点。此外，新加坡樟宜国际机场也在驾车半小时的范围内，极大地便利了海外游客的抵达和出行。

基于五星级酒店的定位,在保护大厦外观的同时,建筑师在大厦内部进行了多种创意的融合,重塑内部形象,使大厦的价值得到提升。比如,酒店的四层是原第二次世界大战时期新加坡总督与英国军方商谈的地方,设计师保留了这个完整的空间,将其变成了风格独特的休息室,不仅可以为宾客提供暂时的休息场所,还可以展出记录着大厦历史的照片,让宾客处处都能体会到酒店悠久的历史和文化底蕴。每个酒店的房间上方皆为呈桶拱形状的方格天花板,这种独一无二的设计在大厦建立之初就出现在大厦里面,至今已有近百年的历史。再加上20世纪20年代就在街头矗立的两个红色邮筒,共同诉说着酒店在一个世纪里的传奇经历。

在空调出现前,浮尔顿大厦通过通风竖井等建筑装置进行自然通风,此为新加坡最大及最后一例的该类建筑。随着空调的普及,空气井已经废弃。两列平行的客房,一列面朝向海港和商业中心区聚集的高楼大厦,另一列靠内的房间则可看到酒店最中心的庭院(见图3-65)。曾经的政

图3-65 浮尔顿酒店中心庭院

图片来源:https://meanwhileinlongfield.com/2014/12/page/2/。

府办公地已经成为亚洲乃至全世界负有盛名的豪华酒店，功能的改造和升级也使得该改造工程成了城市更新和文物保护完美融合的例子。

三、重塑内部结构

除了对酒店内部进行景观的创意设计和功能改造以外，加固横梁和立柱也成了浮尔顿大厦改造工程中不可分割的一个环节。

由于新加坡河的河水已经渗入一些地基桩，淹没了部分的旧地下室，所以即使绝大多数筏式地基都维持着良好的状态，新的带有防水设施的预制混凝土平台也需要被重新建于地基桩上。对此，工程队安装了 5 排水泵集合，与不断渗入的河水相抗衡。此外，桩型支柱建筑也被放置于该平台上。

四、有机改造，让文化古迹起承转合，错落有致

在建筑改造的过程中，浮尔顿街区最具代表性的功能得以修缮和传承。比如，负责协调保护工作的城市建设局强调该建筑的新业主必须维护建筑的部分特色，让建筑真实地记录和呈现历史的变迁。改造涉及方方面面，其中包括位于旧浮尔顿大厦地下的画廊。画廊经过物业性质的转变和功能升级已成为浪漫瑰丽的酒吧、餐厅及酒店大堂；而艺术功能则继承给了酒店新建的艺术展厅——浮尔顿天地美术馆。

历史长河在天地美术馆里得以真实地呈现。美术馆保留着众多边角泛黄的老照片、往来的信件乃至邮局使用的工具等。管中窥豹，人们可以凭此想象当年邮政总局繁忙的业务场景（见图 3-66）。两个来自 20 世纪 20 年代新加坡街头的红色邮筒和由新加坡第一任总统亲手埋下的奠基石，更是天地美术馆里身披厚重历史意义的重要展品，通过酒店展示给新加坡新生代居民及来自五湖四海的游客。参观者既可以在此了解到 1972 年狮身鱼尾像在新加坡河岸落成时的情景，又可以了解 20 世纪 30 年代人们是如何在狮城的红灯码头拼搏奋斗、建功立业的。

图3-66　浮尔顿大厦邮政总局繁忙的业务场景

图片来源：关于富乐顿大厦的7件事。https://www.straitstimes.com/singapore/7-things-about-the-fullerton-building-now-a-singapore-national-monument。

五、古迹修缮不忘人文情怀

在装潢上，浮尔顿酒店尽可能地维持了建筑原本的特征。新古典主义立柱、拱形格子天花板、水刷石头制嵌板等精美装潢皆以最原始的姿态装点着浮尔顿酒店。原浮尔顿大厦的海峡俱乐部台球室也同样被细心地呵护着：古旧的木镶板虽然已被拆除，但是复古的装修设计仍然在翻新后的建筑里可见一斑；原本用作邮件传输的隧道也保留了其颇有历史韵味的装潢。于1958年安装的浮尔顿灯塔依旧矗立在建筑的顶端，作为一座古老的旋转型灯塔，其光照度达到540坎德拉，可视距离高达29千米。就像几十年前一样，它依然引导着到港船舶的方向。

六、古今结合，共建新时代特色

从近代的邮政大楼，到21世纪举世瞩目的酒店，浮尔顿大厦的物业升级改造可谓现代城市更新的模范。在物业升级改造期间，浮尔顿酒店除了对周边社区提供配套性的规划建设之外，更加重视对原有历史文化的保护和宣传，使得浮尔顿酒店成为文化传承的典范。2001年7月，在浮尔顿酒店开业半年后，新加坡市重建局向其颁发了建筑遗产奖。在随后几年中，酒店荣获了多个旅游奖项。

2015年12月7日，新加坡国家文物局将浮尔顿酒店列选为新加坡第71个国家文物，并为庆祝新加坡的金禧纪念日制作了一系列公报。

新加坡遗址和国家文物的部门主任黄女士说："浮尔顿大厦（现浮尔顿酒店）是新加坡最具标志性的殖民建筑之一。自20世纪20年代以来，它就矗立在新加坡河口，描画着新加坡天际线。宏伟的外观和动人的建筑不足以诠释它所蕴含的无限回忆——我国多年的发展历程。从前邮政总局到政府办公室，它发挥了多种功能，见证着我们经历的动荡时期以及我们建国的进程。在我们庆祝新加坡的金禧纪念日之际，我们也看见了国土上留下了的历史痕迹，同时给予那些具有国家级意义的文物以最高形式的保护和传承。2015年，浮尔顿大厦，连同裕廊市政厅和甘榜格南被公报为国家文物。此举除了增添了建筑的多样性外，更重要的是，为我们未来数代的后人提供了更多层次的文化遗产。"

由此可见，在城市更新的过程中，对于具有物业改造需求的建筑，地方政府和开发商应顺应当前城市发展的潮流趋势，重点挖掘建筑的人文价值，谨慎考量建筑所在地的文化历史价值，拒绝对原建筑功能的粗暴摒弃，将新建设的目标物业与有文化代表意义的原始物业有选择性地结合起来，建设有中国特色的新城市。

第四章

国内城市更新的实践与探索

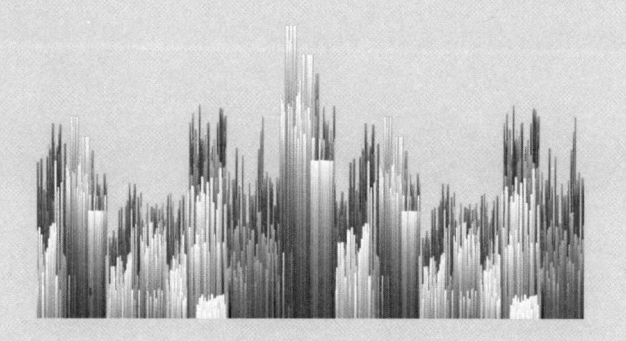

中国的城市发展速度之快虽然超乎想象，但早已开始的城市"衰老"却使得"城市病"越来越严重。如何让当前的城市发挥新的作用或带来新的价值？如何通过城市更新焕发城市活力，为城市带来发展新机遇？这不仅需要政府充分发挥引导和推动作用，也需要动员包括房地产开发商、运营商、服务商、金融机构和社区等众多社会力量的广泛参与，共同推动城市更新的发展。

在这个过程中，我国涌现了一批在城市更新领域卓有声誉的先行企业，它们一路探索并推动着城市更新的发展。作为最早进入城市更新领域的房地产企业之一，佳兆业早在1999年就以深圳"桂芳园"项目的烂尾更新一战成名。此后，佳兆业便将城市更新作为自身的重要战略性业务并进军全国市场，城市更新业务遍及深圳、广州、北京和上海等全国主要城市，其业务涵盖了旧工厂、烂尾楼、旧城区和旧村落等城市更新的所有领域。

凭借19年来的沉淀和积累，佳兆业的城市更新业务已形成了一套包括规划设计、商务谈判、合作模式、拆迁回迁、开发建设和运营服务等方面的成熟运作模式，拥有近600名精通规划设计、法律法规和商业谈判等专业的旧改人才。佳兆业成功打造了包括深圳佳兆业中心、深圳佳兆业城市广场、深圳大鹏佳兆业广场、深圳佳兆业大都汇、广州中石化大厦、珠海佳兆业水岸华都等众多经典案例，均实现了"回迁百分百，满意百分百"，受到各界广泛好评。佳兆业由此在业界赢得了"城市更新专家"的美誉。

随着城市更新的大潮开启，在全行业热切关注城市更新的背景下，本章将特别挑选几个佳兆业已经完成或即将实施的城市更新案例，从项目的前期概况、实施路径及独特价值等维度进行分析，希望以此抛砖引玉，推动中国城市更新事业不断前进，为中国新型城市化提供建设性的力量，并持续探索和引领中国城市更新的下一步走向。

第一节
深圳坂田城市广场都市综合体的转身

位于深圳市龙岗区坂雪岗科技城核心区域的佳兆业城市广场项目，是一个实现从百万纯居大盘到全业态城市综合体飞跃的经典案例。如今的佳兆业城市广场，已经被打造成功能完善的一站式家庭时尚生活综合体，同时也是以高新技术为主导的城市复合型功能区的重要组成部分，堪称深圳城市更新项目的典范。

一、契机独特，改造工程万事俱备

坂雪岗科技城位于坂田街道，地处深圳市中北部、龙岗区西部，由清平高速、布龙公路、梅观高速和机荷高速围合而成，总占地面积约22.18平方千米。该片区以华为总部为依托，聚集了神舟电脑、跨国公司埃哲森和世界最大认证机构瑞士SGS集团等10多家国内外知名企业，是深圳市高新技术产业带的重要组成部分。

作为龙岗区的经济重镇，坂田街道虽然只占龙岗面积的7.4%，但GDP贡献却占整个龙岗区的70%，对整个区域的经济腾飞起着关键作用，占据着举足轻重的地位。自2013年被纳入全市首批重点开发建设区以来，坂雪岗科技城按照"一年全面启动，三年形成规模，八年基本建成"的开发目标，以城市更新、高端产业和基础设施为抓手，充分发挥政府投资的引领和带动作用，同时极大地调动社会资金的投资积极性，多措并举促进高质量的有效投资。该地区打造的面积达32.78平方千米的世界级科技CBD，已位居深圳市"十三五"规划的六个重大产业平台之首。

位于坂雪岗科技城核心区的宝吉工艺品（深圳）有限公司（以下简称宝吉厂，见图4-1）曾经是全球最大的圣诞树生产厂家。作为深圳早

图4-1 宝吉厂旧貌

期的外商投资企业，宝吉厂在改革开放初期为深圳的经济发展做出了巨大的贡献。随着2008年全球性金融危机的爆发，加工制造业产品出口滞销，宝吉厂不得不开始减产、停产，最终濒临破产。更糟糕的是，企业与工人的劳资纠纷让它陷入了更加严峻的困境，也威胁到了社会的稳定。在此关键时刻，佳兆业集团主动请缨，协助政府处理劳资纠纷，主动承担了宝吉厂的债权债务关系，收购了宝吉厂，并随后启动对该厂的更新改造工程。

二、倒闭工厂实现华丽蜕变

宝吉厂的成功改造，得益于广东省"三旧"改造政策和2009年年底《深圳市城市更新办法》的出台。2011年1月，宝吉厂城市更新项目获得深圳市龙岗区人民政府的批准，区政府为此下发了《关于宝吉工业区（华为片区GX03更新单元西片）专项规划审查意见的函》。2011年3月，该项目被列入了深圳市"十二五"规划60个重点工程项目之一。

宝吉厂城市更新项目拆迁面积约 336 000 平方米。2011 年 9 月，佳兆业完成项目范围内的搬迁和拆迁谈判，并全部签订《搬迁补偿协议书》。佳兆业将回迁安置房的施工和交付视为重中之重，设立回迁安置房建设监管资金专账，用于回迁安置房的建设；同时监管资金专账总额为核定的回迁安置房工程造价预算总额。为了体现对该项目的重视，佳兆业更是将回迁安置房安排在项目首期施工建设，并与其他建筑同时竣工和交付使用。2012 年 12 月，所有回迁户都完成了选房。

后期，随着整个项目的实施，宝吉厂地块也将在之前的老旧工厂的基础上实现质的飞跃，变身为一个具备全业态的高品质城市综合体项目，为这一区域的人居品质提升开创一个新的局面（见图 4-2）。

图 4-2　佳兆业城市广场的规划图

三、多点把控保障回迁工作实施

在整个项目的城市更新过程中，佳兆业从意愿征集开始就考虑回迁户型、回迁位置和安置资金等保障措施，全程考虑回迁居民的需求。在意愿征集阶段，佳兆业开发团队根据现场物业面积及数量情况，从居住、租赁和销售等不同用途的角度设计了多种户型，供回迁居民选择，同时将回迁居民的其他诉求一并体现在后期的规划设计中；在方案设计阶段，佳兆业充分征求回迁居民的意见，确保回迁安置住宅与回迁户的需求保持一致；在资金安排上，佳兆业设定专项监管资金，优先保障回迁居民的安置需求；而在回迁房建设方面，为了体现对该项目的重视，佳兆业更是将回迁安置房排在项目首期施工建设，并与其他建筑同时竣工和交付使用。

四、业态多元化助推区域品质提升

在业态多元化方面，项目以"工改工"为主，把旧工业区更新为集办公、酒店、商业和居住等于一体的多功能区（见图4-3）。随着宝吉厂项目一期回迁安置房及商品房施工的不断进行，这个几经波折的旧厂房开始以崭新的姿态呈现在世人面前，也就是现在的佳兆业城市广场。整个广

图4-3 佳兆业城市广场的业态多元化

场项目分为六期开发，占地面积共 30 万平方米，建筑面积约 180 万平方米。项目一至三期的产品为 70 年产权纯居住的住宅和沿街商业，四期为保障房，五期及未来综合体地块规划集住宅、商务公寓、大型商业 MALL（购物中心）、学校、五星级酒店和超甲级写字楼于一身。作为百万体量的大型综合体，佳兆业城市广场无疑是深圳市高新技术产业带的重要组成部分。

五、精品设计改善人居环境

佳兆业城市广场通过简约的线条，错落式的设计及高档石材的运用，打造出经典的 Art Deco（艺术装饰）风格，使建筑呈现高耸挺拔的态势（见图 4-4）。这与其整体沉稳而低调的色彩相得益彰，既显示出城市广场高端的定位，又在一定程度上消除了距离感。

Art Deco 被译作艺术装饰风格或摩登风格，来自 19 世纪末的 Art Nouveau（新艺术）运动。这一建筑风格起源于 1925 年在法国巴黎举办

图 4-4　Art Deco 风格的佳兆业城市广场

的第一届"艺术装饰与现代工业博览会"的临时展馆——以严明的轮廓、几何的形体、阶梯状的造型和新材料的运用为特点，典型的建筑是美国纽约曼哈顿的克莱斯勒大楼（Chrysler Building）和帝国大厦（Empire State Building）。特别值得注意的是，佳兆业城市广场建筑面简洁大气，设计错落有致。公寓采用中空玻璃幕墙，打造出时尚的外观；而住宅建筑则采用了现代风情与古典优雅相互融合的造型，塑造出高品质住宅的形象。公寓与住宅相互协调，相映成趣。

园林景观部分（见图4-5）则由世界顶级的设计公司香港贝尔高林（Belt Colins）设计。贝尔高林作为深港地区豪宅园林的设计专家，至今已经成功打造了香港数码港、天玺、迪士尼酒店等经典的园林景观。它以典型的现代中式造园手法，搭配互动艺术小景，为城市广场建造堪比别墅品质的园林美景。此外，开发商耗巨资营造水系园林景观，让喷泉和小河等穿插在绿意盎然的园景中，多种名贵的植被遍布园林各处；既细致又人性化的灯光设计体现了开发商以人为本、住户至上的理念。

在城市广场方圆4千米内有多个旅游景区，形成了"4公园+1小镇"

图4-5　佳兆业城市广场园林设计效果图

的布局，使居民的人均生态资源远远超过福田和罗湖两区的人均拥有量，也为居民闲暇时间的休闲放松提供了绝妙的选择。比如，作为东进战略的十大公园之一，托坑水库郊野公园位于城市广场东南约两千米处，那里山清水秀，景色优美，堪称人间仙境；而位于城市广场东面约4千米处的甘坑客家小镇更是国家5A级景区。如此天赐的周边环境可以使居民在享受都市繁华的同时，亲近自然，返璞归真，畅享健康的都市生活。

六、完善配套助推产城融合发展

近年来，坂雪岗科技城以产城融合为发展主线，以建设现代化的复合型国际新城区为目标，抢抓机遇，大胆创新，所付出的努力均取得了显著成效。高速发展所带来的高素质外来人才的涌入，使得该片区的常住人口急剧增加，由此产生了按人口比例配置的公共配套设施紧缺的问题，制约着坂雪岗科技城进一步的扩张和繁荣。此外，这片区域过去以村落为主的居住形式及其村镇标准的低端公共服务配套，更是难以满足片区大量的研发人员对城市生活品质的要求，严重影响到片区的吸引力。

为提升这一区域的品质和竞争力，助力产城融合目标的实现，佳兆业城市广场以支持产业发展为核心，通过补充和完善城市功能，提供高标准的公共服务（商业商务、文化娱乐、体育）和居住配套，打造优质的空间环境，为在本片区就业的人员提供了"安居乐业"的城市生活环境和便利的配套设施。

具体来讲，佳兆业城市广场的公共配套设施十分齐全。教育方面，拥有54个公立班和36个国际班的清华附中已经和天安云谷达成合作协议，深圳大学师范学院附属坂田学校也已经在2014年9月开学（见图4-6）。还有三所幼儿园也在附近陆续开始招生。不仅如此，在社区便民服务方面，城市广场拥有消防站、社区健康服务中心、社区菜市场、居住小区文化室、社区服务站、垃圾收集站和再生资源回收站点等，这些服务设施从各个方面给居民生活提供便利。

图4-6 深圳大学师范学院附属板田学校

商业配套方面，项目将建成34万平方米的超级商圈，升级区域的商业格局。具体来说，商业综合体包含了9万平方米的旗舰商业中心——佳兆业广场（见图4-7），预计日均客流量超过10万人次，体量是万象城的2倍，海岸城的3倍。除此之外，城市广场附近还规划有1栋270米高的地标级别的甲级写字楼，1栋200米的超高层公寓和1座五星级的万豪酒店，这一切都旨在打造配套全面的综合性商业片区。

图4-7 佳兆业城市广场

交通配套方面，佳兆业重点加强了住宅与商业地块之间的联系，即在中浩一路和宝吉一路的交叉口处新建了漂亮的人行天桥（见图4-8）。桥面延伸至住宅区的中心，并与商场的第二层相连，打造全天候人行流线。

图4-8 俯瞰人行天桥

佳兆业城市广场通过完善功能，补齐该地区原有的短板，使配套设施完成了质的飞跃，让辖区居民收获更多实实在在的幸福感；通过城市更新增加片区的居住功能，促进片区回迁平衡；通过多样化要素的汇集，构建适宜坂雪岗科技城高新产业转型发展的空间。

七、未来城市更新将全面深化

未来5年，坂田地区的城市更新进程将会被进一步深化。例如，距离城市广场300米的天安云谷（见图4-9）是深圳未来最大的写字楼集

图4-9 天安云谷

群，其中包括49栋甲级写字楼，是南山科技园的2.5倍，预计会引进约2 500家企业和超过8万名专业人才。坂田地区包括坂雪岗科技城在内的6个项目将建成约153万平方米的住宅和约85万平方米的办公楼。这些都将进一步推动佳兆业下雪村、桑泰及杨美站北等17个项目的立项进度，总投资额超过1 000亿元。

坂田地区的交通也会随着改造的进行而得到极大的改善。预计到2018年年底，坂银通道将会开通，连接起福田约1 000个写字楼和200万以上的商务人士。届时，居民从坂雪岗科技城开车到达福田中心区只需12分钟，大大缩短坂田地区和深圳其他交通枢纽之间的距离。而2020年通车的地铁10号线（见图4-10）将会串联起福田、前海、华强北等多个商务中心，更加全面地解决坂田无地铁直达市区的情况。所以，随着佳兆业城市广场各个项目在未来相继竣工，项目周边的商业繁荣度

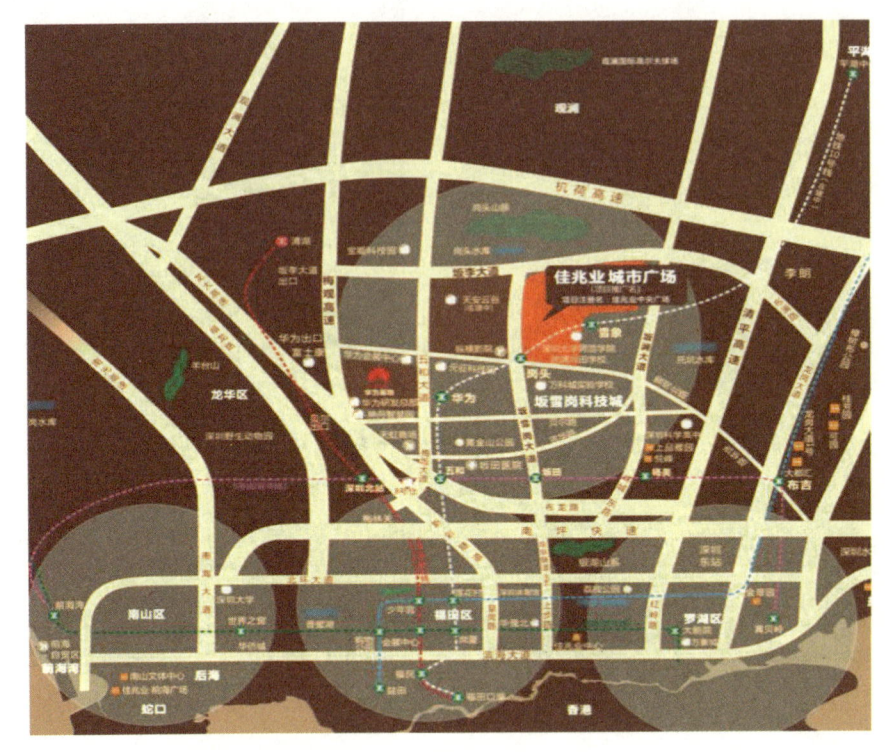

图4-10　佳兆业城市广场在地铁10号线上的区位

会得到较大的提升。加上项目配建的幼儿园和九年制学校,以及规划中的高中和医院等配套的逐步完善,都能让居民享受到较高的生活水平。

八、地标项目为城市全面增光添彩

城市更新对城市的功能、空间、产业和生活方式等方面都会产生深远的影响。通过城市更新,大型宜居型社区可以被新建出来,配之以完善的交通道路体系及各项配套设施,更新城市面貌,推动单一"生产"产业区向"生产—生活—休闲"新城的转型,改变工业化滞后于城市化的现状,扩展城市公共开放空间,打造宜居的生活环境。

作为地标性项目,依托众多科技和服务企业总部,佳兆业城市广场成为集商业和住宅等多功能于一体的都市综合体。它为城市增添了教育和交通等全方位的公共服务配套，提高了城市的宜居性和便利性，大大提升了坂田地区的城市价值。同时，基于城市更新构建的利益共享机制，能够化多元动力为发展合力，从而推动坂雪岗科技城的转型升级，为深圳吸引人才，留住人才。

第二节
深圳盐田整体搬迁项目：异地搬迁典范

盐田区的三村、四村、西山吓村及社排小布村的整体搬迁项目（以下简称盐田整体搬迁项目，见图4-11）作为该区的重点建设项目，既是一项大规模的移民工程，又是一个功在当代、利在千秋的民生安居工程。项目建成后，将极大地改善盐田港后方陆域的人居环境，推动各村集体股份公司的经济发展，显著完善辖区内的教育和文化和体育等公共服务设施，大幅提升居民生活水平。

图4-11 盐田整体搬迁项目示意图

一、建设用地匮乏亟须城市更新破题

作为山海资源极为丰富的生态大区，盐田区约70%的土地都位于生态控制线内，无法被用作城市建设用地。要有效破解该问题，必须转变城区发展方式，通过全面的城市更新向存量土地要空间，要效益，要环境。[①]

加快城市更新进程，不仅为市民拓展了生活空间，更为产业转型升级增添了新动力。港口物流业是盐田区的支柱产业，作为重要的产业发展腹地，盐田港后方陆域遍布城中村（见图4-12），其中，盐田整体搬迁项目范围内共有13个自然村[②]。长久以来，项目区域内"占天占地，独门独院"的建筑模式与"寸土寸金"的城市土地价值极不协调，大部分建成区房屋质量差，市政公共配套设施和活动空间缺乏，居住环境和景观环境不佳，这都对产业的持续发展造成了严重影响。缺少城市更新的助推，盐田港口物流业的发展将陷入无源之水的困境。

图4-12 盐田港后方陆域的城中村

[①] 《盐田加快城市更新拓展发展空间》，载于《深圳特区报》（2016）。
[②] 盐田三村的新围、老围、吓围、龙眼园西区，盐田四村的老塘、坜背、新围、西禾树、伯公树、永庆、小径墩；盐田一村的西山吓村；盐田二村的社排小布村等。

二、盐田整体搬迁项目的孕育过程

盐田整体搬迁项目从 2003 年首次被提出，到 2011 年完成项目招标，历经约 8 年时间。

2003 年 6 月，在盐田区第二届人大一次会议上，80 多位区人大代表联名提交了《关于加快我区旧村改造步伐，推动精品战略实施的议案》。

2005 年 2 月 24 日，深圳市政府三届一四六次常务会议审议并原则通过了《盐田港后方陆域旧村搬迁改造有关问题的请示》和盐田整体搬迁项目的改造方案。根据有关法律法规，原深圳市国土资源和房产管理局、深圳市盐田区人民政府与盐田整体搬迁项目涉及的鸿泰、裕宏、裕泰和鑫群 4 家股份公司于 2009 年 3 月 23 日正式签订了盐田整体搬迁项目《土地置换协议书》。

2011 年 1 月 14 日，盐田区政府正式对外公开发布了盐田整体搬迁项目的《招标公告》。同年 3 月 4 日，深圳市土地交易中心组织开标评标，15 名各行业的专家一致评定盐田整体搬迁项目中标发展商为佳兆业地产（深圳）有限公司。

三、盐田整体搬迁项目的核心优势

盐田整体搬迁项目拆迁安置区的总占地面积为 43.52 万平方米，涉及 4 个股份公司和 13 个自然村。其中，原居民 1 035 户，建筑 1 997 栋，现状建筑面积达 47 万平方米。与大多数原地拆除重建的城市更新项目相比，盐田整体搬迁项目的核心优势主要包括以下 4 个方面。

（一）规模大、配套全，高规格打造精品物业

盐田整体搬迁项目将被打造成为盐田片区规模最大、配套最全的大型社区（见图 4–13）。

图4-13　盐田整体搬迁项目规划效果图

就规模而言，盐田整体搬迁项目是该区最大的城市更新项目：安置区开发建设用地面积为26.56万平方米，规划总建筑面积约为107万平方米。如图4-14所示，项目分为12个地块开发建设，其中有8个地块优先用于村民回迁（佳兆业·山海城），其余4个地块用于对外公开销售（佳兆业盐田城市广场）。

就配套而言，盐田整体搬迁项目自带"双幼儿园"、48班6年制学校、"双泳池"、篮球场、社康中心、文化活动室、市政公园及菜市场等全

图4-14　盐田整体搬迁项目12个地块分布（左），1号地块回迁房——佳兆业·山海城（右）

方位生活配套，如图4-15所示，各配套设施的面积和所在地块具体如下：

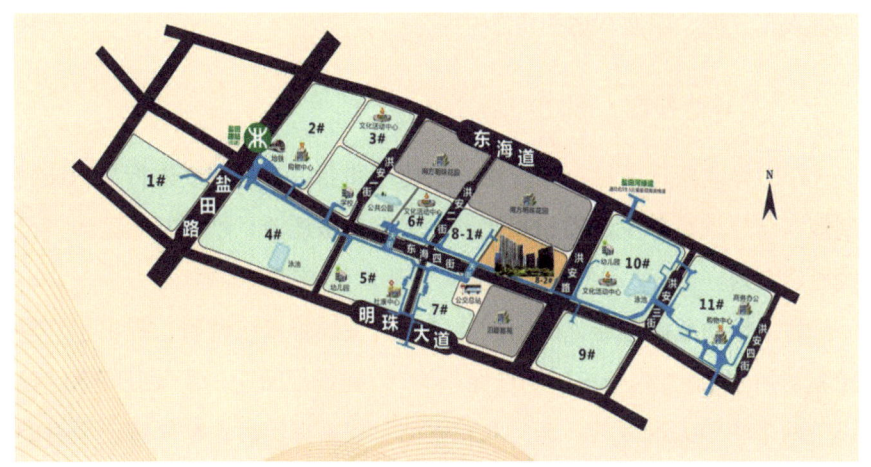

图4-15 盐田整体搬迁项目配套布局规划

- 3个文化活动室，面积分别为2 000平方米（3号）、3 000平方米（6号、10号）；
- 2个幼儿园，面积分别为3 600平方米（10号）、3 900平方米（5号）；
- 2个室外泳池（4号、10号）；
- 1个36班六年制小学（2号与3号地块之间）；
- 1个社康中心，面积2 000平方米（5号）；
- 1个市政公园：面积11 025平方米（6号）；
- 1个两层楼的菜市场，面积3 000平方米（8-2号）。

而在规格方面，佳兆业严格按照盐田区"高档设计、精品物业"的要求来开发盐田整体搬迁项目，在项目设计和建设等阶段力求做到高起点定位、高规格谋划和高品质打造，努力为村民提供精品的回迁物业。整个项目由购物中心、高端住宅、甲级写字楼和高端公寓等综合业态组成，集一站式购物、休闲娱乐、商务办公和高端住宅于一体。小区内将打造两个高端集中商业和滨海风情商业街，并通过近1 000米的天桥相连，实现人车分流、四通八达和资源共享。

（二）异地安置，回迁周期较短

作为异地搬迁项目，回迁物业的建设和业主签约同步进行，回迁周期短。与原地拆除重建项目相比，盐田整体搬迁项目刚刚开始签约就已经可以看到样板房，从签约到获得回迁房屋的周期大幅缩短。

为了推动整体搬迁，盐田区委区政府领导曾多次调研，提出了"双轮驱动"的实施战略——以回迁促签约，以建设促回迁，用"回迁"和"建设"两个轮子促进签约。在"双轮驱动"战略提出后，整体搬迁项目的各项工作明显提速了不少。

盐田整体搬迁项目回迁房山海城一期已于2017年10月完成，816户村民回迁入伙（见图4-16），8-1号地块回迁房（佳兆业·山海城·西山吓庭苑）也已于2018年2月主体封顶。

图4-16 盐田整体搬迁项目回迁房山海城一期启动回迁入伙

（三）"量身定做"，户型设计充分征求村民意愿

为村民"量身定做"宜居的回迁物业，是盐田整体搬迁项目一直坚持的理念。自2011年3月佳兆业通过竞标取得盐田三村、四村、西山吓村、社排小布村盐田整体搬迁项目的改造权后，在一年多的时间里与村股份公司和村民进行了充分沟通并交换了意见，随后依据村民意愿进行了调整，让村民更多地参与回迁物业的相关设计。

佳兆业在2005年进行地籍查丈时，对每户有多少人口、住什么户型、有多大面积等信息进行了仔细核查与分析，并结合实际情况最终确定了户型设计。例如，已经入伙的山海城一期在户型设计时就考虑了一室、两室、三室、四室等6种户型，面积从54平方米到132平方米不等，最大限度地满足了村民的需求。

佳兆业还特别委托了美国RTKL公司、香港城设公司等国际顶级团队对盐田整体搬迁项目的规划和园林景观进行设计，以提升回迁物业的品质。其中，美国RTKL公司在进行概念设计时，在每层楼都设计了一种可以环绕整个楼层的白色飘带，使整栋建筑看起来兼具动感与现代感。为了配合飘带的视觉效果，阳台的设计也从原来的常规设计改为采用弧形钢化夹胶玻璃（见图4-17）。

图4-17 阳台弧形设计实景

（四）打造盐田"高线公园"

"高线公园"不但利于形成独特景观，而且能获得巨大的经济效益。美国高线公园是一个位于纽约曼哈顿中城西侧的线形空中花园，原是1930年修建的一条连接肉类加工区和三十四街的哈德逊港口的铁路货运专线，后于1980年遭到废弃，一度面临被拆除的命运。在纽约"高线之友"这一非营利性组织的大力保护下，高线终于存活了下来，并建成了独具特色的空中花园走廊，为纽约赢得了巨大的社会效益和经济效益，成为国际设计和旧物重建的典范。因此，打造一条属于盐田区的"高线公园"，即天街，对政府、居民和企业而言都大有裨益。

- **政府层面**　盐田政府部门希望以盐田港为依托，打造"港、区、城"三位一体的现代化先进滨海新城。天街（一个约2.4万平方米的24小时免费开放的城市公共空间，见图4-18）是盐田打造"融合港城、融合山海、融合生活"的现代化滨海新城和形成独特的盐田港城文化的重要铆接点，同时也是促进"产业升级、城市更新"和打造"美丽盐田、蓝色盐田"的重要契机。

图4-18　盐田区天街效果图

- 居民层面　天街为居民构建了集生活、娱乐和休闲为一体的活力平台，形成片区的特色空间。天街以其 1 400 米、超 13 万平方米的商业区域和邻近的两大商圈联动（见图 4-19），为盐田港后方陆域的居民提供完善的生活配套、良好的居住环境和便捷的交通系统。
- 企业层面　佳兆业凭借丰富的城市开发经验，充分挖掘了项目的商业价值，提升了盐田港后方陆域的环境品质，拉动了区域商业配套的服务质量，用以人为本的开发理念提升了企业的影响力。

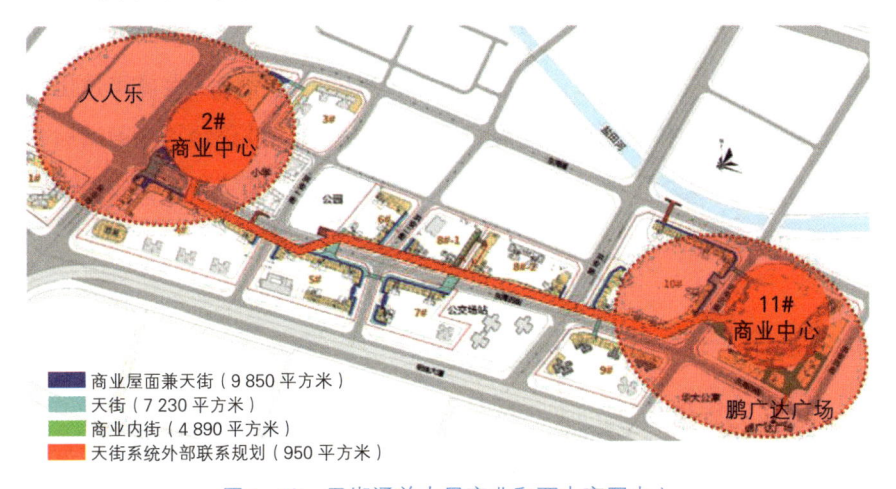

图 4-19　天街涵盖大量商业和两大商圈中心

四、总结与启示

盐田整体搬迁项目采用"市政府指导，区政府主导，股份有限公司全面参与，市场化运作"的模式，坚持"五个统一"的原则：统一领导组织，统一规划设计，统一开发建设，统一监理质检和统一建造标准。

盐田整体搬迁项目具有如下 4 个方面的意义。

- 整合盐田港后方陆域的土地资源，为东部现代港口物流业的发展提供充足的土地资源，为盐田港保税物流园区和普洛斯物流园等重大物流项目提供服务。

- 显著地改善了盐田港后方陆域城中村群众的生活环境，促进了集体经济发展，完善了教育、文化和体育等公共服务设施。
- 通过土地的腾挪置换，实现了后方陆域物流用地及居住用地的功能分区，有利于后方陆域交通环境的改善。
- 高标准、高水平地将盐田整体搬迁项目建设成为独具特色的高品质综合体，符合深圳市建设现代化、国际化先进滨海城市的战略目标，也是盐田区落实"东进战略"的重要支点。

实施整体搬迁后，原村民集中居住，不但能置换出了大量碎片化的建设用地，大幅扩展了城市发展空间，同时也有效地整合了盐田港后方陆域的土地资源，优化了土地配置，实现了社会、经济和环境效益三方面的"共赢"。

第三节
深圳子悦台：烂尾项目推动政策发展

把子悦台改造成佳兆业中心是一个对烂尾楼进行复工改造的城市更新项目，它打破了诸多之前的局限，使烂尾楼得以凤凰涅槃，重生成为都市新商务豪庭。这个更新项目对企业知名度的提升、城市形象的美化、社会环境的优化，甚至是深圳市房地产政策的完善都具有举足轻重的作用。

一、烂尾多年，创造子悦台改造契机

位于福田区上步南路与南园路交会处的佳兆业中心，前身是深圳著名的烂尾楼子悦台。这个楼盘像一块疮疤一样耸立在深圳的黄金地段，被人们视为深圳烂尾楼盘的标志。

子悦台（见图 4-20）原名深圳民航大厦，项目占地面积 10 245 平方米，总建筑面积约 8.8 万平方米。项目原发展商于 1992 年获得子悦台土地使用权，1993 年 11 月开工建设，原计划在 1999 年 4 月竣工并投入使用。2000 年 9 月因资金问题全面停工，当时地下室施工已完毕，地面主体工程 C 段 29 层封顶，B 段完成 28 层但顶层楼板未封顶，内外装饰和设备安装都未进行。它是深圳市首个采用无梁少柱的大板结构高层建筑，而且其排污系统使用了国内罕见的环保排污处理，当然以目前标准来看，它在结构设计上的优势不突出。

图 4-20　子悦台原貌

2003年7月7日,广东省高级人民法院裁定,拍卖已被查封的子悦台。据不完全统计,在拍卖之时,该项目拖欠工程款、小业主购房款和银行贷款共约5亿元。

2003年11月6日,子悦台在深圳市不动产拍卖行的"荷兰式拍卖"(由高至低叫价)中被佳兆业集团拍得,成为当年深圳拍卖会中成交的最大一宗烂尾楼项目,也是广东省当年拍卖标的中最大的烂尾楼项目。

2005年4月,佳兆业接手后的该项目正式复工,同时,改造后的子悦台获得了一个新名字——佳兆业中心。

二、多重限制,内外因共同构成改造难点

对子悦台进行改造并不容易,其中几个主要的难点归根结底都是历史遗留问题造成的。而历史遗留问题又可以细分为内部原因和外部原因:内部原因主要指的是子悦台这个楼盘本身存在的问题,而外部原因包括了由市场定位不准和政策不周全而造成的困扰。

(一)两大内部原因

1. 技术难点

首先,改造工程的第一个难题是对标准层进行功能重新分区和再设计。这是因为佳兆业将项目调整为小户型后,户数增加,导致地下车位和户数不成比例,所以地下空间需要向市政道路以下部分外拓。其次,因分隔小户型而增加的承重墙须为轻型材料,不得增加楼面承载负荷。最后,更加值得注意的是,开发商对裙楼商业重新做了户型分隔设计。但是,按照深圳市设计主管部门对计容建筑面积的规定,不同功能分区在进行建筑面积的认定上有所差异,这样会导致在认定建筑面积方面产生很大的争议。

2. 经济因素

子悦台项目烂尾多年,因拖欠地价款产生的利息、滞纳金及相应土

地使用费,加重了项目的成本。更糟糕的是,项目已经烂尾多年,公共形象欠佳。新的开发商需要花费巨资通过广告媒介重新为子悦台打造新的形象,吸引住户和进行招商。

(二)两个外部原因

1. 政策空白

深圳的土地性质通常只有商业、办公和住宅三类,而子悦台的市场定位不属于传统商业和住宅。项目此前的土地用途是办公写字楼,但在改造后,将调整为商业服务公寓。因此,标准层需要进行户型分隔(见图4-21),土地的使用年限也需延长到50年,这些均缺少现成的政策依据。

2. 市场定位

项目原产品定位为大户型办公物业,以高端企业为目标客户,但随着中心区商务环境的不断完善及市政府的西移,该片区吸引大型公司客户进驻已经不可能。更糟糕的是,项目所在地区尚无商务办公的氛围,原有的产品定位已不可行。除此之外,该地块紧邻城市主干道,定位于写字楼比较恰当,但写字楼市场半径较小,存在销售风险。

三、弥补政策漏洞,促进政策创新

以打造现代化大都市楼盘为指导理念,佳兆业在对整个子悦台项目进行改造的过程中,挖掘出许多颇为引人注目的亮点。

首先,项目推动了深圳市房地产政策的进步,弥补了政策的漏洞,使得许多楼盘因政策而产生的历史遗留问题得以解决。对项目进行深度的信任重组、利益重组和预期重组,找到合适的单点突破口,成为政府出台新政策的重要步骤。子悦台项目推动政府出台了惠及52个问题楼盘的政策,一揽子解决了诸多遗留已久的重大问题。2004年年底,深圳市批复了《关于子悦台等52个问题楼盘的处理意见》,其中有四点值得特

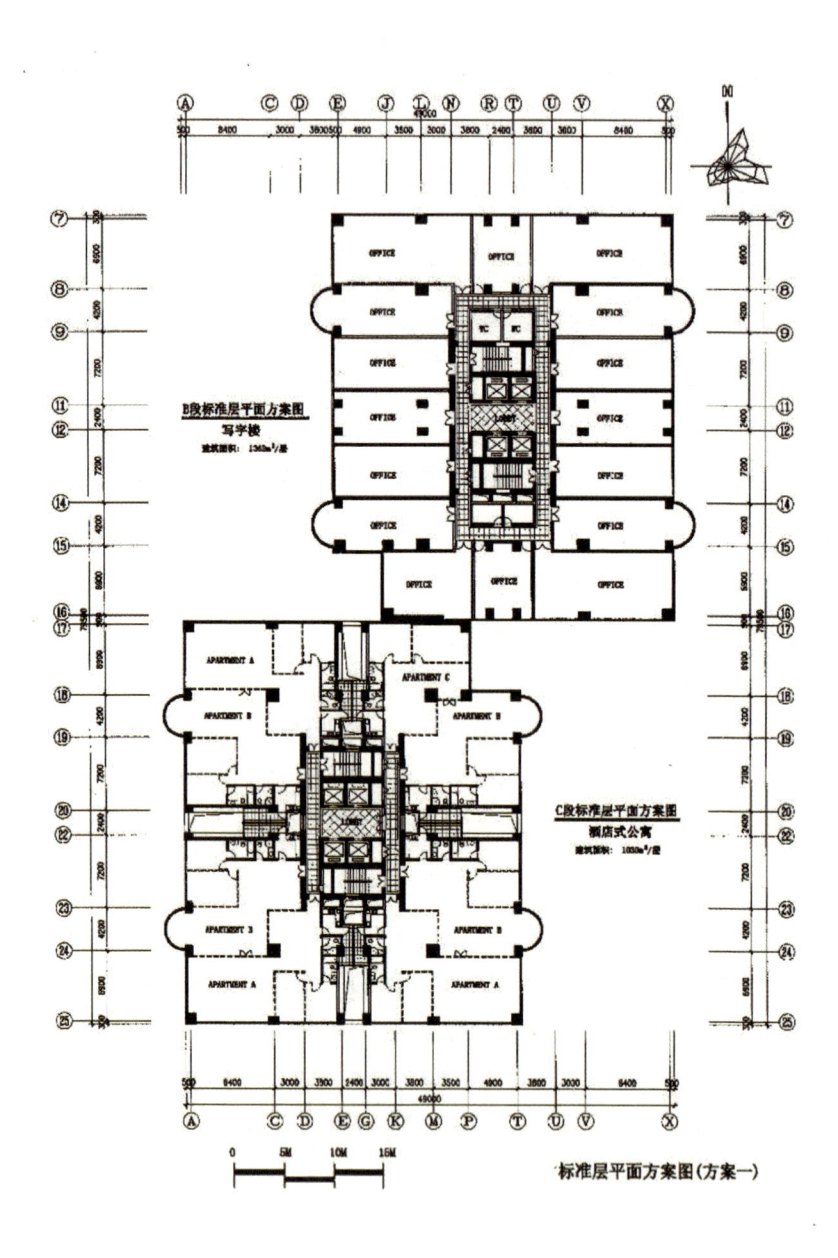

图4-21 标准层平面图

别关注：允许问题楼盘项目进行合作建房，也允许直接置换土地使用权的受让方不进行招标、拍卖或挂牌；免除因拖欠地价款而产生的利息、滞纳金及相应土地使用费；顺延土地使用期限的起始时间，并签订《土地使用权出让合同补充协议》；因设计变更而增加的建筑面积不能超过原先批准的建筑面积的5%。

其次，佳兆业对原有业态进行调整和创新，与时俱进，加入许多新的元素并对楼盘进行精准的市场定位。结合项目坐拥福田、罗湖两区交界之便利，位于深圳金融中心区的地理位置及周边生活配套一应俱全的现状，经过多轮专家会的研讨，该项目被定位为"坐拥地铁上盖的都新商务豪庭"。这样的定位突出了项目的最大卖点——地铁与地段相结合的唯一性。项目调整的主要措施包括改变项目原有的大户型设计，将户型细化；优化产品户型及分隔材料；在地铁科学馆站增设地下通道，以便将地铁站出口的人流直接引入本项目的负一层和地上一层。

项目的外观追求高端大气，而且周边的交通及人气均能满足佳兆业中心的商业功能要求。这样一来，子悦台脱离老城区，摆脱因其自身烂尾多年给客户留下的不良印象便指日可待。再加上项目走的是与周边楼盘差异化的外观设计路线，子悦台更是一跃更成为该地区的一处地标性的亮眼建筑。在大楼内部佳兆业雇用了知名物业公司，使项目内到外均透露着高档次。

最后，在设计方面，佳兆业坚持创新，重新对大楼的各个方面都进行了更加人性化的设计，让佳兆业中心的结构更加顺应当今深圳经济发展的趋势，更能够满足住户的生活需求。这具体体现在如下3个方面。

- 秉承"尊重与突破"的设计理念，在标准层户型的设计上，对大进深平面进行小户型化的改造；受结构无黏结预应力楼板无法开洞的限制，垫高同层排水管道和外加立管的改造方式既解决了新增厨卫排水不畅和燃气安全隐患的同题，又保证了公共空间的舒适度。

- 在地下室的重新设计方面，佳兆业打破了因与 A、B 座物业分开管理而导致车辆无法从上步南路同一面进出的限制，通过将地下坡道的坡度颠倒使得车辆可以从南园路进出。针对停车位与住户不成比例的难题，本项目配置车位数量为 324 个，虽然供应还比较合理，但考虑到目前市场状况和项目客户群的基本定位，佳兆业建议车库暂不考虑销售。同时，增设裙房楼电梯以满足钱柜 KTV（提供影音设备和视唱空间的场所）和餐馆等商业招商的需要，也为它们今后长远的经营提供了便利的配套设施。

- 在裙房的设计上，佳兆业跳出了偏低的 2.9 米层高所产生的局限性（见表 4–1），通过管线综合布局，满足大开间办公和嘉美轩酒楼的餐厅经营净高要求，并建造了镜钢吊顶。这些措施既缓解了压抑的视觉感受，又为承租的空间增添了几分质感。

表 4–1　佳兆业中心项目的裙房设计

楼层	层高（米）	面积（平方米）
首层（原架空层）	4.5	3 597
1 层	4.8	3 898
2 层	5.25	4 045
以上合计	/	11 540
设备层	5.0	3 163

四、影响深远，共创多方共赢

佳兆业花费两年多的时间，将该建筑物从户型、外立面和会所等方面重新包装为高档酒店式公寓深圳佳兆业中心（见图 4–22），获得了良好的市场反响和更高的品牌知名度。作为佳兆业第一个住宅兼商业综合开发项目，烂尾楼子悦台的成功改造创造了企业、政府和社会三方共赢的局面，对城市的可持续发展和未来的城市更新做出了自

图4-22　佳兆业中心效果图

己独特的贡献。

　　首先,对佳兆业而言,项目提升了企业的知名度、影响力和竞争力。通过成功改造烂尾多年的大楼,使其以崭新的形象呈现在世人面前,佳兆业向社会证明了自己在城市更新领域的实力,证明了自己是当之无愧的行业标杆。每当人们提起子悦台重生的佳话,都会想起佳兆业在背后付出的努力,这无疑会对企业的知名度和影响力产生不可忽视的影响。

其次，对政府来说，这一项目可谓一举多得：盘活了闲置资源，改造了不良资产，让区域商业繁荣，使政府税收收入得以增加，在促进项目周边繁荣发展的同时提高了城市的吸引力。政府因该项目而出台的新政策也会指导深圳未来房地产市场的发展，为其健康发展提供坚实的法律依据。

再次，从宏观角度出发，站在整个城市的角度来看，项目大幅提升了城市的形象。作为市中心繁华地带的烂尾楼，它的存在无疑是城市里很明显的一道伤疤，给市民和游客留下非常不好的印象。更重要的是，大多数烂尾楼项目，特别是因质量问题被责令停工而造成的烂尾楼，结构不完整，缺乏安全防护，还存在随时倒塌的危险，给市民带来重大安全隐患。佳兆业中心的成功改造，对打造安全舒适的片区环境意义重大。

最后，也是极为重要的一点，佳兆业的接手和成功改造有效地避免了社会矛盾的进一步激化，消除了由此造成的消极的社会影响。子悦台的前期开发是一笔不小的投资，银行、信托、供货商、建筑单位、投资人和民间借贷者等多方参与其中。所以，项目的烂尾造成了数目可观的资金损失和不可忽视的经济纠纷。同理，对于已经被销售出去的楼盘，购房者收不到房屋，不仅会和开发商产生纠纷，还有可能激化矛盾，使事件升级，为社会治安带来诸多不稳定因素。这一系列问题和隐患也随着佳兆业中心的成功改造迎刃而解。

第四节
深圳大冲村旧改：从城中村变身为人文综合体

经过过去近 40 年里的飞速发展及工业化和城市化的变革，深圳市委市政府提出了"建设区域性经济中心城市，园林式、花园式现代化国际性城市"的目标。但与此同时，深圳的城中村形成了围城之态，侵蚀着城市中日益狭窄的发展空间。为此，深圳市规划管理部门于2002年启动了大冲等数个试点村的规划工作。

大冲村旧城改造计划是深圳最早一批、最大范围的旧改案例之一，可谓一项令人鼓舞的工程。完成改建后的深圳市大冲村将成为新的城市活力区，除了为城市供应巨大的住宅空间之外，同时向市区释放不可忽视的商业影响力，成为又一个典型的开放性城市综合体。

一、区域位置和原有条件分析

就交通条件而言，大冲村位于深圳南山区高新技术产业园中区东部。项目用地南临深南大道，东临沙河西路，北端距北环大道约400米。用地东南边紧贴"沙河""名商"两个高尔夫球场，南侧与地铁一号线高新园站直接相连，地铁站口附近是深南大道公交站群，公共交通资源非常丰富。

就区位条件而言，大冲村距南山商业文化中心3千米，距深圳市中心约10千米，至宝安机场约20千米，与特区内其他三个高新园（前海、留仙洞和大学城）之间的距离也在10千米以内（见图4-23）。

图4-23　南山区大冲村改造规划区域位置图（红色区域为大冲村）

如此优越的区位条件和便捷的交通条件，使得大冲村与城市整体形成了紧密的依托关系，刺激着大冲村充分利用城市各区的边际效应，吸引庞大的人流量。

原大冲村占地 67.4 万平方米，是汇聚着大量深漂族的脏乱差城中村，村中星罗棋布着自建出租屋和自发性的商业。随着深圳科技园的高速发展和外来务工潮的到来，越来越多的人涌向这里，大冲村也出现了城中村不可避免的乱象（见图 4-24）。虽有郑氏宗祠、大王古庙和些许古树等亟待保留与传承的元素，但宏观上，原大冲村早已与快速发展的现代城市不相适应。

图 4-24　鸟瞰脏乱差的原大冲村

就用地条件而言，大冲村远望山景与海景，周围视野开阔，这都为项目修建高层建筑提供了景观上的支持（见图 4-25）。

大冲村旧改项目的功能定位亦考虑了周边的商业环境。大冲村位于南山高新技术产业园区，周边集中了大量的研发及办公用地，却缺乏与其相应的配套商业和居住用地。因此，大冲村旧改选择依托高新技术产业园区的发展，对口其生活配套的服务功能，以便建设一个现代化的文明居住社区，原住村民也可凭此保证长期和稳定的经济收入。

图4-25　大冲村旧改项目规划效果图

二、公私合作，改造逐步推进

大冲村改造项目是深圳"十二五"期间五大标志性城市更新项目之一。2007年3月，深圳南山区政府为大冲村村委会旗下的大冲实业股份公司与华润搭建合作平台，双方初步确定合作意向。2009年，政府大力推动双方的合作，项目终于取得了实质性的进展——大冲实业股份公司与华润集团正式签订《大冲旧改合作意向书》。为推进大冲旧改项目，华润置地（深圳）有限公司在深圳注册诞生，注册资本达3.8亿港元，该公司专门负责深圳南山区大冲村旧城改造项目。

2011年12月20日上午，华润大冲村整体改造奠基典礼在南山区大冲村举行。该项目总共拆除约1 500栋破旧建筑，合计110万平方米，建设总量为 280 万平方米，总投资超过 300 亿元，后命名为"华润城"。华润城占地约 68.5 万平方米，业态包括商业、写字楼、酒店、公寓和住宅等，其中商业方面规划有 24 万平方米的深圳万象天地——定位为创新升级版万象城。

2013 年 12 月，随着大冲旧改回迁自住 A 区主体结构顺利封顶，大冲村民实现了第一次回迁。全新的住宅、公寓、商业、写字楼和酒店等一应俱全，还建设了市政道路和变电站等完善的配套设施。

从 2014 年下半年起至 2015 年年底，总建筑面积为 110 万平方米的回迁物业分期分批竣工并交付给原居民。

2017 年 9 月，在整个大冲项目的东南角，一个总投资约 90 亿元、建筑面积达 24 万平方米的万象城升级版——深圳万象天地正式亮相。虽然没有 100% 的开业率，但作为南山区乃至深圳的新地标，万象天地还是吸引了很多人的关注。

三、详细规划

为了把大冲村改造成配套齐全、风景秀美的现代化时尚居住社区，大冲村整体改造项目规划除了保留承载了历史的大王古庙、郑式宗祠及古榕树外，还重新整合了其他用地（见图 4-26）。

作为深圳市高新技术产业园区的配套基地，除了一般的居住用地外，大冲村改造项目增添了相关的商业、文化、娱乐及专业展览等多项功能及其设施，以增加高新产业的吸引力，带动大冲村的旧改进程。

（一）以万象天地为主的商业设施

考虑到商业的规模效应和深南大道的辐射效应，改造项目将深南大道北侧地块及铜鼓路两侧主要入口地块设为商业性公共设施用地。于是，位于南山区深南大道与铜鼓路交叉口东北侧、高新园地铁站 A 出口的华润城片区内，华润置地打造了深圳的第二个万象系产品万象天地，总建

第四章 国内城市更新的实践与探索 | 239

| 住宅区 | 商业 | 商住区 | 还建区 |
| 学校和公共配套 | 公共空间 | 写字楼 |

图 4-26 华润城土地利用规划图

筑面积为 23 万平方米。万象是华润置地旗下的高品质购物中心，倡导"一站式"消费和"体验式"购物，2004 年开业的万象城是国内商业，尤其是购物中心的标杆。

万象天地独创的吸睛之作和创意营销很快就引起了轰动。深圳万象天地与荷兰概念艺术家、被称为"大黄鸭之父"的霍夫曼（Florentijn Hofman）合作，在商业屋顶上打造永久性大型户外艺术装置抱抱象（Bubblecoat Elephant）（见图 4-27）。作为万象天地这个深圳新地标

图4-27　万象天地设置的抱抱象

的吸睛之作,抱抱象是目前全球拥有最长象鼻的大象喷水公众艺术装置,这只"大象"身长足有12米,高7.5米,鼻长约24米,重达30吨,装置表皮为时尚界惯用的泡泡材质"Bubblecoat",并会定时喷水,现场亦会发放泡泡来愉悦气氛,有效提升消费者和万象天地的互动,提升商业空间。

(二)配套设施

结合现状权属及具有一定档次的规划,华润城按照深圳新的教育设施标准配套了各级各类学校。规划将原大冲小学扩建为九年中小学一贯制学校;同时保留莱英达用地南侧的小学用地,设置六年制小学;根据规划人口规模及服务半径,华润城内设有两处幼托用地。另外,按照南山区分区规划的要求,项目在科发路与沙河西路相交西北角地块布置有一处公交首末站。

(三) 公共绿地空间

为了改善大冲村的环境综合质量，该改造项目通过加强绿化设施建设，提高了绿化覆盖率和质量，改善了大冲村的人居环境；加强了铜鼓路和科技大道等主要道路的交通与环境的综合整治——改善交通环境，整治道路绿化，控制噪声和粉尘污染；加强了重点地段及局部地区（如深南大道沿线、大王古庙等）的建筑群体空间设计、环境设计和绿化配置等。

改造项目结合现状，以大王古庙（见图4-28）和郑氏宗祠为主的古迹建筑与原有的古树一起设置公共绿地和开敞空间。这样一方面满足了居民的生活需求，与新的标志性建筑一起构成大冲村新的中心；另一方面增强了归属感和文化认同感。同时，项目利用步行系统将各组团外部活动空间、景观空间、绿地和配套公建联系在一起，创造出人性化的户外活动公共空间。

图4-28 华润城中保留的大王古庙

(四) 住宅改造规划

华润城项目采用高容积率和大面积的住宅规划，使用规整的用地和秩序性极强的楼梯排布，以应对采光、环境和面积等指标。在这样的强秩序下，不同区域使用不同设计，形成多样的形体和空间环境（见图4-29）。线性空间穿透各层楼区，保证每个单元良好的景观。

图4-29　华润城规划中的住宅分布图

住宅建筑以点式和条式高层住宅为主，总楼层数控制在30层以下。项目从住户基本的使用要求出发，设计了接近20种户型，以满足不同使用者多样化的需求。

上图中的紫色部分是还建公寓区，为高层与小高层的组合，公寓区以点阵式布局，达到经济、高效的目的；黄色区域是以点状和条状为主的楼型，以矩阵式排布，拥有较理想的内部环境；橙色区域是河景住宅区，主要为异型点式楼，呈放射状沿河道分布，以充分利用外部景观。

四、总结与启示

华润置地某高层管理人员曾经在奠基仪式上说："无论你相信或不相信，当重建完成之后，新大冲的美好程度一定会超出大多数人的想象。"

如今，脏乱差的原大冲村被改造为一个 280 万平方米的城市人文综合体，并成为华润置地城市更新的范例。华润置地平衡了企业自身与政府和原住居民的利益，将旧住宅和厂房改造为高端的城市综合体，使旧城中村变身为集产业、城市和生态功能集于一体的城市人文综合体。华润置地实现了当初的愿景，如今的华润城延续着旧村落的文化脉络，成功地激发了片区的经济活力，成为存量土地资源产业调整的参考范本。

第五节
北京郎园 Vintage：从旧厂房到文化创意园

随着一、二线城市相继进入存量资产时代，租赁市场成为国家重点城市的房地产发展领域。作为一个具有国资背景的旧改项目，朗园 Vintage 成功挖掘了存量资产的价值，激发了地区创新能力，吸引了各类文化产业的注资。从废旧医疗器械厂转变为文化创意园，如今的郎园被包括果壳网、在行和罗辑思维在内的众多互联网内容创业者誉为中国内容创业者的"延安"。

一、地理位置和原有条件

郎园 Vintage 位于北京市朝阳区通惠河北路郎家园 6 号院内（见图 4-30），北依建国路，南临通惠河北路。其地理位置占据了 CBD 的中心腹地，被各种高档写字楼所环绕，共享 CBD 商务中心区及传媒中心

图4-30　郎园Vintage的地理位置

的边际效益。

CBD内现有750万平方米左右的办公类物业，集中了大量金融、商业、贸易、信息及中介服务机构。区域内常驻高净值人士达5.5万、涉外人士近6万。而郎园Vintage所在的CBD核心区，被传媒机构群、世界500强总部群、5A写字楼群、五星级酒店/公寓群和高档商业中心群所簇拥环绕，地区位置非常优越（见图4-31）。

图4-31　郎园Vintage周边用地

第四章　国内城市更新的实践与探索 | 245

在20世纪50年代到90年代，郎家园6号院内曾是北京市医药集团下属的万东医疗设备制造厂（见图4-32），当年是一个纳税大户，周边也全是工业企业。其中的北京第一机床厂、北京第三通用机械厂和北京内燃机总厂等如今都已经销声匿迹了，但是郎园还能让人们感受到当年工业大院的氛围。随着区域经济崛起，旧厂区日渐与时代发展不吻合，亟待升级改造。

图4-32　郎家园6号院内的医疗设备厂原址

二、具体规划和改造理念

2009年，首创置业通过招拍挂取得了郎家园6号院工业用地的土地和房产权。从次年1月到10月，首创经过长时间的研究决定自持运营，明确改造定位于文化创意产业，并投资8 000万元进行了一系列的改造规划。在定位规划的同时，园区积极开展了相关的招商工作。

园区的占地面积达2.34万平方米，建筑面积达2.9万平方米，共由18套老厂房构成（见图4-33）。其中包含6 000平方米的巨型秀场和众多高档时尚餐厅。首创置业特邀美国设计公司在每层都设置公共区域，满足中小创意型企业办公需求，同时又有400~1 000平方米的大面积低密度办公空间，满足不同客户需求。

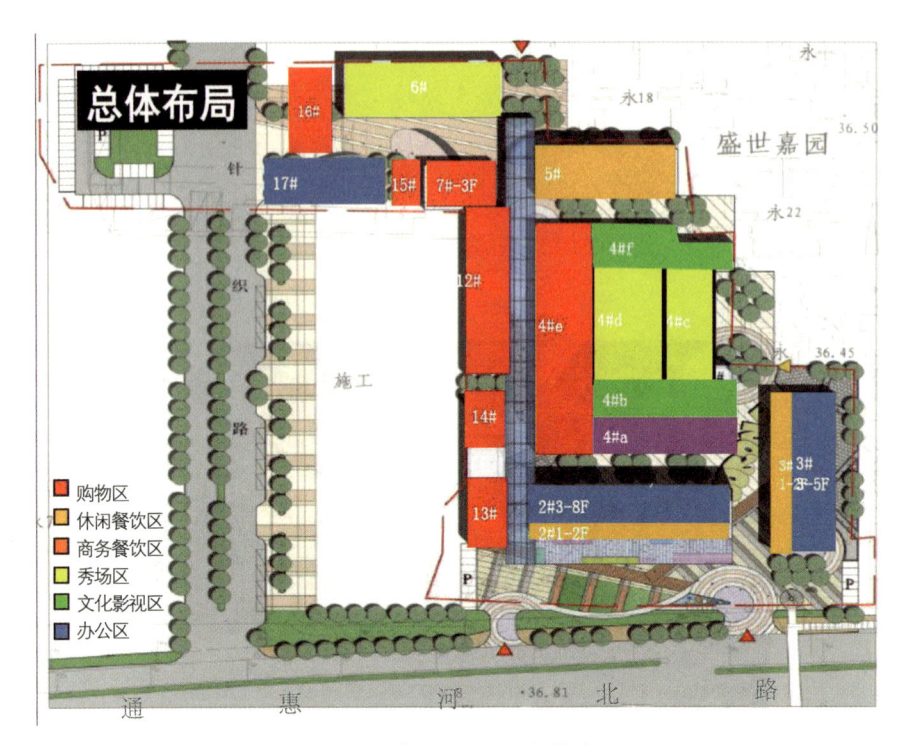

图 4-33 郎园 Vintage 总体布局

三种业态互相支撑，独立发展。本着"三位一体，四轮驱动"的理念，郎园 Vintage 集创意机构办公空间、国际创意商街和时尚艺展中心三大功能于一体，购物、餐饮、秀场和办公有机结合且相互统一，最大程度地满足园区到访人群，保证在不同的时间段有不同人群在此消费，实现 24 小时运营。各种业态所占比例分别为餐饮 24%，零售 14%，秀场 9%，办公 41%，影视传媒 12%（见图 4-34）。办公、秀场和商街三者是相辅相成的关系，三大业务板块互相支撑，独立发展。这是一个以时尚、文化和前卫为特征，以国际设计师品牌店、买手店、设计型餐厅、时尚潮流秀场、影视传媒和创意办公为基础的"国际时尚创意狩猎区"，也是继 798 和南锣鼓巷后的又一处"潮人膜拜圣地"。

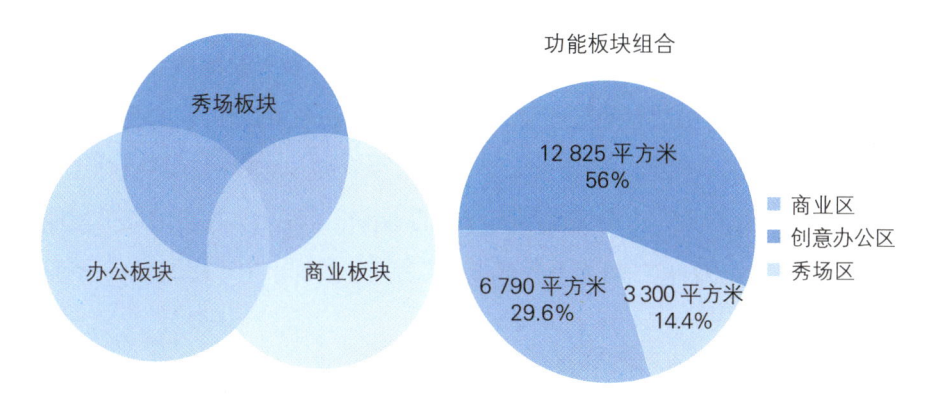

图4-34 独特的三大功能板块及其占比

延续历史，引领未来。郎园 Vintage 聘请了美国设计公司 Genstler 做整体设计，并提出以延续历史和引领未来为宗旨，坚持在尊重园区自身的工业文明遗址和保留其时代外貌的前提下，"修旧如旧"，给老厂区注入活力，将其改造成具有特色的低密度文化创意街区（见图4-35）。作为CBD的最后一片工业化遗址，郎园遵循"城市记忆""低碳环保""数字化园区"三大改造理念，最大化地利用旧厂房建筑，并结合园林景观

图4-35 保留时代外貌的郎园旧厂房

创造出舒适的办公、商业与休闲空间。

郎园中原有的建筑大多是两层或三层的小楼，秋天时外墙上爬满了红叶，很有风情，虽然有些楼还没有投入使用，但一些特色鲜明的餐厅和咖啡馆已经入驻。安静的郎园 Vintage 与附近浮夸的 SOHO 形成鲜明对比，小平房、砖瓦小楼、小剧场及不失情调的小餐馆。晚上，加班的职员工作累了还能到园中昏黄的灯光下散散步，实为繁华的都市中难得的静寂一角。

三、定位文创园，形成文化内容矩阵

作为朝阳区最早一批、运营最成熟且模式最先进的文创园，郎园极其注重对入驻企业的服务，每年协助文化部、北京市、朝阳区、国家文创实验区做文化产业新政策的推广，致力于帮助文化企业融资和吸纳人才。通过持续的努力，截至 2017 年年底，入驻郎园的企业有 50 多家，大家耳熟能详的罗辑思维、得到、果壳网、央视北京记者站及各类设计工作室都落户在这里。在如此低密度的文创园中，入驻企业能够像熟识的邻居一样，为思维碰撞与跨界合作创造条件。郎园以卓越的资源整合能力和运营能力，使得各个内容板块之间相互贯通，以郎园为平台，在房产之上繁衍文化内容，形成郎园文化内容矩阵（见图 4-36）。

截至 2017 年年底，郎园已成熟运营 7 年，连续举办 6 届郎园文化节、4 届新媒体艺术展和原创人机共舞节目，打造了北京市青少年自主教育

图 4-36 郎园文化内容矩阵

营地，探索运营大数据戏剧中心等（见图 4-37）。郎园已成为 CBD 核心区域文化交流最活跃的文创园区。

图 4-37　郎园文创节及其他文化内容

兰境艺术中心是极具有郎园特色的商户。在建筑设计上，兰境艺术中心将 20 世纪 50 年代遗留的旧厂房改造为极简的当代艺术空间，以鲜明的个性成为北京城市核心区域唯一大型的综合式艺术机构。该艺术中心致力于引进和推广最具当代性的国内外优秀艺术项目，尤其擅长策划和实施大型新媒体艺术与形式多样的前卫表演艺术项目（见图 4-38）；同时联合建筑、设计和时尚领域的国际顶尖机构进行艺术跨界合作。

图 4-38　兰境艺术中心展出的"桃花源记新媒体艺术展"

兰境艺术中心空间面积为1 600平方米，配备有大展厅、中展厅、小展厅、VIP（贵宾）厅和摄像机位厅，配套有餐厅与创意办公区。建筑为标准长方形结构，在不同的活动设计和搭建方案配合下，具有独特的灵活性。完整且规则的留白空间，可以满足客户一切创意需求，适宜举办大型活动的开幕、大型装置的展示、时尚活动的发布及音乐喜剧的表演等；内部可分隔为多个小展厅使用。由于其展厅优异的专业性，兰境艺术中心曾承办过各类酒会、地产发布会、产品发布会、时尚派对和电影首映式等活动（见图4-39）。在为展览提供专业支持的同时，兰境艺术中心全力支持商业活动的艺术呈现。

图4-39 2016年度腾讯影业酒会

四、政府支持，推广文创发展模式

2018年4月，北京市发布《关于保护利用老厂房拓展文化空间的指导意见》，明确了保护性利用的原则、相关政策和保障措施，其中就要求"保护利用好老厂房，充分挖掘其文化内涵和再生价值，兴办公共文化设施，发展文化创意产业，建设新型城市文化空间"。

对于政府而言，老厂房经过改造，既能避免拆旧建新的高成本投入，又能减少对自然资源的高强度开发，还可以与城市定位相匹配。在产权方看来，老旧厂房的保护性利用不仅能保留记忆，还能再造辉煌。文创企业和机构看中的则是老旧厂房能够提供富有历史气息的工作空间，稍加改造就能成为文化创意的重要场所。

北京市区各级领导部非常关注和支持以朗园为代表的文创产业基地（见图4-40）。目前，北京市朝阳区已经初步探索出工业遗存转型的4种模式：艺术家自发聚集发展，政府提供管理服务的"798模式"；产权方与专业机构联手打造的"751模式"；政府投资建设并运营管理的"朝阳规划艺术馆模式"；在政府引导下，由国有企业组建新的运营团队进行整体改扩建的"莱锦创意产业园模式"。

图4-40　政府主管领导关怀北京文创基地

除去这4种主要的发展模式，每家文创园也都有自己的特点。朗园的特点是"文创园区平台＋文创产业运营＋文创产业投资"，其中出租收益占70%，合作项目和自营项目占比达到30%。这种依托无形资产增值的模式，为园区可持续发展提供了源源不断的动力。

五、实践成果带动经济效益

2010—2011年，朗园成立了文化创意产业园。随后的两年间，朗园成功搭建了城市文化公众服务平台，并于2014—2015年成为文创孵化园。2016年，科技文化元素加入了郎园，郎园又荣获科技文化融合品牌示范园的美誉。

　　7 年来，郎园的运营租金对比也有显著提升。2012 年，郎园达到满租后平均租金为 5.5 元 / 平方米·天，而周边租金为 6~7 元。经历了孵化模式的探索和文化内容矩阵的布局之后，郎园成为政府领导认可的双创基地和业界一致认同的品牌示范园区。2015—2016 年，租金提升至 10.5~11.5 元 / 平方米·天，周边租金为 8~10 元 / 平方米·天。郎园社群运营和内容运营的成功使其租金长期保持在较高价位，2017 年甚至达到了 12 元 / 平方米·天。

六、总结与启示

　　由于郎园优越的地理位置及其亮眼的旧改成果，"2017 中国城市更新论坛"选择在此举行。作为一个"有梦想、有追求、有活力、有意思"的"四有社区"，郎园获得了多方赞誉。在政府层面上，郎园多次接待国家及省部级领导参观，成为北京市文创园首推的学习基地；在行业层面上，郎园作为北京文创品牌示范区，全年共接待了不少于 220 场次的参观交流；在企业层面上，郎园是最可能实现跨行业融合的文化大院，是北京新文化消费中心；在个人层面上，郎园是一所城市大学，是创意青年聚集地和 CBD 中的世外桃源。

第六节
上海万科哥伦比亚公园打造城市 IP 新名片

　　随着城市发展步入存量时代，作为"城市配套服务商"，万科在城市更新领域的实践步伐快速而坚定。上海的城市更新发展遵循自内而外扩散的规律，虽然上海的城市更新工程正在逐步向中外环蔓延，但只有内环内的商业才能代表未来城市更新的标杆。地处上海内环核心区的哥伦比亚公园，拥有符合城市更新操作条件的绝佳地段、规模和文化环境，是难以复制的城市更新"胚子"。

一、资源禀赋，无可挑剔的先天基因

万科哥伦比亚公园项目位于上海市长宁区的心脏地带，隶属新华路社区，毗邻新华路历史风貌区，拥有健全而集中的商业设施与配套，便捷繁荣的商务居住环境，倚靠延安西路主干道，向东可至外滩，向西则可抵达虹桥交通枢纽，周边是四通八达的交通网络——项目地块在中心城区黄金辐射半径之内，是上海经济、商业和文化的中心。项目地处上海最具文化底蕴的片区之一，周边聚集着上海交通大学、上海戏剧学院、东华大学、上海影城、上海话剧中心等丰富的文化教育资源。

与绝佳的地段相比，更为稀缺的是该项目的规模与体量。我们知道，以单个楼宇为基础的点状的城市更新较为常见，而片区改造型的城市更新项目却较为少有。万科哥伦比亚公园这个处于上海心脏地带的项目，有着近48 461平方米的占地面积，整体占地面积与黄浦区的思南公馆差不多，大幅超越新天地（见图4–41）。

占地面积：48 461㎡
建筑面积：48 353㎡
（万科哥伦比亚公园）

占地面积：约50 000㎡
建筑面积：约57 000㎡
（思南公馆）

占地面积：约30 000㎡
建筑面积：约52 500㎡
（新天地）

图4–41　上海典型城市更新项目面积对比

二、哥伦比亚公园的"昨天",风姿绰约的老上海记忆

哥伦比亚公园的历史就是上海历史的一段缩影,它曾经是孙中山先生之子孙科的住所(见图4-42),更是驻沪美侨的休闲娱乐场所。1930年由匈牙利籍斯洛伐克人邬达克设计的孙科别墅,既是这位国际著名建筑设计师的经典之作,也是20世纪30年代上海精品住宅的代表之作。

图4-42 孙科别墅旧照

新中国成立后,在1952年,上海生物制品研究所接管了该地区,并将广场改造成了拥有办公楼、生产设备、仓库和实验室的研究园。后来,上海生物制品研究所停止了在园内的生产经营活动,从那以后这里就处于废弃状态。这个潜力无穷的建筑正等待着被重新发现,迎来新生的一天。

三、全新定位,打造公园式城市更新社区

不同于我们常见的单一的办公空间或者商业定位,万科对于这个项目的定位非常独特。项目之所以被命名为哥伦比亚公园,一是为了纪念这里在大上海20世纪30年代曾经风靡一时的哥伦比亚乡村俱乐部(Columbia Circle),"哥伦比亚"意指美国,"圈"是活动圈、交际圈。

它本身就是当时上海滩外籍人士的社交中心。二是取名为公园，意味着公众、开放、绿植和休憩空间。这个园区内有 66 个树种，987 棵树木，在城市中心寸土寸金的地带，有着这样的空间实属罕见。这两种景观意向的名词结合在一起，让人感觉到完全没有大城市快节奏、高压力的那种紧迫感，反而平添了舒缓尺度的、异国风情的美好意蕴。

项目创新性地定位为公园式城市更新社区。经过精心的改造后，这个项目的重新面世，将承载的一段历史、一件往事，更重要的是一种生活方式的记忆。未来这里将打造一个以文创产业为核心的城市客厅，一个 7×24 小时的活力社区，从而重现都市精英的生活方式，成为上海的新地标（见图 4-43）。

图 4-43 项目一角

四、深厚历史与现代改造理念的融合

项目本身具有十分丰富的历史文化元素，因此，项目在改造过程中需要保留和传承遗留的文化。总体来看，这样的城市更新是在遵循原有的建筑风格基础上，对园区肌理进行微手术式的调整，并在中间穿插对既有建筑有机的扩建和现代化改造。

例如，项目原有的美国乡村总会采用的是巴洛克建筑风格，总建筑面积 6 210 平方米，包括二层花园建筑、大礼堂和游泳池。经过改造后，巴洛克式的建筑风格与周边的绿化融为一体，历史的丰富与生态的趣味形成新的空间意向（见图 4-44）。

图 4-44 美国乡村总会建筑外观现状

之后再通过对美国乡村总会内部空间的大幅度优化，用现代的空调等科技设施，改造原有的场馆空间，使其更加舒适和温暖。另外，孙科别墅及其附属的花园，被改造成为时尚的交际平台（见图 4-45）。

图 4-45 孙科别墅花园里的社交活动

另外，项目通过扩建改造，形成新老建筑间的对话。项目内之前留存的两种建筑，包括历史建筑和工业建筑两大类。对于历史建筑，如孙科别墅、哥伦比亚乡村俱乐部，万科主要是以保护性改造为主，通过植入新的业态和功能，实现建筑的再生。对于工业建筑，包括园区内原有的研发大楼、生产楼和物资采购楼等，万科主要通过结构和功能的调整，满足现在办公和商业的需要。

例如，在对一栋曾经的老式厂房建筑进行改造时，保护性改造手法只需要调整具体的改建部位，在楼体之间植入用新型材料构建的连桥就能立刻丰富平面动线（见图4-46）。这样同时也实现了在不同楼层间互动与联系，原先呆板的空间变得更加具有趣味性和场景感，而更符合现代式的开放交流的办公氛围（见图4-47）。

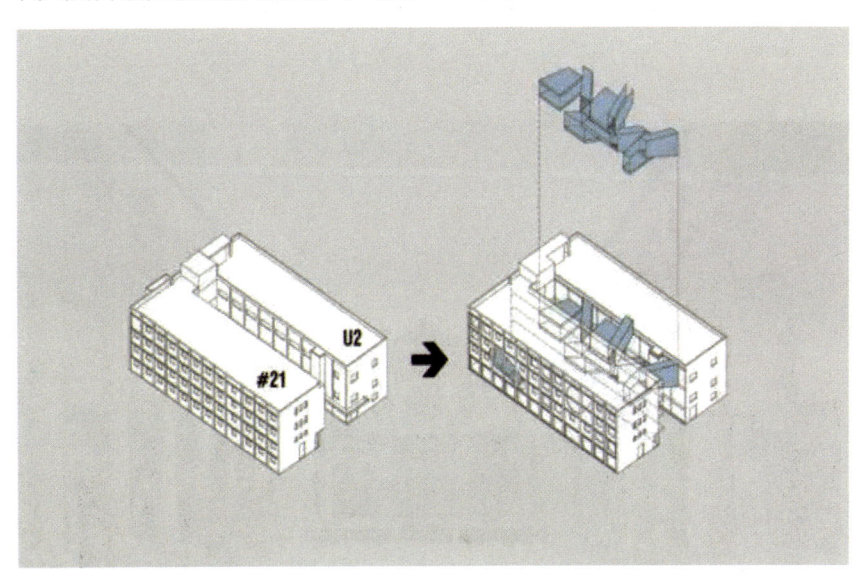

图4-46　老式厂房连桥植入改造示意

最值得称道的是项目中间保留的一个明星项目，那就是由原先的海军俱乐部户外游泳池（见图4-48）改造成的秀场（见图4-49），由此形成了天然的展演空间，从而构成了整个园区的引爆点。

图4-47　老式厂房连桥植入改造后的效果图

图4-48　原海军俱乐部户外游泳池改造后效果图

图4-49　户外游泳池改造而成的秀场

五、跨界混搭，打造复合型产业生态

万科在这个项目的业态定位上，不同于传统的文创产业园区的单一性，而是聚焦于两三个产业，打造产业链生态系统；同时，项目内部的商业设置也不是传统的配套商业，而是营造标杆体验式商业，将时尚、艺术、历史和文化进行跨界混搭，形成复合型的商业模式。

从产业规划上来看，这样的项目分成了三大类产业门类，其中有两类是引领型产业，主要是新文化、新媒体产业，它们有活力，传播能力强，有IP价值，并因其对场所展示的需求而占有了较大的空间区域。但是，因为仅靠文化和媒体产业并不能支撑整个园区的投入产出，所以，这里还规划了高附加值的金融产业，涵盖产业基金和互联网金融机构等，它们更加紧凑、密集，从而形成区域内的价值高地。

六、大胆创新运营方式，引发更广泛的关注

不同于许多传统商业和办公项目的招商与营销，项目的营销手法有了更为大胆的方式。万科在这里联合诸多活动机构，承继了哥伦比亚圈此前做圈层的传统，整个项目的营销就是不断借助圈层活动，在

预招商阶段就利用现有场馆进行活动的举办。哥伦比亚乡村俱乐部、孙科别墅和海军俱乐部等极具历史价值的场馆，都是活动的最好载体。

项目通过已经或即将举办的上海电影节、上海时装周 Showroom、阿迪达斯秋季新品发布派对等各类圈层活动（见图4-58），在项目更新改造过程中同步进行品牌营销，以这种永不落幕的活动，带动各种跨界圈层的活跃，形成一个跨界的、网状的传播系统，从而达到营销和招商的效果。作为一个具备明星项目基底的公园式商业项目，这样的活动操作手法与大悦城等上海其他明星项目操作方式一致，很容易在圈层内形成口碑宣传和粉丝聚集效应。

图4-50　哥伦比亚公园圈层活动现场

七、总结与启发

从纽约、伦敦、上海等国际大都市的发展案例可以发现，无论是纽约的中央公园还是伦敦的海德公园，公园式的风情与现代办公结合在一起，都是产生新作品的绝佳地段。而从万科哥伦比亚公园的案例可以看出，城市更新带来的不仅是建筑作品的创新，更重要的是生活理念的再造和重塑。我们期待上海的未来有更多这样的新作品。

第七节
深圳华侨城创意文化园催生文创产业繁荣

在深圳之前的一个工业区,通过十几年的渐进式改造,原本的旧厂房建筑群升级为充满活力和富含创意元素的文化产业集聚地,这就是现在的深圳市华侨城创意文化园(见图4-51)。如今,它已经成为后工业时代特色鲜明的创意产业园,吸引了全国各地的艺术家和设计师来此创作,推动了深圳文化产业的兴起与发展,并成为改革开放后深圳文化产业布局中至关重要的一个步骤。

一、时代的发展催生出改造的必要性

归根到底,华侨城工业区的改造工程是顺应时代发展的表现,更是时代进步的必然产物。从整个城市发展的角度来说,20世纪80至90年代,20多个行业的60家企业的工厂曾聚集在华侨城,为深圳经济的腾飞做

图4-51 华侨城创意文化园典型建筑

出了不可磨灭的贡献。但90年代之后,深圳的城市扩张速度大大加快,使得华侨城逐渐成为城市中心区。因此,该片区地租持续上涨,迫使利润率低的企业退出或开始转型。随着加工业的衰落和退出,更多工厂开始搬迁到别处,导致大面积的厂房(见图4-52)被废弃。在这样的时代背景下,该片区的产业结构逐渐从制造加工业等第二产业向第三产业过渡。

图4-52 华侨城工业区的旧厂房

从文化传承的角度来看,工厂是一个城市经历过工业化的标记,承载着一个城市发展的历史。作为文化的物质载体,工厂理应被保留下来,以一种新的形式呈现给市民和游客。这样的规划既顺应了社会发展的潮流,又能给城市增添几分历史的厚重感。

华侨城创意文化园(OCT-LOFT)位于沙河街道,地处深圳华侨城工业区东北部,东邻侨城东路,北靠侨香路。它的前身是20世纪80年代"三来一补"的工业企业区,康佳集团(原光明华侨电子厂)、华力包装、天霸、兴利五金等轻型工业企业都曾入驻此处。创意园分为南北两个区,总占地面积为15万平方米,建筑面积约为20万平方米。2004年,改造工程由华侨城集团牵头组织实施,LOFT(由旧工厂或旧仓库改造而成的且很少被内墙隔断的开敞空间,具有流动性、透明性、开放性和艺术性)改造正式拉开帷幕,旨在实现华侨城工业区厂房建筑群向以创意园为主题的新空间的转换。

二、指导思想明确,两期工程各具特色

华侨城工业区改造工程的指导思想非常明确,即用"置换与填充"的理念为现有的厂房注入新的艺术气息,同时充分利用工厂已有的内部空间结构,融入创意元素,最终达到旧工业区完全被现代化时尚空间(包括画廊、书店、咖啡厅和艺术工作室)取代的效果。在这个逐渐替代的过程里,创意慢慢地渗透进已有的城市肌理之中并成为城市更新的推动力之一。

在这一改造思路的指导下,首期工程以南区为试点,于2004年正式开始。项目占地55 465平方米,原建筑面积59 000平方米。改造之初,华侨城集团大胆地提出了把工业区改成LOFT创意园的想法。华侨城充分利用了LOFT的艺术性,通过全面的组合,打造出独一无二的内部风格。在具体实施上,华侨城大体保留了旧厂房的建筑形态和历史痕迹,并以此为前提将旧厂房改造为艺术工作室和创意市集等(见图4-53);在此

图4-53 创意文化园内的创意市集

基础上又衍生出更有朝气和更有生命力的产业经济。在对园区进行设计时，香港设计师高文安和梁景华的工作室都参与进来，为创意园带来了更多国际化的视野。

基于首期改造工程的顺利完工和南区的成功运营，二期工程于2007年正式启动。这一期的工程选址于北区，占地面积达到95 571平方米，建筑面积约150 000平方米。华侨城把北区规划为以创意设计为主的潮流集聚地，兼具"创意、设计和艺术"于一身的创意产业基地。二期工程最大的特点是为不同领域和类型的创意型企业提供交流的平台。和一期工程不同的是，北区的整体形象得以从宏观上把控，无论是从规划分区上还是组合上，各个业态都布局得十分合理，毫无突兀之感。另外，北区以超常尺度的连廊系统混合和叠加了公共功能，创造大量交流空间，鼓励跨领域、跨行业的对话和思想碰撞，使得多种创意发生成为可能，成功地将园区塑造成创新诞生的基地。

三、多重创意注入，全方位打造创意园

在具体的改造实践中，创意文化的注入体现在园内的每一个角落和每一处细节上。无论是对原有结构的保护和利用，对建筑外观的修缮，对业态进行多元化的打造，还是对周边配套的完善，都体现出建筑师的别出心裁。

在结构的改造方面，建筑设计师不但保留了原有工厂的建筑结构，还对其进行加固。除此之外，那些能够体现深圳工业化发展历程的物件，都被完好地保留了下来，默默地诉说着岁月的痕迹。譬如，旧工厂被改造成为精致的饮茶室，但透过入口处的大铁门，人们依稀可见曾经的工厂里忙忙碌碌的景象。同理，旧空调也没有被拆除或覆盖，而是被建筑师刷成了黑色（见图4-54），使其和建筑的颜色浑然一体，散发着古朴的工业之美。

建筑外观的改造也充满了创意。在园内一栋6层建筑的外墙上，一幅现代主义风格的艺术作品铺满了整个墙面（见图4-55）。这幅画的结

第四章　国内城市更新的实践与探索 | 265

图4-54　空调和墙面的颜色融为一体

图4-55　旧建筑外墙上的画作

构恰好避开了窗户与楼层中间的空隙，使得画作的完整性和观赏性得以全部保留。这种视觉上的完美呈现突出了设计师的匠心独运和对细节的关注。画作的存在，既是对原有工厂的尊重，又为空白而老旧的厂房墙壁披上了一层现代化的外衣，使其富有艺术感，进一步与创意园整体的格调相得益彰。环绕着画墙底层的是生命力旺盛的芦苇，它们的存在为建筑添加了更多的文艺范儿。绿色和淡黄色交相辉映，形成小清新范儿十足的景色。每天，自由摄影师和模特都会慕名来此创作，久而久之，创意园也就成了摄影创作的天堂。

在业态多元化方面，从前的废弃工厂已经升级为各式各样的场所，并不局限于商铺和企业。这主要得益于创意园里小资的环境和文艺的气息，在塑造舒适的工作和生活环境的同时提高了园区的吸引力，比如许多咖啡厅和小商店都是由原工厂的工人宿舍改造而成。因此到现在，一楼是商铺，二楼是住户的布局仍然被传承了下来。偌大的厂房内部则被改造成了展览馆（见图4-56），用于举办中型集会和各种展览。每个月园区都会在此处承办各种电影展、画展、雕塑展、音乐节和舞蹈节，

图4-56 被改造成展览馆的旧厂房内部

吸引大批艺术家前来，让浓厚的艺术气息弥漫在园区内。躲藏在花草之中的书店，在暖黄的灯光下散发出一股温暖的气息和安静的气质。书店内的读物丰富多彩，不仅有20世纪出版的古旧图书，还有诸多胶片和磁带。置身其中，童年的记忆逐渐如水墨般地在脑海中弥漫开来。

除此之外，创意园还与周边配套相互配合，形成互补、互助的联动关系，进而形成多功能、高效率的有机综合体。例如，在交通配套方面，创意园位于地铁1号线侨城东站A出口处600米处，如此便捷的公共交通增加了创意园区对企业和工作室的吸引力。商业配套上，星巴克和一渡堂等咖啡馆为园内工作与生活的人提供了闲暇时间的好去处，形成了工作与生活的良性互动。深圳侨城旅友国际青年旅社（见图4-57）也位于园内，它依红倚翠，四周绿树成荫。针对20世纪末期工业区里的一栋居民楼，为了迎合创意园的整体定位，华侨城集团将其打造出了一种简洁和国际范儿并存的风格。改建后的旅社突出了"简朴即力量"的主题。一些20世纪末期居民区的设计元素也被保留了下来，再配合新旧建筑的

图4-57 深圳侨城旅友国际青年旅社内景

互相呼应，营造出不同时段转变的透视效果。自从旅社开放以来，很多场由海归专家和学者组织的文化交流活动及义工活动都在这里举行，来自五湖四海的游客很多都把这里作为落脚点。长此以往，旅社在推动国际文化交流和增强城市的吸引力方面，贡献了自己的力量。

四、成功的运营带来可观的经济收益

2011 年 5 月，华侨城创意文化园的改造与升级全面完成，并顺利向公众开放。截至 2012 年年底，园区已引进 150 多家各种类型的企业和商铺，包括设计工作室、创意集市和国际青年旅社等创意型机构，以及书店、画廊、时装和美食等商铺，从业人员达 2 000 人，累计实现产值近 70 亿元。2016 年，华侨城创意文化园的产值已经达到 200 亿元，该园已经成为我国文创园区的榜样。

经过 7 年的不断探索，园区已形成了完善的创意产业链，集合了创意文化、艺术展览、时尚潮流、产品发布、生活派对和旅游观光等多重功能。目前进驻园区的创意公司和艺术机构约 300 家，就业人口达 5 000 人。如今，华侨城创意文化园又成为深圳市政府计划打造的 20 个特色小镇之一，这将会带来不可估量的经济效益。

相比改造前以厂房形式出租的平均租金，现在 LOFT 园区的租金水平得到了显著提升，每年可达数千万元。虽然无法和住宅带来的收益相媲美，但创意文化园带来的不仅仅是经济效益，还在于更高层面上推动城市的再发展，助力城市文化产业的繁荣。

五、新的产业模式，推动中国文化产业繁荣

尽管艺术的多元性导致很难产生规模效应和商业效应，但华侨城的 LOFT 作为一种崭新的城市更新产业模式，既解决了部分就业问题，给予艺术从业者生存空间，也在鼓励大众创新的同时包容了多元文化形态。更重要的是，在优化和配置设计类资源的同时，LOFT 有助于形成完整

的产业链,促进周边商业配套的完善,并同时助推文化产业的发展。这些主要体现在两个方面。

一方面,创意文化园在商业地产发展道路上开辟了一条新思路,将高收益和特色商业结合起来,为充分发挥工业厂房的商业价值提供了崭新的发展模式。它将人文氛围和宜居环境相互融合,提升了土地价值,带来的综合效益和长期价值增长不可估量。与此同时,创意文化园不仅是创意地产的典型代表,更发展成为旅游的景点,充分体现出多元文化的业态。

另一方面,设计类产业集聚效应明显,有利于在行业内部进行有效的交流,为信息快速而准确的传递搭建合适的平台。这样的产业集聚效应也会加快产业链的完善。就创意园而言,它以创意设计为核心,从前期拉动产品生产制造到后期带动营销和售后服务等一系列商业活动,逐步形成依托于市场且上下游共存的完整产业链。而上下游产业的繁荣也会反作用于文化产业,引领中国文化产业前行,进而对提升经济发展质量、拓展产业发展空间和促进消费结构升级具有重要意义。

第八节
上海新天地:石库门中的"海派文化"

上海新天地是中国房地产区域改造的标杆案例。该改造项目以上海独特的石库门建筑为基础,将上海传统的石库门里弄与充满现代感的新建筑结合起来,集历史、文化、旅游、餐饮、商业、娱乐和住宅等于一体。如今的上海新天地不仅通过提升土地品质带动整个地区的房地产开发,而且成了展现历史文化风貌的都市旅游景点和具有国际知名度的聚会场所。新天地已成为时尚的代名词:不仅是休闲娱乐的社交场所,同时,还是各大商家推广新产品、召开新闻发布会、宴请宾客和进行娱乐表演的极佳选择。

一、地理位置及商业条件

上海新天地占地 60 000 平方米,位于上海市中心卢湾区淮海中路东段,是原法租界 1914 年第三次扩建的旧式里弄住宅。北至太仓路,西至马当路,南至自忠路,东至黄陂南路(见图 4-58)。

图 4-58　上海新天地地区位置

项目周边区域交通非常便利,共有 8 条公交线路通过,地铁 1 号线黄陂南路站离项目地 200 米,另外在项目西侧马当路上专设了 3 个出租车临时停靠点,方便顾客出行。周边地下停车库和地面共有 600 多个停车位,基本可满足停车需求。

新天地项目所在区域是上海商务集中区,北部淮海路沿线有大量高级写字楼。淮海路为传统商业街,集中了大量的高档餐饮和购物等商业设施。如马当路、黄陂南路、复兴中路等项目周边其他区域仅有一些沿街小型商铺，业态基本为较普通的社区商业。

二、老旧弄堂，整体改造

改造前的区域，虽有石库门建筑元素，但其中的居住区破旧且拥挤，居住条件恶劣，亟待改造（见图4-59）。

图4-59 改造前的老式弄堂

20世纪90年代，上海市政府实施城区改造工程，计划拆除大量旧房，为配合卢湾区的开发，这一区域的老式弄堂也被列入改造范围。

1996年，当时的卢湾区区政府决心大力改造太平桥地区52公顷的旧城，邀请了新天地的东家瑞安集团参与重建。瑞安的一套整体规划方案得到认同，从此承接了城市建设这一重担。1999年，瑞安集团取得太平桥地区52公顷的土地，开始新天地改造项目。太平桥区域原有的自然街坊 23 个，居住人口 7 万人。瑞安集团前期总投资 14 亿元，并斥资 6.7 亿元用于新天地地区近万人的动迁安置。

2001 年上海有两个非常重要的活动，一个是亚太经合组织 10 月份在上海召开的峰会，另一个是中国共产党建党 80 周年的纪念活动。因此，开发商决定太平桥开发的第一期应先做好"中共一大会址"周边的旧区翻新项目，让出席庆典的党和国家领导人及外国政要看到上海的发展成就。

长远来看，21 世纪的上海将会发展成为一个国际大都会，而新天地则正好提供了一个让上海把自己的历史、文化和旧建筑物保留下来的方案。因此，新天地具备成功的基础，这也更加坚定了瑞安的开发信心。

三、"整旧如旧"为石库门注入新活力

在种种限制下，新天地广场的设计方案最终决定将旧的石库门房子外貌保留，内部全部翻新。这一过程需要付出比新建一个从无到有的建筑高一倍的成本，达到每平方米 2 万元之多。当时，瑞安集团刚刚受到亚洲金融风暴的冲击，而很多银行也都采取保守政策，贷款受限，即便是在这种不利的条件下，瑞安仍坚持开发全新概念的"新天地"。

瑞安集团挑选了美国旧房改造专家本杰明·伍德建筑设计事务所和具有东方文化背景的新加坡日建设计事务所，并邀请著名的同济大学建筑设计院为顾问。从保护历史建筑的角度、城市发展的角度及建筑功能的角度多方面考虑，把新的生命力注入这些旧建筑，以符合新世纪消费者的需求。

考虑未来经营场所的需要和功能后，新天地对这些原来是住宅的建筑，像修剪大树的枝叶似的做出有条理的改动。穿过几幢老房后，淹没在弄堂里的一座漂亮的荷兰式屋顶石库门建筑便会跃然而出。拆去违章建筑，过去不多见的弄堂公馆便重见天日。这样，被保留下来的旧建筑各具特色，仿佛一座座历史建筑陈列馆。

第四章 国内城市更新的实践与探索 | 273

上海方言中把用一种东西包套或收束另外的东西称作"箍",于是用石条"箍"门的建筑被叫作"石箍门",后被讹传为"石库门"。一般认为,这种建筑的正大门以条石为门框,门扇为实心厚木,上有铜环一副,与中国的传统民宅相比,趋向保守。

石库门住宅兴起于19世纪60年代。1860年太平军发动东征,攻克镇江、常州、无锡、苏州、宁波等苏南浙北城市,迫使数以万计的当地难民进入上海租界避难。租界为接纳难民,动员商人投资住宅建设。为了充分地利用土地,这些住宅大都被建为联排式的石库门里弄住宅。

保留下来的石库门由于历史较长,加之过度使用,缺乏保养,绝大部分已面目全非,部分必须重建。为重现这些石库门弄堂当年的形象,新天地的开发商到处寻觅,终于从档案馆找到了当年由法国建筑师签名的原有图纸,然后按图纸修建,整旧如旧。石库门建筑的清水砖墙是这种建筑的特色之一,为了强调历史感,新天地决定保留原有的砖瓦作为建材。在老房子内加装了现代化设施,包括地底光纤电缆和空调系统,确保房屋的功能更完善和可靠,同时保存了原有的建设特色,正好达到了"整旧如旧"的目的(见图4-60)。旧改项目团队专门从德国进口了一种昂贵的防潮药水,像打针似的注射进墙壁的每块砖和砖缝里。屋顶上铺瓦前先放置两层防水隔热材料,再铺上注射了防潮药水的旧瓦。一

图4-60 开发商对石库门进行了外观修复(左)和内部改造(右)

个"旧"字,代价远远超过了新砖新瓦。

新天地建筑的最大特点就是其古色古香的老式建筑石库门,保留了上海旧时的原貌,通过对老上海弄堂情景的复原,运用大量石库门的建筑元素,不仅营造出了浓厚的上海风情,也以此为卖点成功将新天地打造成了著名的旅游景点。

四、南里北里,新旧对话

新天地分为南里和北里两个部分:南里以现代建筑为主,石库门旧建筑为辅;北部地块以保留石库门旧建筑为主,新旧对话,交相辉映。

南里包括一座总楼面面积达 25 000 平方米的购物、娱乐和休闲中心,于 2002 年年中正式开幕。这座充满现代感的玻璃幕墙建筑物吸引了很多各具特色的商户,除来自世界各地的餐饮场所外,更包括了年轻人最爱的时装专卖店、时尚饰品店、美食广场、电影院和颇具规模的一站式健身中心,为本地和外地的消费者及游人提供了一个多元化和有品位的休闲娱乐场所(见图 4-61)。

图 4-61 新天地南里中充满现代感的玻璃幕墙建筑物

北里（见图4-62）由多幢石库门老房子组成，并结合了现代化的建筑、装潢和设备，化身成多家高级消费场所及餐厅，菜式来自法国、美国、德国、英国、巴西、意大利和日本，充分展现了新天地的国际元素。

图4-62 由石库门组成的新天地北里

作为南里和北里的分水岭的兴业路，是中共"一大"会址的所在地，沿街的石库门建筑也将成为凝结历史文化与艺术的城市风景线。

五、总结与启示

上海新天地所营造的文化氛围是典型的"海派文化"。此次旧改将上海的标志性建筑——原本用作住宅构件的石库门——改造为商铺，将现代和古典建筑相兼容。代表西方文化的酒吧是项目亮点，吸引着中外消费者。大量的中式和西式的文化元素结合，体现出"海派文化"中海纳百川、中西合璧的特点。同时，正是由于上海拥有近百年与西方文化接触、兼容和沉淀的历史，使得上海的消费者更加认同和热衷于上海新天地的定位和业态，这也是新天地难以被复制的最大原因——项目本身体现的文化氛围，与城市背景、城市精神及历史文化相匹配。从外观上来看，上海新天地别具特色的建筑风格获得了广泛的赞赏，荣获了"2001年中国年度新锐榜建筑奖"，与豫园明清建筑群、外滩金融建筑群和南京路百货公司建筑群等交相辉映，同为上海的都市旅游景观。

第九节
深圳星河 WORLD 的产城融合新模式

对于深圳这座面积仅有 1 996.85 平方千米，GDP 却高达 2.2 万亿元的城市来说，寻求发展之路的难度堪比 40 年前深圳刚刚成立时的"平地起高楼"。在如此密集的空间里，如何安顿好 1 253 万人的生活起居，如何安排好 318 万户商事主体和 380 多家上市公司的运转发展都不是小的课题，城市更新则是破题的关键。

在深圳的城市更新过程中，土地逐步向集约化发展，原本占地较大，容积率低的工业园区逐渐成为释放产业空间的主力。而星河 WORLD（世界）作为 2011 年深圳城市更新重点项目，从原来的旧工业园区成功蜕变为集研发、办公及居住等功能于一体的产城综合体，成为深圳工业园转型升级的一个示范项目（见图 4-63）。

一、区位优势明显，产业资源丰厚

星河 WORLD 项目占地 62 万平方米，总建筑面积约 160 万平方米，总投资 150 亿元。项目毗邻面积达 14 平方千米的银湖山郊野公园，坐拥雅宝、民治和南坑三大水库，拥有得天独厚的生态景观资源。同时，项目坐落于福田 CBD、深圳北站高铁商务区和坂雪岗科技城（原华为科技城）构成的黄金三角核心地带，是深圳最具活力的产业集聚地之一。

图 4-63　星河 WORLD 效果图

二、政策发展推动项目转型升级

星河 WORLD 所在地块原是深圳雅宝工业园，最初只是一片工业厂房，或者是说一块未经充分利用的空地。资料显示，2007 年 1 月，鹏基集团以 5.5 亿元购得雅宝工业城，2007 年下半年，鹏基集团因业务调整将其转手给星河集团。

在当初拿到地块后，如何打造这块土地成为星河集团的难题。星河集团曾一度计划沿用原有土地性质，修建厂房对外租赁，但一份世联顾问写给星河雅宝项目的规划报告却给了规划设计人员新的启发，报告指出该地段并不适合做制造业，而建议转型为现代服务业。将雅宝项目转型及"以现代服务产业为引领"的理念也初次进入星河集团的视野。但因为地块所在的雅宝工业园属于"工改工"项目，在 2007 年并没有支撑转型的政策依据，所以星河雅宝项目的转型也一度被搁置。

进入 2008 年，项目迎来转机。2008 年 8 月，深圳市有关部门对该项目进行规划论证，将雅宝工业园定位为生态、节能、环保的"高新技术产业园"，积极发展绿色经济和节能环保产业，建设以低碳排放为特征的产业体系。此举也为星河集团决心将雅宝项目转型打造成产融结合的综合体项目注入了一针"强心剂"。

2009年，《深圳市城市更新办法》出台，为工业区升级改造为住宅、商业或办公打开了通道。办法指出，如果符合政府规划的地块，那么企业只需补缴一定的地价款就可实现两者的转换；如果想要分割出让，则企业只要符合工业楼宇转让的有关规定即可。同年，深圳市政府又出台了关于"6+1"文件中有关工业楼宇的转让规定，更加促进了其项目操作的可行性，这为雅宝项目的升级打开了更宽的思路。由此，星河雅宝项目的转型开始进入加速落地阶段。

三、四规合一，树立产城融合标杆

通过星河WORLD项目的成功实施，星河的产业模块也逐步总结出了一套"产城融合四规合一"的独特打法。"产城融合四规合一"即空间、产业、技术和资金四项规划同步制订。

其中，空间规划是"骨架"，明确项目的空间布局、功能分区、功能组团和交通路网等，让项目站起来。技术规划是"肌肉"，明确项目智能化系统和低碳化系统的体系结构、具体功能、技术方案和性能指标等，让项目动起来。资金规划是"血液"，明确项目的现金流安排、开发节奏和融资方式等，让项目活下来。产业规划是"灵魂"，明确项目的产业发展导向、产业布局、重点项目和招商引资策略等，让项目最终有价值、有意义（见图4-64）。

深圳星河WORLD项目正是按照"四规合一"思路打造的。空间规划方面，星河WORLD总建筑面积160万平方米，集产业研发、创新孵化、品牌商业、酒店公寓、人才配套、品质教育、文化艺术和文体休闲八大生产生活配套设施于一体。技术规划方面，星河WORLD拥有双LEED

第四章　国内城市更新的实践与探索 | 279

空间规划
产业研发　人才配套
创新孵化　品质教育
品牌商业　文化艺术
酒店公寓　文体休闲

资金规划
短期：住宅销售回笼资金
中期：租金额差利息 ABS
长期：房东+股东 物业增值

技术规划
双 LEED 认证　智能交通
多园林塑造　人车分流
低密度布局　无缝连接

产业规划
战略新兴
金融投资
文化创意

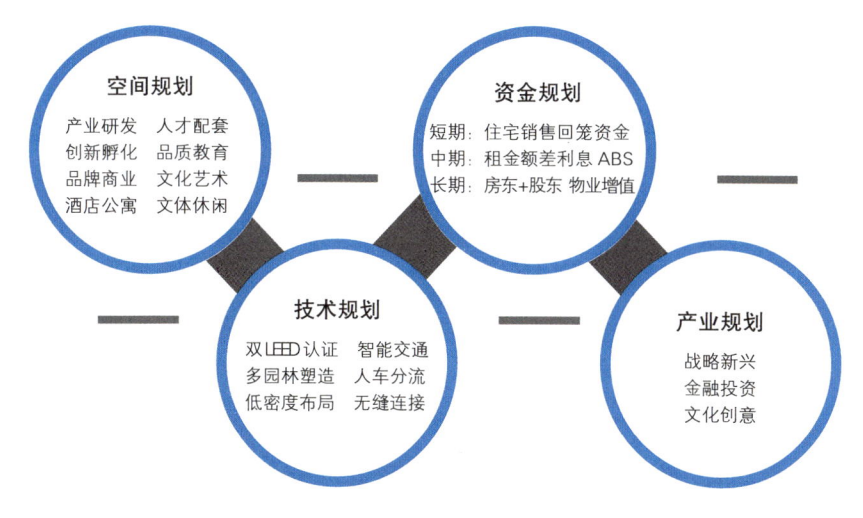

图 4-64　星河 WORLD 项目打造思路

认证，采用多园林塑造和低密度建筑布局，采取人车分流设计，打造智能交通体系，实现项目地上地下空间及内外部空间的无缝连接。资金规划方面，短期通过住宅销售回笼部分资金，中期通过租金收入覆盖运营成本和贷款利息，长期通过产业运营提升物业价值并通过金融工具平衡长短期现金流。产业规划方面，以战略新兴、金融投资和文化创意三大产业为主导，进行精准产业招商。

四、创新运营，开启项目发展新阶段

首创产权置换金融投资新模式。星河 WORLD 作为一个产业园，运营之初就拟定了一个全新的产权补偿模式，即产权置换。产权置换即星河 WORLD 以园区物业的产权作价，或以现金+产权换取拟上市公司的股权。集团将持有星河 WORLD 项目近一半的面积，部分写字楼的产权则用来置换拟上市公司的股权。这是深圳首创的一种金融投资新模式。

虽然产权置换模式有效地解决了雅宝地块的产权补偿问题，但是它并非"百利而无一害"。全新的金融投资新模式考验的更是企业的资金实力,它在项目的开发过程中会带来更大的压力。

住宅反哺产业,让产业招商和运营游刃有余。星河 WORLD 项目的住宅用地比例不高,新建面积比例也不高,仅占 14% 左右。由于住宅的超额利润为项目招商和运营奠定了资金基础,且项目招商运营有方,以至当初获取土地时政府提出产业的 49% 必须自持,现在运营方主动 100% 自持。当然,除住宅反哺,星河还进行了 ABS(资产证券化)融资,并计划进一步做 REITs(房地产信托基金)融资。通过这些融资方式促进资金快速回笼,从而保障了星河产业集团的滚动投资和快速发展,避免了资金沉淀。

产业服务和生活服务保障了企业的发展。现代产业园区与传统产业园区最大的区别,在于为企业和就业人士提供了周到、全面的生产服务;产城融合与传统产业园区的最大区别,在于为就业人才提供了宜居空间和生活配套服务。为更好地服务入驻企业,降低企业成本,提高企业运营效率,星河 WORLD 打造了全过程、多层次的产业服务体系,简称"GALAXY(星河)+ 商务运营服务体系",包括创新金融服务、咨询顾问服务、产业政策服务、知识产权规划及资质管理服务、高级政务服务、技术及人才服务、培训及教育服务、多功能公共服务平台及"O2O"(在线离线或线上到线下)服务平台等。

贯穿企业全生命周期的陪伴计划。在全国产业转型升级的大浪潮下,产业新城、科技小镇等各类产业空间载体如雨后春笋,方兴未艾。正如许多专家和学者忧虑的,未来有这么多企业吗?有这么多产业空间需求吗?实际上,党中央、国务院提出的"大众创业、万众创新"正是支撑各类产业空间载体的可持续性战略。

与许多单纯打造孵化器或总部基地的项目不同,星河 WORLD 包括了从孵化器和众创空间,到加速器,再到总部基地的各类空间和设施,正可谓从"播种""育苗""施肥浇水"到资金支持、包装上市的企业成长全生命周期服务。在寸土寸金的深圳,不嫌弃税收低微甚至无税收及经济效益低下的初创型企业的当地政府，与动辄带来大额税收、定位总部基地的个别地方相比，充分体现了做产业的正确姿态，也是产业可持续发展的基本保障。

五、总结与启示

截至 2017 年年底，星河 WORLD 已吸引了 500 余家知名企业进驻，包括著名的创客机构 15 家、上市企业 30 家、福布斯 500 强企业 14 家；战略新兴、金融投资和文化创意三大产业聚合度达到 75%，已形成初具规模的产业集群；创造总产值超过 200 亿元，为区域带来了 20 亿元的税收。星河 WORLD 的成功，是深圳打造科技创新中心和发展产业的一个缩影，既是全国各级政府应该学习借鉴的典型，也值得所有做产业的企业深入研究和学习。

第十节
深圳中洲湾：现代综合体的再生再造

近年来，深圳福田区作为深圳的 CBD，已成为深圳全市含金量最高的区域。福田区政府公布的数据显示，截至 2017 年年底福田区 GDP 总量为 3 820.56 亿元，以不到深圳全市 4% 的土地，贡献了全市超过 30% 的社会消费品零售总额、超过 25% 的进出口总额和近 20% 的 GDP。但随着福田区经济的高速发展，土地资源渐显匮乏，使得通过城市更新向存量要增量成为福田不断"涅槃重生"的主旋律。而早在 2012 年，深圳首次提出大金沙片区的城市更新概念，意味着福田大金沙片区 114.7 公顷的土地将焕发新生，与福田 CBD 区域融为一体。其中深圳中洲湾就是此次大金沙片区城市更新计划中体量最大的一个项目。

一、与 CBD 背道而驰的大金沙片区

大金沙片区位于深圳市福田 CBD 的腹地,是唯一的海景区域,拥有深圳市中心区绝佳的地理位置。但整个区域被上沙和下沙的城中村及沙嘴和沙尾的老旧工业区占据了,这里的房子一栋连着一栋,狭窄的过道,陈旧的房屋,杂乱无章的电线,随处可见的垃圾,脚下从未干过的污水……成了深圳"脏、乱、差"的典型区域(见图 4-65)。

图 4-65　大金沙片区实景(改造前)

早在 2012 年,深圳首次提出大金沙片区城市更新概念。2015 年,深圳市政府决定投入 300 亿元重金全面升级大金沙片区,未来将规划建设 350 万平方米住宅,创造 412 万平方米的产业空间(见图 4-66)。项目一旦完成,意味着深圳市中心的大金沙片区 114.7 公顷的土地将焕发新生,与福田 CBD 融为一体。

图4-66　大金沙片区城市更新区域示意图

二、大金沙旧改工程中规模最大的综合体

大金沙片区城市更新作为深圳市首个实施连片规划、集中改造的大项目，由15个城市更新单元组成，包括沙嘴村、沙尾村、上沙村、下沙村及金地工业区等重要组成部分，通过近、中、远期的统筹安排，井然有序地启动更新单元项目。

中洲湾所处的位置正是福田大型城中村上沙村城市更新单元，且为大金沙改造和升级工程的先行片区。该地块北邻滨河大道，东靠福强路和沙嘴路，南望广深高速，地理位置得天独厚。但区域内的城市配套设施较为落后，内部交通杂乱，居住人群密集。如何在上沙村的规划与改造当中提升空间质量和城市价值成为项目伊始重要的思考方向。

根据中洲湾的项目规划，未来将打造集住宅、公寓、300米高的超甲级写字楼、精品酒店、主题商业街区等多元复合业态为一体的现代综合体，建成后整个项目的建筑面积超过300万平方米，将是大金沙片区中规模最大的一个旧改项目。随着项目的逐步推进落地，这一区域原来"脏、乱、差"的形象势必会得到彻底改观（见图4-67）。

图4-67 中洲湾项目主要业态分布

三、引入多样城市空间，激活片区活力

为了加强商业性服务设施的建设，联动周围城市配套功能。经过统筹考虑，项目重点布局了生活轴、文化轴和商业轴三条重要的城市功能轴线。

生活轴结合上沙、下沙片区的公共开放空间和社区生活中心等形成生活体验轴线，将上沙村融入大金沙片区改造的有机整体当中；文化轴结合上沙祠堂及上沙村委文化综合楼，打造秉承上沙精神气质的文化开放轴线，赋予项目历史属性及地域特征；商业轴以11号路和建文路串联京基滨河时代、上沙科技园和上沙花园地块等区域主要商业节点，由北至南，打通了从车公庙片区至红树林自然保护区的游玩路线，激活了城市片区活力带（见图4-68）。

图4-68　中洲湾项目整体效果图

四、遵从哲学思想的超前建筑形式

双子塔作为本项目的门户和名片，设计概念尊崇老子"少则明、多则惑"的哲学思想。在对中外现有超高层塔楼进行调研的基础之上，项目规划充分利用双塔简明、有力的形象，在烦冗的城市肌理当中，将诸多功能性元素统一在一个框架之下，彰显了中洲湾双子塔地标性的项目形象（见图4-69）。

五、融合当地景观，演绎自然韵律和美感

中洲湾生态景观资源丰富，南临368公顷的红树林生态保护区，受红树林自然景观的启发，塔楼幕墙以横向线条为主，通过对窗槛墙进退的控制，刻画了塔楼在不同角度丰富的明暗变化；在夜间，双塔更是结

图4-69　中洲湾项目双子塔效果图

合灯光设计成为未来城市的新地标。双塔底部共享大堂，是公共人流的重要集散地，主雨篷以"流水"为设计灵感，通过对结构系统的深入研究，打造出气势恢宏、形态优美的建筑门户形象（见图4-70）。

商业裙房延续对"流水"概念的演绎，不但在三维体量和设计语汇上，完美地将建筑构件、景观元素表现得极富动感之美；而且将商场体验设计成一场"玩乐"+"购物"的探索之旅（见图4-71）。

图4-70 共享大堂远眺效果图

图4-71 商场主入口效果图

六、充足的产业空间支撑片区经济发展

中洲湾项目预留了相当比例的产业空间,成为大金沙片区时尚产业的重要支撑。福田"十三五"规划中提出大金沙片区打造深圳时尚天街,各种产业和商业的办公面积达 412 万平方米,是未来福田西片区产业升级的重要空间资源。时尚天街走廊将重点布局时尚设计、工业设计、时装珠宝、奢侈品等时尚产业,发展新媒体、数字内容、创意影视和广告传媒等文化产业,逐步推动建筑装饰产业集聚发展,打造时尚创意产业集聚和优质休闲消费业态汇聚的精品街区。

七、总结与启示

未来,随着中洲湾项目的实施,这一区域必将实现城市功能与生态文明延续的双赢局面,重塑未来福田大金沙片区的城市门户形象。中洲湾项目也将连接周边人流并服务周边居民及未来片区的发展,再现动感、现代的景观理念,为后续城市发展树立居民、城市和房地产商共赢的城市更新样板。

第五章

未来城市更新发展模式思考

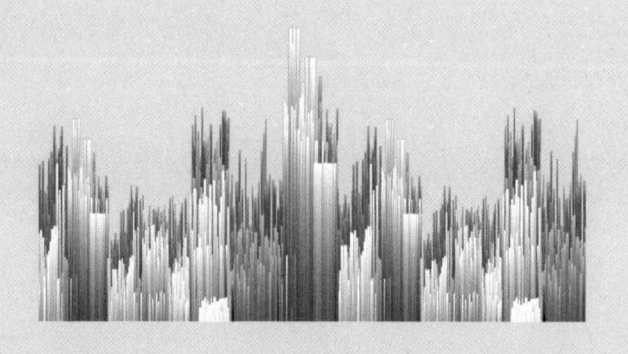

未来，城市更新将作为城市综合运营的主要手段而存在，新的内涵会由四大维度构成：新产业、新人群、新环境和新金融。城市更新需在此基础上顺势而为。结合城市更新的政策、国内外案例和发展趋势，未来的城市更新将形成"产业服务＋城市更新＋金融资本"协同作用的模式，这一领域也势必将出现更多像佳兆业这样的金融驱动、轻资产运作、产业落地能力强且城市公共服务能力国内一流的优势企业。

这意味着现有的城市更新较以往的发展模式需要在以下3个方面升级。

- 金融驱动，实现轻资产运作　过去的城市更新主要是重资产模式，投资回收期长，负债高。在房地产金融化、全面轻资产转型的背景和趋势下，今后的城市更新发展应将着力点放在充分发挥品牌和经营的优势上。企业作为基金管理方应该以小投入撬动大资本，从原先获取住宅开发收益升级转型为获取高额管理费率收益。
- 产业驱动，提升产业承载和落地能力　传统城市更新模式已经越来越难获得政府的认同和支持。这就要求城市更新企业除了需要具备传统的城市更新能力外，还必须具备产业导入和运营的能力，更好地支撑自身获得新的城市更新机会。通过城市更新重构城市产业发展，促进城市功能升级，在满足政府诉求的同时，也通过产业的服务获得更多的收益和产业运营经验。
- 产品驱动，满足消费需求的升级　从消费升级的趋势、居民消费水平及政策支持力度来看，城市更新需顺应消费升级浪潮，把握转型升级的机遇。在消费升级的大背景下，城市更新产品的打造须以人为本、因地制宜，既要满足人们对产品的体验感、舒适感和科技感的需求，又能将城市的历史文化与现代化发展高度融合。这就要求房地产企业在进行项目运作时必须通盘考虑、充分论证，精准把握痛点，打造优质精品。

第一节 金融驱动下城市更新轻资产运营

一、轻资产运营模式是城市更新方向

长期以来，我国的城市更新主要方式以拆除重建、更新后销售和重资产运营为主。随着城市更新的发展，与传统推倒重建式方式相比，现在的城市更新因"出售少、租赁多"而呈现出"长线融资、长产业链、长期稳定收入"的特征。因此，既有的金融支持体系已无法满足城市更新的融资需求，需要进行适应性的调整。

（一）金融需求由传统拆除重建型向改造升级型转变

从金融支持的角度来看，拆除重建型的城市更新项目与房地产开发的流程类似，基本能够纳入现有的房地产开发融资体系；而不需要拆除重建，只需对原有物业重新进行功能定位和升级改造的更新型项目，则缺乏一套完整的融资支持体系。因此，伴随着政府对城市更新重视度的提升和城市更新业务价值的逐步显现，金融体系可以在城市更新的物业获取、物业改造和物业运营等环节发挥融资功能，其作用会越来越大。

（二）金融需求由开发销售型向运营管理型转变

单一开发销售型城市更新项目，往往是在收购位于城市中心地段且存在升值潜力的物业后对其进行重新设计和更新改造，最终通过销售收入来回收前期的投资并实现盈利。这种模式虽有利于城市更新企业快速

回收前期投资，但由于项目出售后分散在多个业主手中，往往不利于物业后期的整体运营，从而影响物业价值的长期提升。

运营管理型城市更新是指通过企业专业化的持续运营，实现物业租金和物业价值的双重提升。运营管理型城市更新获取物业的方式主要有两种：一是由投资商或股权基金出资持有物业，运营商则通过专业化的运营和服务，实现物业租金的提升；二是利用长租方式获取物业运营权，企业通过运营获得租金差价和服务费。因为城市更新业务是近年才逐步兴起的，而且现有的大部分金融服务都是基于房地产传统的"开发—销售"型业务模式展开的，所以，随着运营管理型城市更新的金融需求的爆发，金融机构对运营管理型城市更新在物业持有和长期租赁等方面的融资安排与创新有望不断增多。

（三）金融需求由重资产运营向轻资产运营转变

城市更新的目标物业一般位于城市核心位置，资产价格普遍较高，对资金的需求量巨大。这不但加大了参与主体的风险，而且影响了参与主体扩张的速度。因此，城市更新领域正日益关注轻资产运营模式。轻资产模式的核心理念是用最少的资金（或者最轻的资产）撬动最多的资源，实现投入收益最大化。在轻资产模式下，重资产业务和非核心业务会被转让或外包出去，主要利用企业的专业能力，依靠品牌和管理的输出进行扩张，获得更强的盈利能力、更快的扩张速度与更持续的增长力。以凯德集团在房地产领域的金融运用为例（见图5-1），它充分利用金融工具对房地产链条每一个环节的支持作用，成为业内利用金融手段实现房地产业务轻资产模式运营的标杆。

结合目前我国城市更新实践和国外经验，城市更新领域的轻资产运营主要包括四种类型。一是长期租赁型，指以长期租赁的方式获取房源，对房源进行改造和装修后对外出租，并提供相关的增值服务；二是基金持有型，指由基金持有重资产，由专业化运营机构（企业）

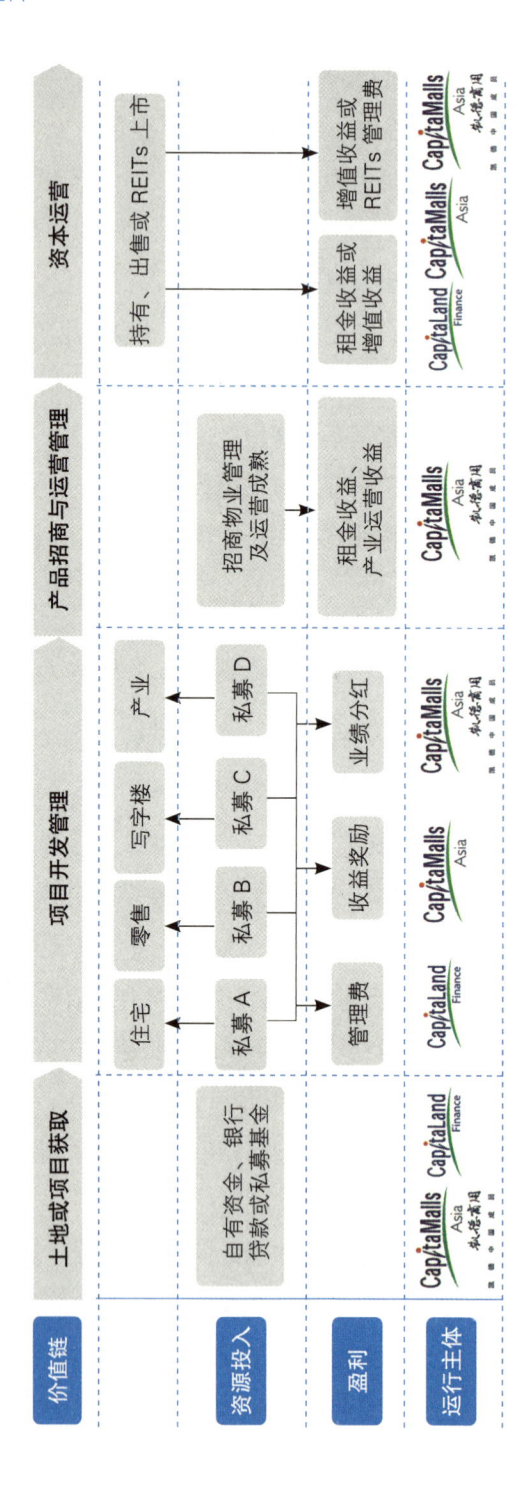

图 5-1 凯德在轻资产运营管理模式下全链条的金融运用

负责进行更新并开展运营管理；三是合作开发型，指城市更新运营企业与资产方或资金方成立合资公司，通过资源整合和专业运营获取资产增值收益，同时获得资产托管费等收入；四是专业能力输出型，指更新运营企业进行去房地产化，不持有重资产项目，而是通过在城市更新业务的开发和运营管理等环节提供系统化或品牌化的专业服务，并按比例分享项目收益。

二、全链条金融运作符合城市更新需求

资本方在城市更新中的定位是"加速器"和"润滑剂"。在助力城市更新方面，金融资本既要具备项目风险的判断能力，又要拥有对项目风险的控制能力或价值创造能力。与传统的房地产企业简单的"开发—销售"业务模式相比，城市更新的业务链多为"投资—建设—运营"，金融手段需要适应这个链条上的各个环节，并针对每个环节的金融需求进行创新，形成适应城市更新业务的金融运作模式，即"城市更新+资产证券化"的模式，也就是投资基金化、建设信贷化和运营证券化。由于该运作模式基本实现了城市更新业务由重资产运作向轻资产运作的转变，因而也被业内称为城市更新业务的轻资产运营模式。

城市更新业务的每个环节都要灵活运用金融手段。具体来讲，就是在项目获取环节，因项目前期的风险和不确定性较大，房企一般可采用股权方式融资；在建设改造环节，因前期风险基本被排除，该环节可利用大额债权融资（如贷款、信托及偏债性的私募基金等）对项目建设形成有力的支持；在运营环节，因项目已比较成熟且具有稳定持续的现金流，房企可考虑以资产证券化的方式进行变现和退出。

（一）前期启动阶段的投资基金化

因城市更新项目所需的资金量巨大，且前期启动阶段存在不小的风险和不确定性，该阶段的融资难度往往也是最大的。同时，若该阶段无

法实现金融化运作的话,很有可能使得项目难以为继。因此,在实际操作中,城市更新项目的前期投资主要通过投资基金进行股权融资,这类基金主要包括城市更新基金和有政府背景的产业基金两类。

1. 城市更新基金

城市更新基金因其资金体量大、受房地产监管政策影响小及退出灵活等优点,成为目前城市更新项目的主要融资方式。同时,政府为加快推动城市更新的力度,也会倾向于设立相关城市更新基金对投资商进行支持。一般来讲,城市更新基金采取三种投资方式,一是债权投资,如委托贷款和股东借款等;二是股权投资,如合作设立公司、股权受让和增资等;三是夹层投资,即债权投资与股权投资相结合。以第一期高和城市更新基金为例,我们来分析其交易结构(见图5-2):2012年高和资本和国开金融合作,按照股权 51% 和 49% 的比例设立"元融畅和"作为基金管理人。指定相关方作为信托计划的一般级委托人(实际承担劣后责任)向信托计划出资,以 1:2 的比例募集信托计划的优先级资金,同时国开金融以其持有的物业通过非货币方式向信托计划出资,认购信

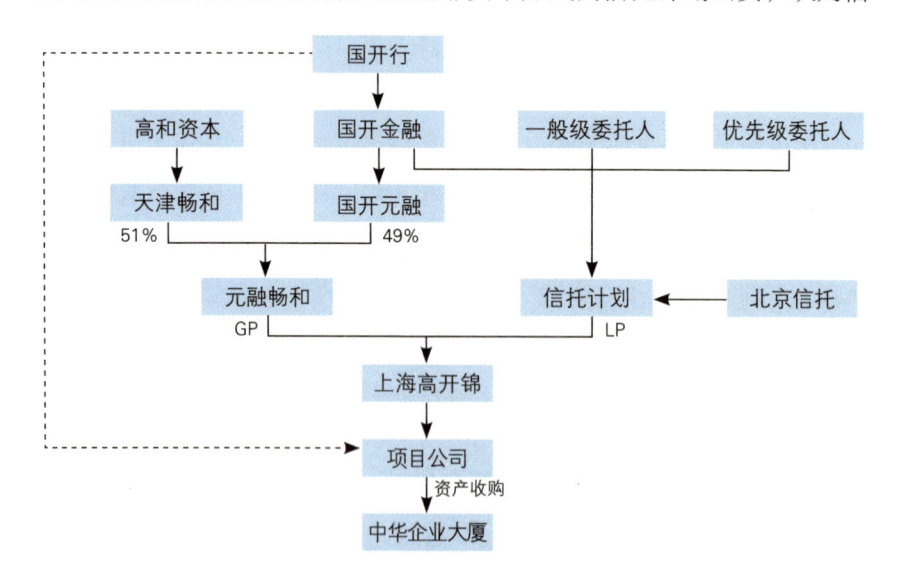

图5-2 高和资本携手国开行收购中华企业大厦交易结构图

托计划的中间级信托单位。在信托计划设立后，作为 GP（普通合伙人）的元融畅和与作为 LP（有限合伙人）的信托计划共同设立基金——上海高开锦有限合伙企业（上海高开锦或基金）。作为首个对价的补充，国开行以上海高开锦自有资金 1:1 的比例向其发放并购贷款。在上述交易结构的安排下，高和资本与国开行合作完成了对上海中华企业大厦的收购，改造为高和大厦。该基金于 2015 年退出，年化收益率超过 20%。

2. 有政府背景的产业基金

一般来讲，政府对于基础设施和公共服务方面的城市更新都会进行资金支持，而政府和社会资本合作的 PPP 模式则成为较为理想的选择。在国务院 2014 年发文剥离了地方政府融资平台为地方政府融资的功能后，地方政府只能通过列入财政预算、发行债券和 PPP 等方式满足自身发展的资金需求。通过 PPP 模式引入社会资本和专业的城市建设运营机构，能较好地弥补政府在专业运营能力方面的短板，从而实现城市存量资源利用效益最大化。

具体来讲，城市更新 PPP 模式以新成立的项目公司为载体，吸引专业化的企业参与城市更新项目建设。政府部门通过参股 PPP 项目公司，在整体规划和功能定位等前期环节对城市更新项目进行把控；而社会资本则主要负责项目设计、投融资、建设和后期的运营管理等。

有政府背景的城市更新基金，通过母子基金的形式以及优先级和劣后级的结构化安排，由政府投入少量的资金，撬动企业和金融机构等社会资本方共同参与投资，达到项目启动所需的资金要求，为进一步利用债权融资获取项目建设所需资金创造条件，这在城市更新需求较大的部分城市已发挥作用，如上海、深圳和广州等区域的政策性产业基金及引导基金已纷纷成立（见表 5–1）。以广州城市更新基金为例，2017 年 7 月，在广州城市更新局的指导下，由国有企业越秀产业投资基金管理股份有限公司牵头成立广州城市更新基金，基金总金额为 2 000 亿元，首期基金"广州轨道交通城市更新基金"的金额为 200 亿元,采用母子基金形式,越秀产业基金是基金管理人,广州市属国有企业共同发起母基金,并吸引社会资本参与。该基金围绕土地整备和物业活化两个重点,打造"基金 + 土地 + 运营"的城市更新模式。重点支持采取 PPP 模式的老旧小区微改造、历史文化街区保护、公益性项目和土地整备等城市更新项目。[①]

表 5-1 政府产业基金及引导基金示例

区域	LP 募集对象	其曾参与投资的项目	计划金额
上海	上海杨浦滨江投资开发有限公司	杨浦滨江国际创新带	50 亿~100 亿元
深圳	深圳市福田引导基金	福田区城市更新基金	100 亿元
	道滘镇政府、东莞市道滘商会等	东莞道滘城市更新投资基金	10 亿元
广州	广州市属国企等	广州城市更新基金	2 000 亿元

(二)项目建设阶段的建设信贷化

城市更新项目的建设期也是资金需求较大的阶段,但相较于项目初期,该阶段项目风险大大降低,参与主体对项目的把控度更强。在此阶段,可以考虑运用较成熟的银行信贷、信托及明股实债的私募基金等金融工具筹措项目建设所需资金。银行信贷主要包括商业银行、政策性银行等金融机构的旧改贷款和开发贷款等。

目前,在房地产调控政策的影响下,国家对进入房地产领域的债权融资进行了严格限制,银行的新增旧改贷款已基本停止发放,银行开发贷款和信托贷款基本只针对严格满足监管要求的项目。从城市更新的长期发展来看,特别是那些改变功能的城市更新项目,在改造建设环节,对满足债权融资条件的,银行或信托等渠道应向它们提供贷款以满足改

---

① 《城市更新过程中土地集约利用的经验与启示》,载于《城市观察》(2017)。

造项目的资金需要。

（三）项目运营阶段的资产证券化

资产证券化为城市更新缓解融资难、融资贵提供了非常好的解决方案。对于轻资产运营的城市更新项目，如果按照传统发债标准来衡量，主体信用达不到，就很难利用发债工具。但因为有现金流的底层资产，这类主体可以用资产证券化来融资，从而为城市更新打造投资的闭环，为扩大再生产规模的增加提供可持续发展的动力。目前城市更新领域可选择的资产证券化金融工具主要有类房地产信托基金（类REITs）、抵押贷款证券化（CMBS）和受益权资产证券化（受益权ABS）等三种（见表5-2）。

表 5-2 城市更新项目运营阶段资产证券化产品核心交易结构

类别	交易场所	融资方式	基础资产	融资成本	可复制性
类REITs	交易所、银行间债券市场	通过原始权益人出让项目公司股权获取融资	持有物业或项目公司股权与债权的私募基金	较低	结构较复杂，需设计税务、资产重组和到期处置等方案
CMBS	交易所	原始权益人通过抵押房地产获得贷款	信托受益权	低	结构简单，标准化
受益权ABS	交易所	原始权益人通过分期等形式进行融资	信托受益权	低	结构简单，标准化

1. 类REITs

REITs是指持有能产生稳定现金流的物业（如购物中心、写字楼、酒店、服务式公寓及专业市场等）并对这些物业进行份额化后以证券形式卖给投资者，然后将该物业的租金收入和房地产升值作为收益，最终按投资者持有的份额分配这些收益。REITs能够为运营型城市更新项目提供长期的资金安排,既能大幅缩短原物业持有者的投资回收期,又能为公众投资者提供稳健的收益。因为城市更新项目多数位于成熟的市中心,更新后的项目往往具备较高的收益率水平,所以 REITs 对于促进轻资产运营型城市更新能发挥较大的作用。目前,国内由于尚未推出严格意义上 REITs 的相关法律法规,在市场上发行的产品均是部分符合了国外成熟市场 REITs 的标准,因此称其为类 REITs 产品。我国当前类 REITs 产品多采用专项计划购买私募基金份额,私募基金全额收购基础物业资产的方式。基础资产的选择通常由发起人即原始权益人决定,在专项计划成立之初便确定若干物业资产作为基础资产,在产品存续期内专项计划也不会购买新的物业资产,即类 REITs 的规模一般是固定的。其项目收入也仅限于基础物业公司的运营收入,以及产品到期退出时物业资产的处置收入或原始权益人支付的权利对价等。以苏宁云创项目为例(见图 5–3),中信金石通过设立私募投资基金收购苏宁云商持有的项目公司 100% 的股权。华夏资本再通过专项管理计划,购买物业资产的全部私募投资基金份额,从而间接持有物业资产。[①]

对运营型城市更新项目而言,在政策条件还未成熟时,可探索发行类 REITs 来融资。

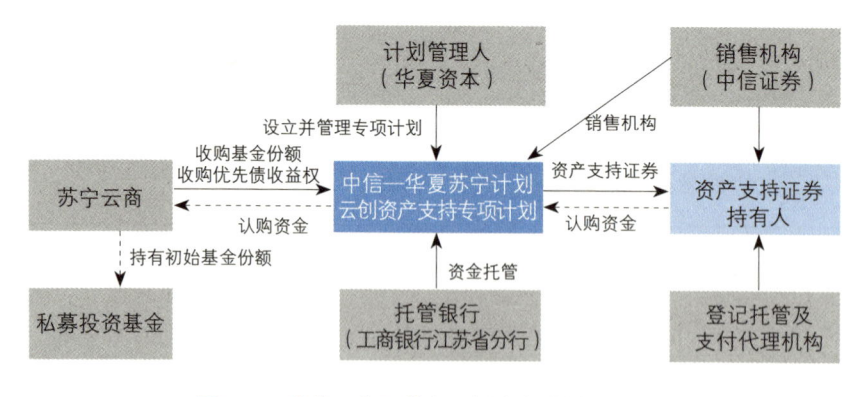

图 5–3 中信—华夏苏宁云创资产计划交易结构

---

① 《REITs,类REITs的差别你真的了解吗》,中债资信 ABS 团队(2017)。

2.CMBS

CMBS 是指商业房地产抵押贷款支持证券,债权方以原有的商业抵押贷款为基础资产,通过结构化设计,以证券形式向投资者发行。由于 CMBS 不涉及资产所有权的转移,专项计划对物业的控制权不如 REITs 强,因此在将物业抵押给信托计划的同时,一般还要求将应收租金等质押给信托计划。目前 CMBS 项目的商业物业一般位于一、二线城市,二线城市物业应位于城市核心商圈。标的物业运营时间一般要求超过两年(若物业特别优质可放宽到一年),并且租金收入要较为可观。此外,标的物业不能存在产权问题,土地性质为出让地且已办理完房产证,其他竣工结算手续也需完备。

以高和资本的城市更新项目凯晨世贸中心的 CMBS 为例(见图 5–4),高和资本收购凯晨世贸中心后,通过对其进行功能重新定位、改造和运营实现了物业租金和物业价值的提升,从而寻求资产证券化。2016 年 8 月,"高和招商—金茂凯晨资产支持专项计划"发行,规模约 40 亿元,年化预期收益率为 3.3%。以凯晨世贸中心作为目标资产,设置了物业抵押和中国金茂(AAA)、金茂投资(AA+)的不可撤销连带责任保证担保,采用多重措施保障投资者利益。

3. 受益权 ABS

受益权 ABS 是指以企业运营项目获得的收益而拥有的受益权作为基础资产,通过结构化设计,以证券形式向投资者发行。城市更新项目可以物业管理费收入、物业租金收入等为受益权基础资产。

魔方公寓是提供集中式长租公寓的企业,它通过租赁部分一、二线城市的整栋物业,所租赁物业多为非住宅物业,将其改造为公寓进行出租运营,属于城市更新。2017 年 1 月,魔方公寓发行"信托受益权资产支持专项计划"以北上广等一、二线城市经营的 30 处物业的 4 014 间公寓未来三年的租金收入作为底层现金流,采用"专项计划+信托受益权"的双 SPV(特殊目的载体)设计,发行金额为 3.5 亿元,利用分级、差

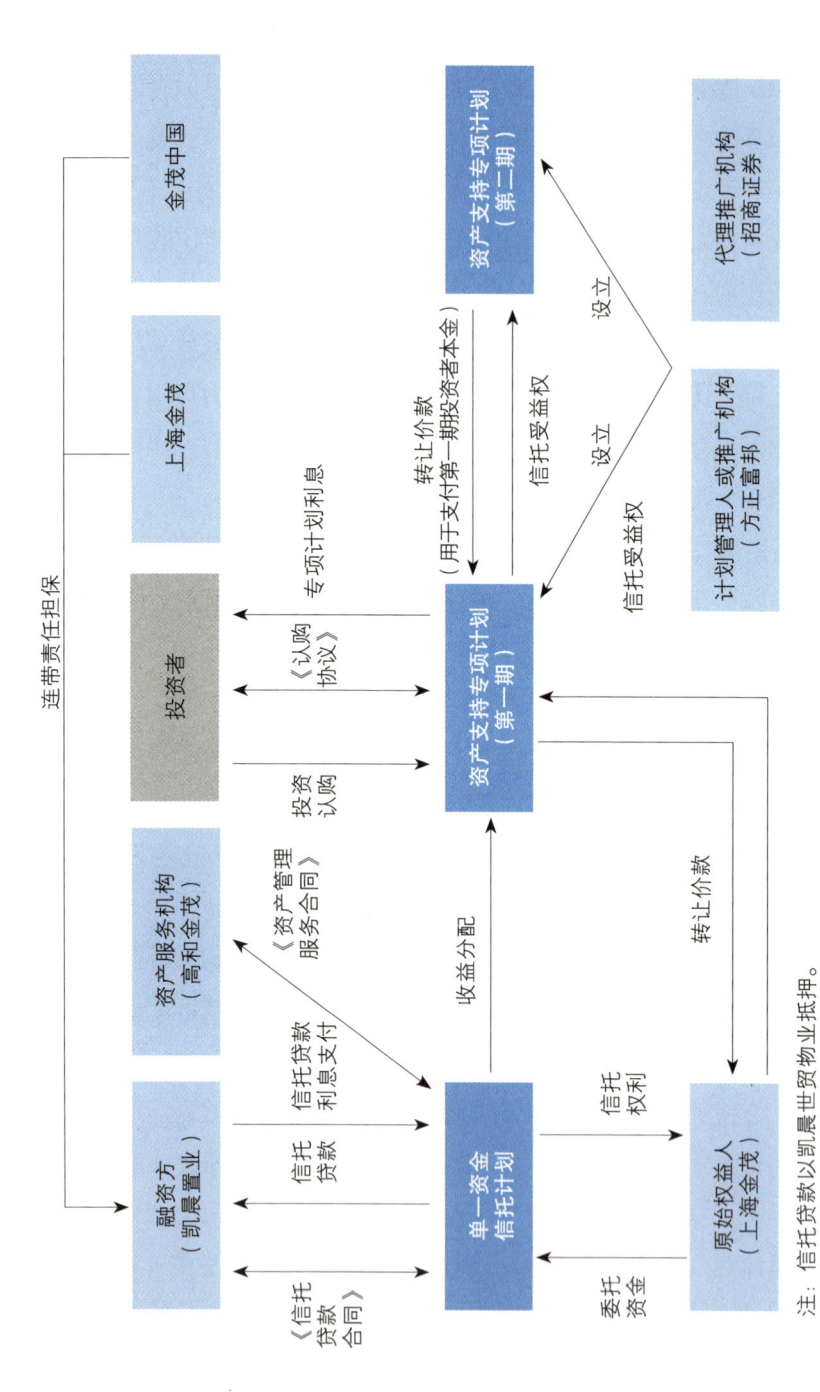

图5-4 凯晨世贸中心的CMBS交易结构

注：信托贷款以凯晨世贸物业抵押。

额补足及引入第三方担保等方式增信。

三、我国城市更新四大轻资产模式

轻资产模式是一种企业投入较低而收益较高的运营模式。其核心理念是用最少的资金（或者最轻的资产）去撬动最大的资源，实现收益最大化。在轻资产模式下，将重资产和非核心业务剥离，依靠企业专业能力、运营管理能力和文化品牌等方面的投入获得收益。轻资产模式和重资产模式是相对的概念，二者的本质区别在于对资产的运作和处理方式不同。与重资产模式相比，轻资产模式盈利弹性更大，扩张速度更快，增长能力的持续性也更强。

从目前的实践来看，我国城市更新的轻资产模式可以归纳为基金持有型、合作开发型、管理输出型和长期租赁型 4 种类型。

（一）专注专业能力的基金持有型

基金持有型轻资产模式是指由基金持有重资产，由具有专业运营能力的企业负责实施城市（或物业）的更新和具体运营管理。

1. 资产获取模式：基金持有，专业机构运营

一般而言，在这种轻资产模式下，房地产私募基金或信托投资基金（PE、REITs）之类的资金方持有资产，而由专门的更新运营机构负责物业的改造、升级和运营。

以新派公寓的基金持有型模式为例。2013 年赛富不动产一期基金以低价整体收购北京 CBD 区域的森德大厦。32 名 LP 投资人认购基于该物业发行的基金，专业的更新运营企业占 1% 的份额。更新运营企业（新派公寓运营商）每年向赛富不动产基金的 LP 支付不低于 3.5% 的租金回报；一期基金四年后到期时 LP 份额将会被散售或整售；同时，赛富不动产基金与 LP 签订股权回购协议，以提升基金的吸引力。

2. 运营管理模式：改造升级与租赁管理

一般来讲，在基金持有型轻资产模式下，运营企业会对更新物业开展3个方面的工作：一是对更新物业在功能、布局和创意等方面进行改造和升级；二是对更新物业进行租赁管理和运营维护；三是优化租金支付方式，提升客户体验。

以新派公寓CBD店为例，更新运营企业主要做了如下工作：第一，装修改造，如创意设计居住空间，建立白领专属社区和精准布局商业配套等；第二，租赁管理，经装修改造后，公寓以7 500元左右的月租金均价分散出租，根据物业所在的位置、区域和特点等细分为四个产品并给予差异化租金定位；第三，在租金收取上，运营企业与北京银行和58金融签订了合作协议，由金融机构向其支付整年租金，再由租户每月向金融机构交付租金。

又如高和资本，它们不仅为投资者提供"资产精装修"的服务解决方案（见图5-5），而且通过物业更新改造和资产管理提升租金水平和租客品质，并提供金融服务，实现投资者收益最大化。以上海静安高和大厦为例，它也是在经过装修改造、租赁管理及增值服务等方面的提升后，实现了较好的收益。

A	B	C	D
鉴定投资者准入	统一出租管理	统一物业监管	流动性支持
购买客户必须为追求中长期稳健收益的安全性资本或理财型资本及自用客户	购买客户需承诺在收楼后，委托指定的出租顾问公司出租	购买客户授权资产管理团队代表投资人对物业管理公司进行监管	为购买客户的资产提供再融资服务或再销售服务

图5-5 高和资产精装修模式

3. 盈利模式：基金管理费、服务费和资产增值收益

由于更新运营企业有可能参与也可能不参与基金设立和管理，所以其盈利会有不同的来源：若仅参与基金管理，则收取基金管理费；若参与基金设立并占有基金份额，则按其份额分享相应的资产增值；同时，更新运营企业依据其提供的专业化运营管理服务，还可以收取服务费。

- **基金管理费** 更新运营企业在作为 GP 参与基金管理时，基金管理费的收取比例一般为基金总额的 1.5%~2.5%，具体的收取水平可在设立基金时议定。在正常情况下，管理的基金金额越大，其基金管理费率相对越低，例如目前实践中总额在 10 亿元以下的基金管理费率为 2%~2.5%，在 30 亿元以上的基金的常见的管理费率为 1.8%~2%。
- **服务费** 根据更新物业的不同，运营企业所提供的增值服务往往具有较大的差异，且具体的服务内容可由专业运营机构进行挖掘，弹性较大，也是运营机构创收的重要来源。在长租公寓方面，增值服务主要表现为功能性服务；在共享办公领域，增值服务表现为产业服务；而在商业物业领域，增值服务则表现为综合性服务。
- **资产增值收益** 更新运营企业作为 GP 参与基金设立，一般会占有 1% 的份额，也可根据其资金状况和经营策略多投份额，从而分享更多的资产增值。资产增值的典型案例包括高和静安大厦和新派公寓 CBD 店。高和资本以约 3 万元 / 平方米的价格收购中华企业大厦，如今估值在 5.2 万元 / 平方米左右；新派公寓运营商以约 2 万元 / 平方米的价格收购森德大厦，现在至少估值在 4 万元 / 平方米以上，新派公寓运营企业占有赛富不动产基金 1% 的份额。

（二）谋求优势互补的合作开发型

目前，在我国金融的深度和广度均有不足的情况下，针对城市更新

资产成本高昂、产权复杂和运作周期长等特点，与资产方或资金方成立合资公司成为城市更新运营企业较为理想的一种选择。利用合作开发的方式，通过参与各方的优势互补和资源整合，实现轻资产化发展，从而达到共享利润、分散风险和加快轻资产扩张步伐的目的。

1. 资产获取模式：成立合资公司

合作开发的核心参与者包括专业方与资本方。参与主体一般是房地产企业与金融机构。根据参与方的属性不同，我国合作开发型轻资产模式中的更新运营企业获取资产的方式主要有与资产方成立合资公司及与资金方成立合资公司两类。

- **与资产方成立合资公司**　对于国内城市待更新资产的权属在政府或企事业单位手中的情况，更新企业往往采取与其合作成立合资公司的形式进行开发。这种情况在与代表政府的国有企事业单位的合作中更是常见，因为与国有企事业单位合作开发，而非从其手中收购资产单独开发，能规避国有资产估值与转让等烦琐流程，这是涉及国有资产较常用的城市更新运作模式。

  以北京莱锦创意产业园为例，北京市属国有企业北京市国资公司和北京纺织控股集团共同投资，于2009年成立北京国棉文化创意发展有限公司，负责北京莱锦文化创意产业园的改造、日常运营管理及其他文化创意产业相关业务。北京市国资公司和北京纺织控股集团，各持股50%，注资5 000万元。因为二者同为北京市国企，所以协调交易成本很低，项目进展顺利。

- **与资金方成立合资公司**　对目前尚处于发展初期的城市更新业务而言，与资金方成立合资公司的方式有利于整合各自优势资源，提升经营效率和降低投资风险。具体操作路径是：首先，主要由开发商和金融机构等资金方与城市更新运营企业共同成立合资公司；其次，通过合资公司收购城市更新项目；最后，对项目进行开发运营，在必要的情况下输出城市更新运营管理能力。

以这种方式开展城市更新业务的市场实践近年逐渐增多，如中信地产、合正地产与华策集团于2014年成立合资公司，共同完成龙岗区龙腾工业区的改造；万科与世联行于2015年设立合资企业，投资深圳市各类涉及"工改工、工改住、工改商办及旧工业区整体改造"的项目；中海集团与中建集团合作成立合营公司，投资15亿元发展深圳罗湖清水河片区旧改项目等。

2. 运营管理模式：优势互补、资源整合

一种运营管理模式是城市更新运营企业运用自身的专业能力，提供从更新改造到运营管理的全产业链服务和增值服务。如莱锦创意产业园采用的"运营+管理"模式，运营公司主要负责日常管理，维护客户的利益并集中精力为入园企业服务，而大量具体事务都外包给物业公司及相应的专业公司，形成运营公司有效运转和客户利益最大化的良性局面。

另一种模式则是城市更新运营企业整合多方的优势资源，提升运营效率，降低项目风险。为此，运营企业应加强与产业链上下游资源方的战略合作，包括与营销企业、地产服务商、金融机构及建筑建材企业的合作。例如，在深圳市光明新区城市更新项目的合作开发中，深华发、武汉中恒负责目标地块上现有建筑物的拆除及权利关系的清理，确保项目土地达到可开发条件；中信前海中证主要是输出品牌运营管理服务；中信或其指定的第三方管理人负责目标项目的规划设计、开发及推广销售等全程管理工作。

3. 盈利模式：股权收益或资产增值与运营管理费等

盈利模式有两种，一种是获取股权收益或按约定比例分享资产增值收益，即在合作开发过程中，运营企业在项目清算和结算阶段通过销售回款获得开发收益及垫资利息或者按照所约定比例获得资产增值的相应

收益。

另一种盈利模式则为收取运营管理费（委托管理费）。运营管理费的收取根据物业属性不同而有所差异。对于城市更新项目的销售物业部分，一般事先约定运营管理费是按实际的房地产销售金额的比例计算，一般为2%~5%，具体由项目参与方谈判约定；对于城市更新项目的持有型物业部分，则按物业的租金收入或估值金额的一定比例进行收取。

（三）专注于运营能力的管理输出型

管理输出型轻资产模式是指更新运营企业依靠自身的专业能力，不持有重资产项目，而是通过提供城市更新全过程的、体系化的开发管理服务，按一定比例获取更新项目的经营收益。通过该模式的运作，开发企业依靠其经验和能力转型为投资管理服务企业，即轻资产公司，类似于品牌酒店管理公司。

1. 资产获取模式：方式多样

在管理输出型轻资产模式中，城市更新项目的获得方式多种多样，可通过资产托管、入股、长期租赁或合作开发等方式获得。从目前市场操作的实践来看，以资产托管方式获取资产的管理输出型轻资产模式较为常见。

2. 运营管理模式：管理输出，实现物业与品牌增值

基于轻资产公司以专业能力见强而非以持有物业本身为目的，城市更新企业的功能在于负责提供从前期选址定位、规划设计建造、招商开业、后期运营及信息化管理的全流程支持，以及管理和技术团队的输出，发挥专业的运营管理能力。

以南京"1912"项目为例。2004年，南京1912集团取得1912时尚休闲街区十年的运营管理权。为此，集团专门成立了南京东方三采投资顾问有限公司来负责该街区的运营。经过十多年的运营，"1912"形成了以主题街区运营策划和商业地产运营服务为专长的文化商业街区运营商

品牌，成为目前国内影响力最大的连锁文化休闲主题街区运营品牌之一。在该街区的运营管理过程中，运营企业主要负责以下三方面的工作。

一是建立选址定位的基础标准。"1912"选址首选主要城市的核心商圈，要求项目规整、边界清晰、临主干道、有较长沿街展示面、交通便利，可建商业面积不少于5万平方米，且所在街区有文化特色与历史遗风可纳入商业运营。

二是合作企业发挥各自优势，资源互通。"1912"有着为数众多的各具特色的战略性合作伙伴，如苏荷、乱世佳人、粤鸿和可口可乐等，分别以不同的方式进行着深度战略合作。

三是形成多元化的服务支撑体系。通过多年实践经验，1912集团已形成针对各条线的服务体系。

3. 盈利模式：委托管理费和品牌溢价

第一种盈利模式是收取委托管理费，即管理运营企业通过输出专业运营管理能力赚取管理费。如在深圳光明新区城市更新项目的合作开发中，中信前海中证输出运营管理服务，资产持有方向受托管理人——中信前海中证按项目实际销售额的4.5%支付目标项目委托管理费。

另一种盈利模式是通过品牌溢价来实现盈利，即在实现品牌溢价和项目增值后，轻资产公司可按约定分享更新项目的后期经营收益。如南京1912集团通过整体租赁物业，投入资本改造提升，依靠后期成功运营的租金价差，补足前期投入，并获得项目运营利润。

（四）着眼租金差价的长期租赁型

长期租赁型轻资产模式主要是指更新运营企业以长期租赁方式获取房源后，加以改造和装修再对外出租，并在租赁过程中提供增值服务。在这种模式中，因为更新运营企业不持有资产，但要先行支付资产的长期租金，所以长期租赁型的轻资产模式虽属于轻资产范畴，但前期投入的资金也是比较大的。

1. 资产获取模式：长期租赁

目前，长期租赁是城市更新中长租公寓和共享办公空间的通用资产获取方式。长租公寓主要包括分散式和集中式两种租赁房源。

在通常情况下，长期租赁型轻资产模式在资产获取时会综合考虑租金水平、交通便利程度、资产规模、改造难度和期限等多重因素。例如，在租金水平方面虽然会因业态不同而有差异，但总体要低于当前市场价格的 5%~10% 甚至更多；在交通便捷性方面，拟获取的资产一般会尽可能靠近地铁或公共交通比较集中的地段；在资产规模方面，分散式公寓中的自如友家通常选择合适的两居或三居户型，自如寓是则往往会整租一栋楼，新起点公寓大多选择 2 000~6 000 平方米的楼宇改造为集体宿舍；在改造难度上，拟获取的资产要能适应运营物业的需要，如公寓或共享办公等；在期限上如集中式公寓获取资产的租赁期一般在 10 年以上。

2. 运营管理模式：改造装修增值服务

更新运营企业对房源的改造装修主要集中在如下 3 个方面。一是进行工程改造。根据更新物业的定位及功能属性，更新运营企业对物业在格局、功能和创意等方面进行改造升级，如对于分散式公寓中二居、三居成套住房的装修，对于集中式公寓涉及物业用途变更的工程改造。二是根据统一标准和定位进行的标准化装修，如自如友家的合租房改造装修就是由链家和万科合作成立的装修公司进行标准化的运作。三是配置公共空间，如集中式公寓配备健身房、公共活动空间或社交空间等。以中关村氪空间为例，运营企业特别增设了娱乐休闲区、书吧、咖啡厅、阳台和休息间等场景空间，将办公与娱乐休闲进行有机结合。

更新运营企业提供增值服务也主要集中在 3 个方面。一是基础服务，主要指保洁、维修、搬家和安保等基本服务。自如是按租金的 10% 收取服务费，为租户提供搬家等收费服务，对公共区域实行双周保洁，同时还提供收费的卧室保洁服务；新起点公寓则仅提供基础的保洁服务，包括公共区域每天保洁，房间内每周保洁一次。二是基于社群的服务。根据客户群体的聚合程度提供符合其特质与需求的服务，如自如的公共区域互动分享活动、共享办公模式下的导师分享会或集体团建等活动。据了解，氪空间内部达成合作的项目超过60%。三是金融服务。公寓与外部机构合作为客户提供金融服务，如自如和京东金融合作的"自如白条"，为租客提供房租和服务费分期信用贷款。共享办公空间则提供投融资或孵化等配套服务，例如氪空间拥有众多投资机构和投资人，依托金融服务平台，为入驻企业提供融资服务。

3. 盈利模式：租金差价和增值服务费

更新运营企业的首要盈利模式是获取租金价差。一般来讲，更新运营企业获得房源的价格会比市场价格低5%~10%，且在装修改造后期租金水平又能实现一定幅度的上升。因此，租金价差是长期租赁型轻资产模式的主要的盈利来源。如自如友家从市场上租赁普通住房支付给房东的租金一般比市场水平低5%，进行统一的标准装修后出租，向租户收取的租金标准略高于市场标准；氪空间主要利用不同用途物业转换的升值空间获利，如仓库改为共享办公空间后租金上涨。

另一种盈利模式是提供增值服务。作为创收的重要渠道，更新运营企业一般向租客收取房租10%的服务费，提供包括保洁、维修、宽带、选房、管家、代收代缴生活费用等服务。

四、城市更新轻资产模式案例

（一）基金持有型案例：新街高和——定位精准、效益显著

1. 项目概况

新街高和写字楼项目位于北京市西城区新街口北大街3号，毗邻金融街核心区域（见图5-6）。2015年1月，高和资本从新加坡星狮集团

图5-6 新街高和鸟瞰图

收购了位于北京市北二环新街口商圈的星街坊购物中心。2015年8月开始改造，2016年6月改造基本完成，并更名为新街高和。

由于该项目所处的金融街区域长期存在写字楼供不应求的现象，高和资本在进行更新时尝试将原有商业综合体改造成新型"互联网+服务"写字楼。改造前的星街坊购物中心以儿童培训业态为主，改造后的新街高和主要以金融、科技类办公业态为主。改造前1~4层为商业间，5~6层为办公间；改造后1层为商业间，2~6层为办公间。

通过楼宇公共空间的改造和物业运营服务的整体提升，更新后的新街高和填补了金融街区域写字楼短缺的市场空白（见图5-7）。2016年7月21日，新街高和正式面向市场出租。目前，出租率已超过85%，租户结构大致为金融业占60%，互联网业占35%，其他行业占5%。

图5-7 新街高和改造前后图（整体）

2. 更新运作模式

得益于新型办公生态 Hi Work 品牌，新街高和项目更新改造后的租金收益迅速增长。改造前，星街坊购物中心的租金为 3~4 元 / 平方米·天；改造之后，新街高和 2016 年 6 月底首个企业租客签约租金已达到 9.2 元 / 平方米·天，超过周边的租金水平（7~8 元 / 平方米·天）。这种转变与高和资本 3 个方面的运作有紧密的关系。

- 基金收购并持有项目资产　通过城市更新基金收购原星街坊购物中心并进行装修和改造提升后，高和资本将其改造为标准写字楼，并通过业态调整和提供专业服务，最终实现了项目增值，而且在运作上首次选择长期持有而非散售。
- 更新定位为共享办公模式的新型功能空间　高和资本聘请著名建筑师王辉担任项目改造的总设计师，项目工程改造包括楼层规划，增加独立的办公大堂，改造外立面和加装电梯等（见图 5-8、图 5-9）。该项目的更新主要体现出如下特点：按照旧城保护和景观规划条件的要求，改造方案结合了区域历史文化，外立面设计上与周边景观相协调；打破了传统的写字楼空间布局，设计了共享办公模式的新型功能空间，并对内外设施进行改造和创新，从而改变了传统办公空间封闭和压抑的氛围。
- 提供形式灵活的、新型共享办公服务　"Hi Work"将传统办公空

图 5-8　新街高和改造前后效果对比（大堂）

图 5-9　新街高和改造前后效果对比（电梯口）

间升级为"互联网+"办公属性产品，通过完善办公服务的生态链条，催化不同企业间的化学反应，促成多重办公社群的出现（见图 5-10）。具体包括：给企业内部活动提供服务的"共享会议"Hi 会，促进本楼企业之间交互的 Hi 咖，引入外部资源和本楼互动的 Hi 吧及 24 小时接待中心 Hi 办四大硬件；Hi+、Hi 活、HiV 三大软性对接平台；通过物业运营服务的整体提升，涵盖装修设计、

图 5-10　新街高和的 Hi 会、Hi 咖、Hi 吧与 Hi 办

品牌推广、人力招聘和教育培训等多领域的外部资源对接服务，为成长创新型企业提供对接资源、空间增效、创新指导、办公配套和 VIP 接待五大服。

3. 案例亮点

- 新街高和是高和资本的首个持有型写字楼项目　高和资本通过城市更新基金收购星街坊购物中心，提升改造后的新街高和更加专注整个运营过程，提供专业服务。同时，通过基金持有运作，高和资本实现了轻资产模式并且加快了业务开拓效率。
- "资产精装修"是商业楼宇更新改造成功的主要模式之一　通过"资产精装修"，高和资本将原先的大盒子商场改造成为标准写字楼，打破了传统写字楼空间并设计共享办公模式的新型功能空间，从而改变了传统办公空间封闭和压抑的氛围。核心是提供轻松、有效和轻奢的"互联网+"共享办公服务，完善企业内部交流、楼内企业间交互和外部资源对接等办公服务的生态链条，定位为"Hi Work"2.0 升级版。
- 更新改造关键在于定位准确　写字楼市场客户类型正逐步发生演变，可以细分为初创企业、成长型企业和传统成熟企业等类型。新街高和瞄准了对品质有较高要求的成长型企业。这类企业已过成长期，既需要一定规模的稳定办公空间，也需要跨企业、跨行业的内外交流。因此，新街高和将项目重新定位为基于成长型企业需求的"互联网+"服务式共享办公空间，精准地抓住了这类企业的核心需求。

（二）合作开发型案例：莱锦文化创意产业园——合作共建、多方共赢

1. 项目概况

莱锦文化创意产业园区位于北京市东四环慈云寺桥边的京棉二厂内，

占地面积 12 万平方米，是一座具有 50 多年历史的老厂。2009 年，面对当时北京文化创意产业迅猛发展的势头，以及朝阳区国际传媒走廊已经形成的情况，北京国棉文化创意发展有限公司决定打造一个保存着历史记忆的文化创意产业园区——莱锦文化创意产业园。

目前，这个创意园吸引了 200 多家传媒文化、艺术及高科技企业入驻，上市及拟上市公司约 20 家，就业人员超 10 000 人，成为老旧工业厂房转型发展文化创意产业的示范性项目。

2. 更新运作模式

莱锦文化创意产业园的更新运作模式主要有以下 4 个方面的特点。

- 通过合作开发方式实现"轻资产"模式　国棉公司出地，北京市国资公司和北京纺控集团各出资 50%，国棉公司负责投后管理。由于同属北京市国资系统，两家出资公司的协调成本很低，若通过拿地的方式再进行出租的方式，则难以回收成本，而合作开发在该项目中的效益更为理想。

- 更新改造以工业遗产转型为核心，以超低密度、绿色生态和独栋办公空间为特色（见图 5-11）　改造后，莱锦文化创意产业园共分为三个园区，A 区是文化创意产业交流中心和产品展示交易区，建立政策信息服务平台、展示交易宣传平台和培训招聘服务平台；B 区是在保留原有建筑风格的基础上形成综合特色服务区；C 区是文化创意企业工作区，由 46 栋 300~5 000 平方米的独栋花园式低密度工作室组成。

- 运营公司和物业管理公司独立，同时服务于客户　运营公司主要负责维护客户的利益，物业管理公司主要提供安保和园区修护等服务，两者互相监督。运营公司仅有五六个人，且集中精力为入园企业服务，不断挖掘并满足它们的需求。

- 提供衍生增值服务　莱锦文化创意产业园在筛选入园企业时特别注

图5-11　改造后保留旧有厂房情景图

重选择媒体企业，媒体企业占60%左右。园区鼓励企业互动，同时在园区内搭建了融资平台，发挥园区孵化企业的作用。

3. 案例亮点

- 莱锦文化创意产业园的合作开发模式充分整合了各方资源和利益关系，实现了共赢。一是通过合作开发降低了资金压力，又因参与投资的各方都是国有企业而大大提升了项目更新的效率。二是通过物业管理外包或运营管理并存等方式构建了园区的运营框架，发挥了各方的专业化服务能力，提升了园区的服务质量。
- 莱锦文化创意产业园在保留历史痕迹的基础上进行的空间改造极大地激发了创意。从空间结构来看，改造后的莱锦文化创意产业园在很大程度上弥补了在其他商圈的高楼大厦里办公的企业缺乏充足的个性化空间和自然绿色的环境这个缺点，通过更新创造出一种很独特的环境，保留了工业遗产，形成莱锦文化创意产业园的唯一性和不可复制性。

- 莱锦文化创意产业园以低于市场水平的租金实现了"放水养鱼"的作用。此外，莱锦文化创意园区还通过搭建媒体企业上下游，为创业团队提供融资、办公、法务财务和工商注册等服务。

（三）管理输出型案例：上海K11——艺术与经济效益兼收

1. 项目概况

上海K11购物艺术中心是中国内地首个K11项目，坐落于淮海路的黄金地带，占据地下三层至地上六层，面积约40 000平方米。秉承"艺术·人文·自然"三大核心元素相融合的品牌价值，上海K11全力打造最大的互动艺术乐园、最具舞台感的购物体验和最潮的多元文化社区枢纽。

目前的K11是由2002年竣工的新世界百货翻新而来，改造前的新世界百货在淮海路商圈中已渐趋衰落。2010年，新世界发展有限公司投资约4亿元人民币，将新世界大厦改造为K11购物艺术中心（见图5-12）。2013年6月正式营业。更新后，商铺租金增长70%，办公楼租金增长30%，人流量自试营业以来平均每月高达100万次。K11一跃成为淮海路上租金最贵的物业之一。

图5-12 改造后的K11购物艺术中心

2. 更新运作模式

- **打造"艺术+购物"的体验式购物模式**　K11购买了价值2 000万港元的国内外知名艺术家的艺术品，布置在各个楼层的空间中，延长客群在商场内的停留时间；并在客流不易到达的地方设置艺术展览点，引导客流动线。K11的艺术品并非罩在玻璃柜里，而是将艺术品变为亲近实用的物品，供顾客休息或把玩。在商场中，随处可见艺术品。K11还建立了自己的艺术基金会，由专业团队运营艺术产品，其艺术家资源库为购物中心的艺术展示提供了储备。
- **更新后增加的美术馆实现了艺术空间和商业体的结合**　K11将地下三层区域改造为3 800平方米的体验式艺术展厅，即chi K11美术馆。美术馆定期举办艺术展览、教育讲座及工作坊等互动活动。2014年，印象派大师克劳德·莫奈的首次中国特展在K11持续了3个月，共展出了40幅莫奈真迹及12幅雷诺阿等印象派画家的作品。展览期间，K11营业额增长了20%。
- **改造更新强调自然和绿色**　在改造过程中，K11应用各种绿化设计和技术，尽量减少对自然环境的负面影响，提升公共场所及城市整体的环境品质，包括都市农庄、垂直绿化墙和雨水回收装置等。例如，位于商场3楼的都市农庄有着近300平方米的室内生态互动体验种植区，让大众体验种植的乐趣（见图5–13）。

3. 案例亮点

- **更新定位准确**　K11在改造一开始就定位在商业和艺术相结合，打造上海最具舞台感的购物体验、最潮的多元文化生活区及互动艺术乐园，这使得它在商场云集的淮海路地段脱颖而出，成为上海全新

图5-13　K11中的都市农庄

的潮流地标。K11将核心目标客群锁定为25岁到38岁的"三有"（有经济能力、有文化、有追求）人士，定期举行艺术展览、艺术工作坊或艺术家沙龙，让大众在休闲或购物的同时可欣赏到不同的艺术作品及表演，契合了体验式购物的发展潮流。

- 改造中充分利用空间价值　K11的地下三层作为艺术空间而非出租空间，既增加了消费客群，增加了平台效应，又创造了一定的经营性门票收益。由于原有地下三层层高低，改造成本高，如果整体出租回报率并不高，而将其作为体验式的展厅，表面上浪费了部分出租空间，但是规避了缺陷，更能创造体验的价值。又如利用6~9层设置停车场，也体现了该思路。[1]

---

[1]《K11，何以成为上海购物中心NO.1?》，房地产观察家（2014）。

（四）长期租赁型案例：佳兆业创享域——创新运作典范

1. 项目基本情况

项目属于佳兆业集团长租公寓及联合办公品牌——创享域的上海旗舰项目（见图5-14）。创享域·上海交通路社区，属创享域华东区的旗舰项目，占地面积和体量均居创享域华东区项目之首。涵盖公寓式酒店及联合办公两大产品线，商业配套齐全，该项目是一座24小时运营的全时之城，助力中小企业实现创业梦想的造梦之城，具有文创气息的文创之城，以及拥有T台入口、环形跑道、花园和露台的自然之城。

图5-14 佳兆业创享域外景图

项目分为A、B、C三栋主楼及配套辅楼，形成一个独立的园区，建筑面积共计43 378平方米。该项目原经营业态为度假酒店、会议中心、俱乐部及配套餐饮等，运营效益较为一般。佳兆业创享域于2017年9月通过长期租赁的形式拿下该项目的A区和B区，其建筑面积为33 624平方米。经过科学设计，佳兆业创享域将A区和B区定位在主打公寓酒店与创客办公并配套相关商业设施的一个创新型长期租赁空间。再加之由业主自行改造的经营传统办公及休闲体育配套的 C 区，使得该项目由之前的传统运营功能模式转型升级为一个现代化立体创客空间。

2. 创新运作模式

- **经营模式** 创享域·上海交通路社区的经营模式创新主要体现在 3 个方面。一是高标准改造装修公寓。除了提供如基础服务、增值服务和酒店式管理等服务外，创享域还将所有公寓房按酒店要求验收，这较好地提升了公寓的品位。二是根据市场需求设置多元化房型。综合物业的建造结构和客户调研情况，创享域共设计出小客房、普通客房、带阳台客房、带露台客房和 VIP 套房五类房型。同时，针对专业精英阶层匹配了包豪斯风格的空间，针对精英女性匹配了都市复古风的空间，针对时尚潮人匹配了日式 MUJI（无印良品）风的空间——尽可能满足不同租客的需求。三是大胆运用灵活的租期组合，采取"长租+短租"结合的经营模式，可同时满足入住 1 天、1 月或 1 年的多样需求，并定期根据长租、短租需求及坪效调节长短租房投放比例。这既为客户提供了更多的选择，同时也有助于提升客房的出租率，深受客户欢迎。

- **功能空间共享模式** 创享域同时规划公寓酒店、创客办公空间及商业配套，所有业态可共用一个大堂活动区、一个路演活动区（见图 5-15）及停车场等，形成资源经济共享，有效提升公共区域使用率，构建居住、生活和办公一站式的全时之城的生态综合体。

- **服务模式** 创享域客群定位为 25~35 岁的年轻白领。运营方针对这类客群提供以下三方面的服务。一是提供精细化的酒店式保洁和维修等服务（见图 5-16），包括电路、电器、水暖、锁、宽带、家具家居和墙地门窗等方面的维修。此外，创享域还对公共区域实行每日保洁，并提供付费的卧室保洁服务。二是为客户提供便

图5-15　佳兆业创享域·上海交通路社区路演活动区

· 安全

| 人脸识别 | 智能门锁 | 租客保险 | 24小时安保 | 环保家具 |

· 品质

| 品质房源 | 超大公区 | 品牌家电 | 免费维修 | 月度保洁 |

· 服务

| 专属管家 | 社群活动 | 电子合同 | 在线支付 | 无人超市 |

图5-16　佳兆业创享域·上海交通路社区服务功能图

利化的金融服务。与中国银行合作推出租金分期，实现全年房租按月分期支付，租客每月向中国银行支付租金及 3%~4% 的利息。三是租房合约的签单续转等服务均可移动网络化办理。租客可以通过手机 App、微信公众号等方式签订租房合同、支付租金、预约保洁和维修服务等服务项目，极大地提高了办事效率。四是服务场景多元化。注重环境与人文、健康、社群活动等相结合，注入跑道、健身、社交场地等元素，缓解租客日常工作生活的疲劳。这些创新服务深受客户欢迎。

3. 案例亮点

- **精准定位客户群体并根据他们的需求大胆创新** 创享域根据市场调研需求，在装修标准、房型设计和租期组合等方面充分创新，实现了客户利益和项目效益的双赢。这种基于客户需求的灵活创新在业内领先。
- **充分利用整体项目资源，实现项目效益最大化** 创享域充分挖掘项目每一处的价值，通过共享提升资源利用率（大堂活动区），通过共享减少资源供应量（停车位），增强了项目活力。同时，得益于该项目容积率低，园区活动空间较大，创享域将在 C 区规划高尔夫练习场、游泳池，以及 1 800 平方米的健身房、羽毛球馆和网球馆等。这些设施将作为豪华配套，共同打造长期租赁行业的旗舰社区。
- **综合利用多元业态和区位优势，提升项目品牌价值** 借助项目集公寓、办公、商业和酒店等多业态于一体的优势，佳兆业创享域项目满足了客户的多元化需求；同时，该项目位于上海内环与中环之间，区位优势明显，紧临地铁，交通便利，周边商圈成熟，且独门独院，呈园区式布局，绿化和公共区域充足，佳兆业创享域项目品牌价值优势突出。

第二节
产业驱动下的产业导入及运营

从发展的历程来看，城市更新当前进入了一个新的发展阶段：城市持续更新，着力打造美好的城市生活环境并升级产业内涵。通过提升老城功能和空间质量，城市更新可以实现城市魅力升级，为创新发展提供优质的环境，吸引新的城市人口，促进新城市氛围的形成。其实，成功的更新项目不仅重视创新产业引入，而且会充分做好传统产业的创新提升，实现城市产业升级，最终积累新的财富。

因此，城市更新的本质是要给城市重新赋予生命力。通过城市更新，城市主体才能源源不断地吸引人口和资本，最终实现区域的可持续发展。

由此看来，产业的发展与创新无疑是城市更新的重要源泉和动力。从微观的角度来说，它让在这个地区生活及工作的人的生活水平得以改善；从宏观的角度来说，它能让整个城市，甚至一个国家在世界范围内更具有竞争力。此外，从产业发展的角度来看，城市更新的核心问题其实就是寻找具备可持续发展能力的优势产业或新兴产业。

目前，随着我国一线城市核心区的存量物业从外观到功能都在逐渐落后于时代，物业的价值也不断出现贬损，更新改造已成了必然的趋势。但城市更新并不是简单的建筑替换，而是应该像细胞一样进行"有机"的新陈代谢。

不管是国外纽约曼哈顿的"高线公园"或伦敦泰特现代艺术馆，还是国内的众多类似项目，它们都不断地印证了这样一个观点："产业聚合是城市更新的动力和源泉"。

以产业集聚驱动城市更新，以产业创新激活城市再生，同时在拆除和建设之间找到一个合理的平衡点，可以说是现阶段中国乃至世界各国在城市更新的过程中需要着力思考的主要问题。

一、产业驱动的核心是产业资源方的整合

（一）什么样的产业最符合城市更新诉求

1. 应重点关注战略性新兴行业，"微笑曲线"前后两端

城市更新的产业选择包括两个维度：主导产业和产业链环节。

从主导产业发展方向来看，产业整合与聚集将成为主要的发展方向。各区域的优势产业和新兴主导产业受政策支持力度大，因此城市更新项目应根据当地的产业优势情况打造主导产业。随着中国产业转型升级进程的加速，国家高度关注战略性新兴产业，并将其作为五年规划的重点发展产业。多个省市也将战略性新兴产业作为未来的发展重点，纷纷出台补贴措施及扶持政策。"十三五"规划期间，国家确定了数字创意产业、新一代信息技术产业、高端装备与新材料产业、生物产业和绿色低碳产业五大重点发展产业，同时超前布局空天海洋、信息网络、生物技术和核技术四大领域（见表5–3）。从这个角度来看，未来城市更新的方向及热点也应围绕受国家政策支持和鼓励的行业展开。

表5–3 "十三五"规划中的战略性新兴产业

规划领域	规划内容
主要发展五大领域	新一代信息技术产业
	生物产业
	高端装备与新材料产业
	数字创意产业
	绿色低碳产业（新能源汽车、新能源、节能环保技术）
超前布局四大领域	空天海洋
	信息网络
	生物技术
	核技术

从产业链的发展方向来看，城市更新需要从产业链延伸和优势产业的集聚两个角度出发聚焦高附加值产业链。

图5-17为产业"微笑曲线"。随着科技的进步，产业前端及产业后端的附加值将愈发明显，未来产业链将向"微笑曲线"的两端扩展。城市更新应多关注两端客户群体的需求。回顾中国产业发展历史，很长一段时间都集中于加工、组装、制造等中端环节，产业处于"微笑曲线"底部，产品附加值低。受环境成本上升、人民币升值和中国劳动人口红利消失等因素的综合影响，产业中端的附加值加速消减，底部优势迅速减弱。随着"工业4.0"时代的到来，"微笑曲线"将变得更为陡峭，产业链两端与底端的价值差异将越来越巨大，城市更新的未来在"微笑曲线"的前后两端。

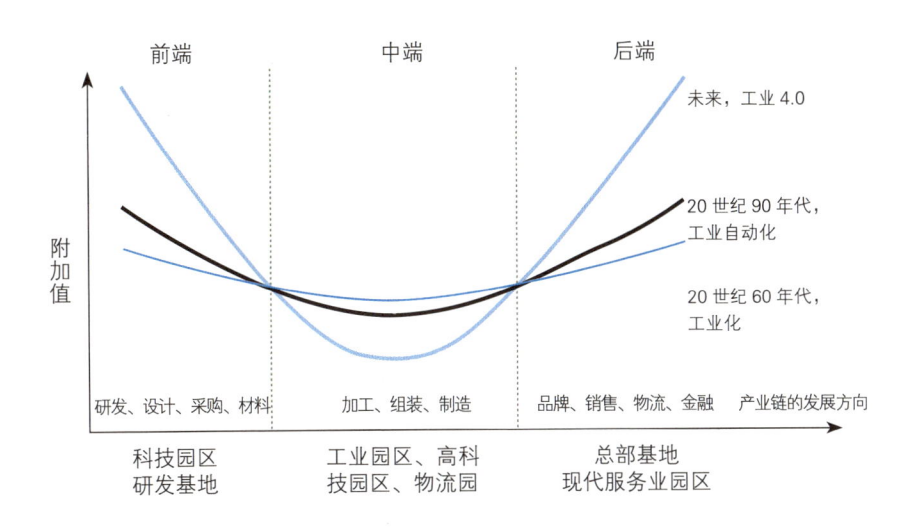

图5-17 产业"微笑曲线"

2. 产业导入区域选择

通过分析各区域城市更新的发展动力（图5-18），我们会有如下两点发现。

- 从单个区域来看，地区产业升级遵循产品品质优化和追求高附加值的原则，是以产业升级和高新产业迭代传统产业为主要发展方向，由资本密集型、劳动密集型产业向技术密集型产业转化，由传统制造业向知识型、服务型战略新兴产业升级。
- 从产业区域流动来看，区域产业流动遵循成本降低的原则，产业向具有低成本（包括人力成本、土地成本和资源获取成本等）要素的地区转移。

受产业升级和产业转移双重作用影响，不同区域的产业发展有着结构化的差异。

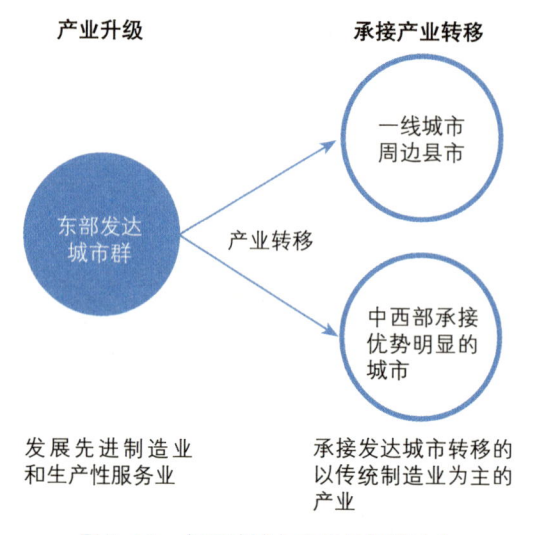

图5-18 各区域城市更新的发展动力

在20世纪90年代开始的第四次国际产业转移浪潮中，我国的珠三角和其他沿海区域最早承接欧美及我国台湾地区的投资及产业转移。随着中国加入世贸组织，产业升级进程进一步加快，沿海区域在进行产业升级之后将原有产业转移到了大城市周边的小城镇及中西部城市（见表5-4）。

表 5-4　各区域的重点发展产业

产业发展类型	区域	重点发展产业
产业升级	京津冀	高新技术研发和制造业中心
	长三角	先进制造业基地，高新技术和生产性服务业快速发展
	珠三角	高新技术产业聚集区，高端装备制造和电子信息技术等
	山东半岛	机械、纺织、石油化工、高端装备制造和海洋生物工程
	台湾海峡西岸	电子信息技术、石化、装备制造、冶金和轻工业
承接产业转移	东北	重要的装备制造业基地（石化、汽车和软件等）
	中原经济区	机械、汽车、煤矿装备和能源
	太原	煤化工
	长江中游	以钢铁和有色冶金为主的原料基地、生物制药、汽车生产
	皖江城市带	电子信息技术、材料、纺织和家电
	川渝	重庆（电子信息技术、汽车摩托车、装备和材料）成都（电子信息技术、航空航天和装备制造）
	关中—天水	汽车、轨道交通装备、输配电、软件和信息服务、物流和工业设计
	兰州—西宁	石油化工、矿产资源和装备制造业
	滇中	腌菜、批发和生物医药
	黔中	能源材料、资源加工业和特色轻工业
	海南北部湾	石油化工、钢铁、铝加工和海洋产业

- 东部应重点关注产业优势明显的城市，产业发展聚焦于战略性新兴产业及与之配套的生产性服务业　东部地区是我国的产业高地，为城市更新提供了巨大的容量空间。例如，行业中较为熟悉的联东和普洛斯等企业在落地时，其区域布局主要集中在东部沿海产业优势明显的核心城市。随着东部沿海区域加快进入"工业 4.0"时代，

各城市将依托本身的行业优势和基地优势进行产业布局，形成差别化的竞争。

北京和上海等核心城市未来的发展方向将更聚焦于金融和研发等高端服务性行业，与之匹配的城市更新形态则是以总部基地和科技园区为主。

南京和杭州等二线城市则应同步发展现代服务业与先进制造业，与之匹配的城市更新形态则可综合考虑研发办公和科技园区。

对于其他产业定位明确、产业优势明显的城市而言，城市更新也拥有较大的发展空间，可依据当地的规划政策及产业发展优势择机进入，与之匹配的城市更新形态可考虑以产业园区为主。如无锡形成了物联网产业主导的产业模式，且政府给予了大量政策支持；嘉兴则将光伏产业确立为主导产业。

- 一线城市周边县市承接城市群协同发展背景下一线城市的产业转移，迎来城市更新发展的受益期　2014年国家发布了《国家新型城镇化规划（2014—2020）》，明确提出了要对城区人口500万以上的特大城市进行严格的人口控制，而通过产业转移实现城市人口的分流是控制人口最有效的手段之一。随着资源密集型和劳动密集型产业从一线城市向周边县市转移，产业转移后的项目落地必然产生巨大的园区空间需求，周边县市将迎来城市更新发展的受益期。

随着京津冀协同发展上升为国家战略，区域产业一体化协同布局有效地推动了这一区域产业转移的进程。未来预计低端服务业（如仓储物流和服装批发等）和制造业（如水泥和化工业等）将是产业转移的重点，周边县市将成为主要产业承接地，滋生出更多的城市更新需求。北京则保留电子信息和生物工程等高新技术产业及现代服务业，天津则保留现代物流和金融等高端产业，均分离出低端制造业，河北接受两市转移。可能的转移模式有北京研发，河北转化成果，或者京津保留总部，河北负责生产，或者三地共建园区。北京周边的廊坊和保定等受益于北京新机场建设，地缘优势明显。

长三角地区在工业、新能源和服务业等领域进行园区共建已成为常态，上海新一轮的城市规划也首次将周边县市划入考虑范围，进行融合发展。随着核心城市工业用地成本不断攀升，上海周边城镇（如皖江、苏北等地区）将成为产业转移的热点区域。

- 中西部产业仍主要以传统制造业为主，武汉、川渝地区和西安可适当考虑　客观来讲，受区位条件、产业基础和历史原因等诸多因素影响，目前我国中西部地区的产业发展水平与东部地区相比还存在着不小的差距，产业仍以资源密集型行业为主，呈现出低端化、高投入和高消耗等特征，整体技术水平较低，多数城市的产业结构尚难以形成产业聚集效应。

随着东部地区人力成本、土地成本和资源获取成本的不断升高，以及产业向具有低成本要素的地区转移，中西部将迎来经济崛起的机会，部分地区的产业发展势头会更加迅猛。长江经济带上升为国家战略，沿江经济带的产业转移趋势愈发明显。城市更新投资机会将随着基建、港口和综合交通体系的建设被不断催生，尤其是物流地产的需求将受到航运能力提升的巨大刺激。"一带一路"经济区开放，中西部将抓住"一带一路"的国际、国内产业转移的良好机遇承接部分产业，在产业对接中增强本地产业的实力和核心竞争力。另外，中西部地区当前城市化水平较低，提高城市化率依赖产业的支撑，未来地方政府更多的政策将指向城市更新，城市更新存在需求缺口。从城市选择来看，武汉、西安和川渝地区可重点关注。

——武汉高新技术产业发展势头良好，本地众多的科研院校为高新技术产业发展提供了技术和人才上的支持，加上本身交通枢纽的地位和长江经济带港口物流的优势，未来城市更新的空间极大。城市更新形态将以科技园区、研发基地、物流地产和港口为主。

——西北部的核心城市西安，战略地位突出，本身电子信息和软件信息服务等高新技术行业基础雄厚、发展势头好，加上大批高等院校能提供高素质人才，适时发展科研、高新技术产业和商贸物流，城市产业优势明显，未来城市更新需求将多元化。

——在西南部城市中，川渝地区竞争力最强。据2016年由西南交通大学和四川省经济贸易和信息化委员会政策研究机构联合开展的《中国西部产业竞争力评价报告》显示，在装备制造业全国综合竞争力排行中，四川的"通用设备制造业"、"专用设备制造业"和"交通设备制造业"，重庆的"电气机械和器材制造业"与"交通设备制造业"排名较为靠前。在高技术水平制造业全国综合竞争力排行中，重庆的"计算机、通信和其他电子设备制造业"在资本、规模和市场竞争力方面均具有一定优势，排名第十，而四川排名第十一。四川的"医药制造业"由于规模优势和市场优势，排名第八。[①] 从高校资源情况来看，成都、重庆为西部教育的两个核心城市，为川渝地区的高新技术产业发展提供了良好的人才支持。

综上所述，从产业的驱动角度来看，城市更新的区域选择应优先考虑东部核心城市，其次考虑一线城市周边县市和东部二线城市，适当考虑中部核心城市，谨慎选择西部核心城市。

二、产业驱动需要打造全产业链多重能力

对于产业落地而言，其成功运营的关键要素主要包括如下4个方面。

（一）打造全产业链运营模式，形成大跨度的专业运营能力

以华夏幸福为例，为了把全产业链运营模式真正建立起来，该公司

[①] 《西部产业竞争力川渝最强》，载于《21世纪经济报道》(2016)。

在以下 5 个方面特别投入了大量的人力和物力。

1. 系统的产业促进能力

华夏幸福目前拥有 500 余人的专业招商引资团队，搭建起了环环相扣的成熟且完整的招商引资产业链，涉及园区前期战略定位与产业规划、中期招商引资及后期入园企业服务和产业促进等各个环节。多年的沉淀给公司形成了一个庞大的客户和项目数据库，覆盖园区企业数据超过 13 万条，主要企业负责人信息 1.3 万条，招商近 500 家，累积投资额超过 700 亿元。正如华夏幸福一位内部人士所言："每个招商人员都长期反复对区域进行扫描式招商，参加展会，名片都积累了好几盒，手中也沉淀下几百个资源。"

2. 强大的企业服务能力

在十多年的产业促进实践历程中，华夏幸福接触了大量企业客户，具备了一整套为入园企业服务的一站式投资解决方案：为入园企业搭建"人才、创新、服务、金融"四大平台，企业从工商注册、立项、环评，到规划、消防、建设以及在投资发展中的融资需求，甚至员工的生活需求（如子弟上学和班车月票）都有专人负责提供服务。园区更有专人负责收集、归纳、整理和落实入园企业的需求。同时，每进入一个城市，项目团队都会根据当地特点进行市场研究。如肽谷固安生物医药孵化港，招商人员的考虑会细到研究生物医药研发人员喜欢什么风格的咖啡厅，最后招商中心坚持了学院派设计风格，进门就设置了咖啡厅，以便研究人员在开放的交流空间内轻松交流思想。

3. 强势的产城规划设计

由于前期规划和一级开发都是自己来做，所以后期的产业园区、住宅和商业的开发对华夏幸福则非常有利，这套组合拳让竞争对手难以"插足"。华夏幸福有自己的博士团队和研发部门来做规划，产业策划能力基本达到了非常高的水平，3 个月就能完成一个项目的全部规划设计工作。

4. 善于借助资本推动产业发展

华夏幸福一直寻求实现资本对产业发展的有效推动。一般资本更倾向于以"种麦子"式的形式进入，一年一收成，关注的是短期经济效益。华夏幸福则与之不同，它们的资本进入某个市场更关注长期效益，是一种"植树式"的投入。华夏幸福实际接触到的企业很多，有大有小，从进入开发区创业直至最后上市，华夏幸福在各环节都会提供资金支持，这和很多资本只做某一段不一样。至于资金来源，除了帮助企业融资贷款，华夏幸福自身也会投资一些项目，"把一个小企业从一开始一直养大，像养孩子一样"。以肽谷固安生物医药孵化港为例，它所孵化的生物医药企业在前期研发阶段对资金需求非常大，企业从研发至生产的周期一般为五年。这种长周期的投资是传统基金不会轻易涉足的。华夏幸福审核过这类项目后，在其临床前中试阶段就会注入资本。

5. 打造成功样本实现模式复制和快速扩张

通过固安的成功实践，华夏幸福模式对地方政府产生了强大的吸引力。因此，华夏幸福借助固安样本的影响力迅速在全国打开了局面。

（二）创新和优化资金解决方案为产业地产构建强大的金融平台

产业落地对资金要求非常高，需要房地产企业创新和优化资金解决方案。一般来说，主要有3种方式。

第一种，通过地产销售反哺园区运营，双线联动实现资金平衡。这种方式主要通过"园区运营＋地产开发"双线联动，二者形成良性互动，相互支持。一方面，园区品牌化运营提升区域价值，实现常规地产开发价值；另一个方面，常规地产开发反过来持续贡献园区运营所需的现金流。

第二种，债务性融资和权益性融资并举，构建多种融资渠道。在产业地产开发方面，多数园区在资金筹措方面已运用过多种融资方式，包括发行债券、开发银行贷款、商业银行贷款、财政投资或上市公司壳资源等，现有的资金渠道约有90%是债务性融资。在长期资本支持的资金匹配方面，产业园区普遍存在很大问题。另外，加大权益性融资力度，已经成为更加具有生命力的一种长期资本支持合作模式。通过土地经营，引入战略合作伙伴，共同开发产业项目，后期通过退股等方式解决产业落地和资金问题。如营口产业园兰旗机场的建设，就是通过企业、政府和海航集团共同签订出资协议，共同开发产业项目。

第三种，设立基础设施投资基金或产业投资基金，着眼于产业地产的良好发展前景和资产增值，完成产业项目早期或当前的开发任务。

（三）解决地方政府痛点，建立政企双赢模式

目前，国内的产业园区开发仍处于起步阶段，缺乏足够的支持。无论是产业转型升级还是产业转移，相关的政策支持仍显不足，不具备明显的驱动力；在项目概念、产业规划、产业服务及园区优惠政策等方面也缺乏差异化，必须在此基础上寻求新的突破点，实现守正出奇；国内产业园区的规划大都是概念口号多而落地行动少，尤其以企业为主导运作的模式，在资源的整合力和推动力上明显不足，产业规划落地难。

结合国内外成功产业园区的先进经验，产业项目的建设可以立足于以下3点。

- 产业转移和升级首先应着眼于大城市和资源型城市的周边地区，基于城市发展战略与核心资源来开展。
- 产业导入首先从产业要素聚集入手，尤其是推动政府进行政策设计和资源整合。
- 全方位提供产业所吸引的人群必需的各类配套设施，包括公共、商业、居住和教育等。

比如，华夏幸福在进入城市的选择及招商层面有着严密的分工。华夏幸福的产业促进团队涉及两条线：位于北京总部的行业线和分布在各地并负责项目落地的区域线。在进入目标城市后，区域线最早派出产业研究团队，对当地的产业基础和地方政府的产业发展需求进行调研，之

后再和政府相关部门沟通，协助后者制订该城市至少未来 5 年的产业发展规划。

具体到招商执行阶段，华夏幸福会提交给政府部门关于招商的一些意见。如某区域定位以汽车电子产业为主，华夏幸福总部的汽车电子行业招商人员会依据项目特殊性匹配招商资源，而区域线则负责当地的产业导入。

（四）产业导入和落地需摒弃赚快钱方式，实现模式的升级换代

切入产业地产，就要摒弃固有的一卖了之的赚快钱方式，这当然会带来资金周转的压力。但是，未来产业园区的发展和开发必定是在规划、开发、建设、运营乃至资产证券化这条全产业链上提供全面的服务，只有这样才能具有可持续的竞争力。将来赚快钱的机会将越来越少。

具体来说，与传统地产开发不同，产业地产开发模式的升级换代可以从以下 3 个方面进行。

- 向前端的一级开发延伸，参与产业园区的一级开发　在地方政府债务总量受到限制的现实背景下，城市运营商能够帮助地方政府通过 PPP 等模式进行产业园的开发，地方政府碰到困难的时候正是城市运营商的机会。为此，产业地产开发商必须设法突破开发和投融资方面的瓶颈，确确实实地帮助当地把产业做起来，这样才能得到地方政府的热情欢迎。
- 向后端运营管理延伸　产业地产开发商原来以销售为主，将来更多的是在招商、运营、管理和服务方面予以突破。新时代的城市运营商应该与所在区域共同成长，增强持续的产业发展和运营能力，为此就必须做到从原来的开发到运营全产业链的突破。
- 创新产业园区发展的投融资模式要实现"产融互动"　一手是产业，一手是金融，产业是核心，是基础，金融是可以推动整个产业园区可持续发展的重要抓手。在产业园区的一级整理、二级开发、三级

运营乃至资产证券化的各个阶段，城市运营商都可以与各类金融机构携手合作，设计投融资架构和产品，实现园区开发的资金闭环和可持续发展。

总体而言，由于中国经济增长和城市化的需求，所以产业地产将有巨大的发展空间。从未来政策预期来看，在政府资源收紧的利空之下，升级"土地文章"和组建"运营"业务成为当务之急；从未来产业趋势来看，结构调整和发展新兴产业是产业地产开展多元业务的关键，新常态下土地获取的难度很高；从未来经营模式来看，同一起跑线的企业，打造"运营"的软性服务远比靠有限资源形成的有形资产更能经受市场的变幻。

三、产业运营能力决定城市更新发展高度

我国正加快战略性新兴产业布局和传统产业改造升级，不断调整和优化产业结构。能否真正实现以创新引领产业转型升级，将决定我国"十三五"乃至中长期战略目标能否顺利实现。城市更新服务商实现创新驱动有两方面的内涵：一方面是城市更新服务商自身的创新发展，包括运作模式的创新、产业创新驱动力的提升、服务与配套创新等内容；另一方面是城市运营企业创新要素的投入。

（一）建立要素流动通道，构建平台与圈层

在经济下行压力加大的"新常态"背景下，中国经济增长的着力点正在发生改变。市场化资源配置将在经济发展中起到决定性作用，资源和信息将被重新组合利用，传统城市运营的招商和租售模式面临挑战。随着资源互通和信息共享速度的加快，具有资源整合与嫁接能力的运营商将拥有更加明显的优势来推动城市运营模式的升级。

城市运营中产业资源和客户信息等平台化模式将更为普遍，产业资源流和信息流的互动将更加频繁。传统运营商更多地采取线下运营、粗

放经营的方式，资源利用效率较低。随着中国供给侧改革的深入，城市运营商将更多地依托平台资源，通过资源跨界融合提升运营效率，发挥各业务模块的优势。不少企业开始建立企业资源库和产业联盟等平台嫁接客户资源，并将互联网和物联网应用于运营的各个环节，招商资源向线上转移，充分整合了供应链资源和客户资源。

要构建城市运营体系，激发创新创业的活力，融合发展形成新的产业发展格局，城市运营商不仅要在资本上具有竞争力，而且也需要有强大的资源平台，以保障企业的可持续经营和创新能力。以资本为纽带并将产业链上的相关合作伙伴捆绑成利益共同体无疑是一个较为有效的方式。

未来城市运营将最大限度并开放性地整合优质资源，建立要素流动通道，搭建平台，使各主体之间在产业信息和产业资源方面的交互更加频繁，形成互动循环的内生系统，实现各方利益最大化。

城市更新应政府需求而生。政府更加看重城市更新服务商是否能够带来持续性的经济增长，规模不再是拿地的第一要素，还得有产业导入和资源要素的整合，这需要城市更新服务商或者房地产开发商在产业资源整合和产业导入上具备一定的优势和能力（见表5-5）。

表5-5　目前房地产企业产业导入的四种方式

产业导入方式	主导方	是否自带产业	典型企业	企业或项目要求	典型案例
整合资源平台导入	具有资源整合能力的企业	无产业	碧桂园 华夏幸福	企业规模较大	华夏幸福固安机器人小镇 碧桂园惠州科技小镇
垂直领域产业导入	产业服务商	自带产业	阿里巴巴 隆力奇	自身有产业资源型企业	苏州隆力奇养生小镇
政府导入产业	政府	无产业	无	城市或者核心产业圈的近郊	杭州玉皇山南基金小镇
自带产业的开发商	开发商	自带产业	佳兆业	自身涉足产业	惠州东江新城文体活力小镇

（二）轻重并举，城市运营的轻资产模式强化

由于城市运营项目的开发建设同时涉及产业发展和城市建设，所以中间流程和环节较为复杂，既包括产业载体的建设，又包括市政设施和住宅配套的建设及城市运营服务，开发周期长，需要大量资金支持。虽然运营商在初期的资产模式偏重在所难免，但越来越多的运营主体开始尝试和探索城市运营的轻资产模式。

就城市运营而言，无论是对政府还是企业客户来说，重资产的空间载体仅仅是城市运营发展的基础，在此基础上提供的运营、管理、金融、服务、孵化、资源整合、构建的平台和圈层才是它们的关键需求。轻资产模式可以借助较少的资金和承担较低的风险实现城市运营的规模化布局，也可以培育新的盈利增长点。

因此，未来城市运营需要更多地进行轻资产探索，并尝试输出运营管理服务。城市运营商需要从单纯的土地和物业开发转向开发、运营和服务并重，由重资产模式向轻重并举转型，这也更加符合城市运营的运营本质。

（三）服务为王，盈利模式侧重长周期和可持续性

未来，城市运营的盈利模式将越来越侧重长周期性。城市运营商应着眼于长期的可持续收益，运用长期运营来平衡短期资金难题，将关注点转向产业运营收益，如产业投资收益、税收分成、招商回报和孵化收益等。

例如，华夏幸福根据企业入园前后的实际需求，为其搭建专业的咨询服务、行业服务、审批服务与生活服务四大平台，为入驻企业提供高效对接政府的服务，对接华夏幸福的载体空间、产业集群、金融资源和物业的服务，对接华夏幸福战略合作伙伴提供的人才引培、法律财税和规划咨询等第三方企业的服务。华夏幸福以服务为核心的招商模式，为企业提供了个性化的专业服务，有助于提高入驻企业的黏性。

再比如，张江高科通过为入驻企业提供股权投资、创业孵化、企业咨询和企业金融服务，组建投贷联动和创业陪练等服务联盟，增值业务再创新高，收入结构出现明显变化。不少运营商从产业增值服务、创新科技服务和创新品牌入手，增值服务收入比重逐步加大，收入来源趋于多元化。

整体来看，未来的城市运营商将从产业增值服务和服务软实力等方面入手，加大创新创业孵化服务、融资服务和股权投资等业务的拓展。随着运营业务的精细化拓展，将不断衍生新的增值服务，城市运营商的收入来源也将更加多元化，收入结构将更加平衡，真正实现城市运营盈利模式的可持续性。

第三节
消费升级背景下城市更新产品的打造

人民日益增长的美好生活需要和不平衡、不充分的发展之间的矛盾，是我国目前发展阶段的主要矛盾。随着人均收入水平的不断提高（见图5-19），人们对消费有着越来越高的要求，大卖场、老旧街区和历史文化区纷纷撤离或转型升级；新零售、文化创意园和联合办公等更多包

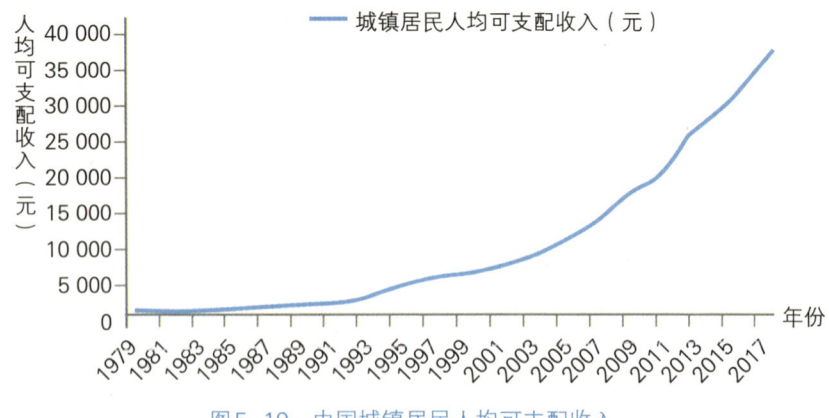

图5-19 中国城镇居民人均可支配收入

含体验和生活场景的产品应运而生。这种由过去单一行业升级到以服务业为主的综合功能,不但是质的转变和提升,更是生活方式的转型。城市更新关联着城市生活主题与人们的美好生活需求,毋庸置疑地担负起了消费升级的重任,也造就了城市更新产品的升级转型。

一、消费升级浪潮下城市更新亦当顺势而为

从消费升级发展阶段、居民消费水平及政策支持力度来看,城市更新均需顺应消费升级浪潮,把握转型升级的机遇。

(一)当前处于第三次消费升级浪潮

自1978年改革开放以来,中国社会的消费升级已经历了三个阶段(见表5-6):第一阶段是改革开放带来的生活必需品供给的增加;第二阶段是普通商品的推广与普及;目前,中国正处于消费升级的第三阶段,其主要特征是商品升级和服务品质提升。本次消费升级将为包括城市更新在内的众多行业带来发展机会。

表5-6 我国消费升级的三个阶段

消费升级阶段	时间	升级原因	主要特征	利好产业
第一阶段	改革开放之初	商品供应量增加	食品价格下跌,轻工业产品消费增加	轻工和纺织等
第二阶段	20世纪80年代末至20世纪90年代末	城市化进程加快,居民收入水平提高	家用电器普及并逐步高档化	家电、电子和机械等
第三阶段	21世纪以来	居民财富积累量较高	高端品牌增多,商品体现出个性化与精细化	城市更新相关产业、商业、文化和旅游等

（二）消费需求提升促使城市更新迭代升级

居民消费升级的核心需求将促进城市更新产品升级。根据马斯洛的需求层次理论，不同层次的消费需求将呈现不同特征。马斯洛需求层次理论将人的需求从低到高依次分为五层：生理需要、安全需要、归属需要、尊重需要及自我实现。针对每一特定需求层次，居民的消费行为也体现出相应的倾向：刚性消费、品质消费、品牌消费、品位消费和品格消费（见图5-20）。随着消费升级进程的不断深化，居民对消费品质和体验的需求将显著提升，以此来促进城市更新产品的升级。

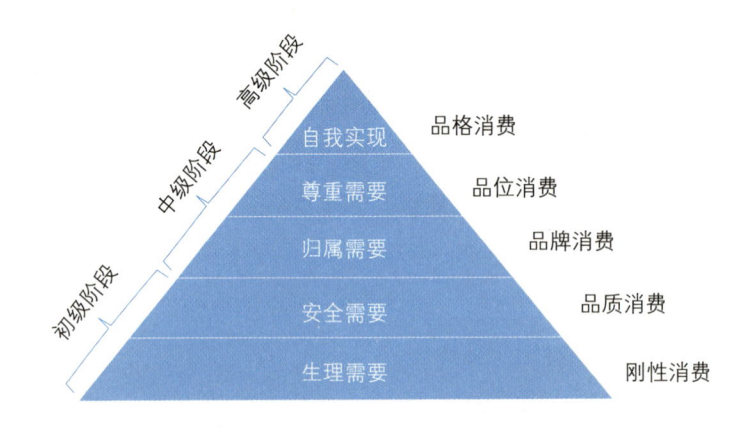

图5-20　马斯洛需求层次理论及消费倾向

（三）国家政策积极推动消费升级

国家积极培育消费升级新动力，不仅符合社会发展的客观规律，也符合我国国情的需要。近年来，国家频频出台政策推动消费升级（见表5-7），强调以新品类和新模式为主要发展方向，通过提品质、创品牌和优服务等方式促进消费升级。预计随着各项政策的不断落地实施，消费升级的边际效应将得到更大程度的释放。

表 5-7 我国消费升级支持政策概览

时间	文件	主要内容
1999 年 2 月	《关于开展个人消费信贷的指导意见》	允许所有中资商业银行开办消费信贷业务——在继续做好个人住房和汽车消费贷款的同时，各银行可在具备条件的地区试办一些新品种的消费贷款，如耐用消费品贷款、教育助学贷款和旅游贷款等
2008 年 11 月	《关于搞活流通扩大消费的意见》	将"家电下乡"从 12 个省（区、市）推广到全国。同时，把摩托车、电脑、热水器（含太阳能、燃气、电力类）和空调等产品列入家电下乡政策补贴范围，由各省（区、市）根据当地需求从中选择增加部分补贴品种；加大对汽车报废更新的资金扶持，提高补贴标准，增加补贴范围。开展"名品进名店""品牌产品下乡"等活动
2009 年 6 月	《促进扩大内需鼓励汽车、家电"以旧换新"实施方案》	在已安排老旧汽车报废更新补贴资金 10 亿元的基础上，中央财政再安排 40 亿元；财政安排 20 亿元资金用于家电"以旧换新"补贴——补贴资金由中央财政和试点省市财政共同负担
2012 年 5 月	国务院常务会议	安排财政补贴 265 亿元，启动推广符合节能标准的空调、平板电视、电冰箱、洗衣机和热水器；安排 22 亿元支持推广节能灯和 LED 灯；安排 60 亿元支持推广 1.6 升及以下排量节能汽车；安排 16 亿元支持推广高效电机
2015 年 11 月	《关于积极发挥新消费引领作用加快培育形成新供给新动力的指导意见》	明确指出未来消费升级的重点领域和方向将集中在服务消费、信息消费、绿色消费、时尚消费、品质消费和农村消费等方面；完善消费补贴政策，推动由补供方转为补需方，并重点用于具有市场培育效应和能够创造新需求的领域
2016 年 4 月	《关于促进消费转型升级的行动方案》	旅游休闲升级、康养家政服务扩容、教育文化信息消费创新、体育健身消费扩容和绿色消费壮大等

二、消费升级背景下城市更新产品的打造

首先，在消费升级背景下，城市更新产品的本质是居民生活与品质需求的提升；其次，从目前的产品类型来看，三类产品将成为未来发展的主流：文化传承类、商业升级类和美好居住类；再次，行业的典型产品及改造方案也具备很强的借鉴和启发意义。

（一）消费升级下城市更新的本质是居民生活品质的提升

一般而言，城市更新是一种将城市中已经不适应现代化城市社会生活的区域进行必要的和有计划的改建活动。随着消费升级浪潮的推动及城市更新理论与实践的不断探索，城市更新也将随着时代的变迁不断地注入新元素，其概念与内涵也日趋丰富和延展。

近年来，城市更新已不仅仅是建筑物和片区的改造，人们对生活与品质的需求将占据主导地位，其关注的重点包括与人相关的文化历史、健康和精神娱乐，以及与现代化相关的互联网和高科技创新。这就要求城市更新既要保留"旧貌"，也要赋予"新颜"，实现历史与现代的有机融合，使城市生态更加宜居、宜业，保持城市文化传承与创新的协调统一。

（二）文化传承、商业升级和美好居住三类产品是未来发展主流

从消费升级下的城市更新本质出发并结合典型案例，我们将城市更新产品划分为文化传承、商业升级和美好居住三大类（见图 5-21）。下面，我们结合实际案例对老厂房、历史街区、商业场所和办公空间等九大类物业的改造方案进行回顾或简述，从中可以发现，前述三类产品将是城市更新未来发展的主流产品。

1. 老厂房改造——郎园 Vintage：从厂房到创意园区

- 简介　郎园 Vintage 位于北京市朝阳区通惠河北路，前身是万东医

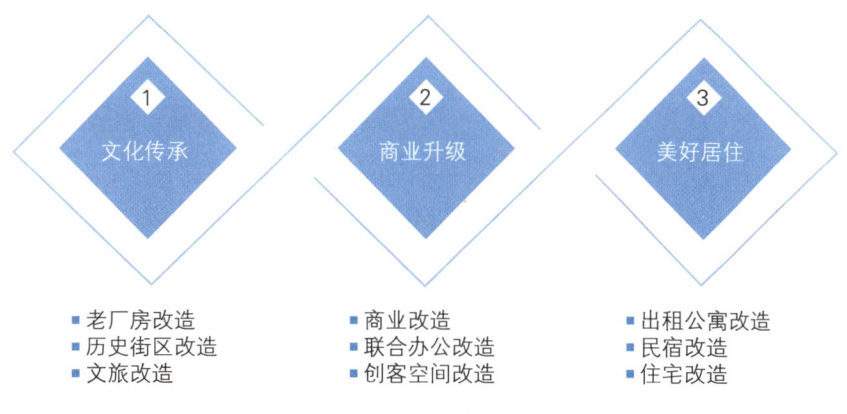

1 文化传承	2 商业升级	3 美好居住
▪ 老厂房改造 ▪ 历史街区改造 ▪ 文旅改造	▪ 商业改造 ▪ 联合办公改造 ▪ 创客空间改造	▪ 出租公寓改造 ▪ 民宿改造 ▪ 住宅改造

图 5-21　消费升级下的城市更新产品分类

疗设备厂。郎园 Vintage 是 CBD 核心区唯一大面积低密度厂房改造项目，其中包含了 6 000 平方米的秀场和众多时尚高档餐饮，每层都设置了公共区域，可满足中小创意型企业的办公需求。

- 改造方案　项目改造过程始终贯彻着低碳环保理念。项目团队摒弃了传统拆除重建的资源浪费做法，转而利用新旧结合的低碳理念，最大限度地保留所有旧厂房的古朴风貌（见图 5-22）。环保方面，外墙生活草皮和硅藻土建材起到了空气净化剂的作用；太阳能光电玻璃幕墙在发电时能有效保温，实现建筑耗能向建筑产能的转变。

图 5-22　郎园 Vintage 改造前（左）与改造后（右）

2. 历史街区改造——上海新天地：老建筑变地标性商业区

- **简介** 该项目是1914年第三次扩建的旧式里弄住宅。项目地处上海市卢湾区，位于市中心的成熟商业地段。
- **改造方案** 项目团队以上海近代建筑标志之一的石库门建筑旧区为基础，创新地以商业经营功能取代原本的居住功能，不仅在建筑形式方面代表着传统与现代及新与旧的融合，更重要的是体现了上海石库门居住文化的兼容并包与中西合璧的文化内涵（见图5-23）。

图5-23 上海新天地改造前（左）与改造后（右）

3. 文旅改造——南京夫子庙：历史与现代的结合

- **简介** 南京夫子庙大部分是20世纪80年代按明清建筑风格进行修建的。其外墙已严重受损，并且与现代城市布局有较大冲突。
- **改造方案** 在改造思路上，首先，项目团队从整体的角度统筹更新商业规划和商业模式。其次，团队根据业态和产权的分类来梳理街区建筑群的立面关系。最后，项目在恢复了传统文化风格的基础上进行了一定程度的创新，提升了景区的整体文化内涵和商业氛围。
  在具体改造过程中，该项目首先创造性地开辟了秦淮河沿线的商业动线，在秦淮河和贡院街之间穿插修建了各式通道，使秦淮河与步行街自然融合。其次，利用现代材料重新诠释传统建筑的魅力，使夫子庙的"新"与"旧"相互融合。最后，项目还将建筑要素和商铺要素显著分离，在保证商业多样性的同时维持了传统建筑风貌（见图5–24）。

图5–24　南京夫子庙改造前（左）与改造后（右）

4. 商业改造——北京世贸天阶：商业项目更新

- **简介**　世贸天阶于2007年建成，作为北京乃至全国的商业标杆工程，它以优越的地理位置、独特的建筑风格、世界第三大天幕与众多国际品牌的入驻吸引了业界的关注和消费者的青睐。近年来，面对电商的冲击和消费者购物行为的变化，世贸天阶改造升级势在必行。
- **改造方案**　2016年，世贸天阶进行了大规模的改造工程，从品牌架构、硬件设施、客户服务和购物体验方面进行了全方位的升级（见图5–25）。此次调整始于2016年年初，历时5个月，通过物业管理团队和商户的通力合作，新世贸天阶成功地在原定日期开业并获得了不错的客流。

5. 联合办公改造——东四·共享际：酱油厂的蜕变

- **简介**　东四·共享际的旧址是一个酱油厂，坐落于北京市二环内的

图5-25 北京世贸天阶改造前（左）与改造后（右）

一个狭窄胡同里并被众多老旧的灰砖建筑包围着。

- 改造方案　项目团队在保持东四·共享际历史风貌的基础上，对胡同进行了重点改造。团队通过利用"围合式"的整体空间布局，并配合现代工业风格的设计（见图5-26），使得东四·共享际远能望胡同，感受老北京韵味；近能抚古树，融入自然。建筑物内部还部分保留了原始建筑的斑驳砖墙，留下了历史痕迹。

图5-26 东四·共享际改造前（上）与改造后（下）

6. 创客空间改造——8号桥：上海滩创意产业园新地标

- **简介** 8号桥占地面积逾7 000平方米，总建筑面积约12 000平方米，曾是旧属法租界的一片旧厂房，新中国成立后用作上海汽车制动器厂的厂房。2003年，该建筑经过重新设计与改造，注入了时尚和创意元素，成了上海的时尚创意园区之一，目前入驻率保持在90%以上。

- **改造方案** 为了将8号桥打造成一个集国内外创意行业交流、推广和传播于一体的平台，项目团队大幅调整了原有的建筑功能，并保留了大量的公共空间，使得建筑内外部风格各有特点的同时又兼顾实用性。在设计过程中，团队为项目设置了大量的室内、半室内和外部公共空间（见图5-27），而不是一味地追求建筑面积。在改造过程中，原本厚重的砖墙、穿梭的管道和斑驳的外墙被保存了下来，使整个空间充满了工业文明和历史沧桑的魅力。

图5-27 8号桥改造前（左）与改造后（右）

7. 出租公寓改造——新派北京CBD旗舰店：不只是造房

- **简介** 2013年，新派公寓收购了北京森德大厦，并通过"收购+改造"装修的方式更新成了现在的新派北京CBD旗舰店。

- **改造方案**　项目的改造工程率先从房间开始。新派公寓 CBD 旗舰店一共包括 14 种户型、100 套公寓，面积范围从 15 平方米到 140 平方米不等。之所以打造如此丰富的户型，原因在于森德大厦纵横向的主要承重结构均为结构墙，难以打通改造。为保障楼体结构安全，新派只打掉了楼内的一个侧面，将原有的一梯三户做成一梯九户（见图 5-28），并将所有房间打造为标准的一房一厅，达到了"先有私密空间，后有社交"的理念。

图 5-28　新派北京 CBD 旗舰店改造前（左）与改造后（右）

8. 民宿改造——常各庄村农舍改造项目：农舍换新颜

- **简介**　项目位于北京市西南郊区的常各庄村，改造对象是一处古老的农舍，已有超过 40 年的历史。原建筑结构是北京郊区常见的砖木结构，屋内缺少上下水，墙壁漆黑。该项目最大的难点在于室内地坪比室外低了约 20 厘米，因此雨水倒灌的情况在大雨时节频频发生，对建筑结构造成极大的安全隐患。
- **改造方案**　鉴于雨水倒灌问题的严重性，项目团队着重提升了室内地面高度并重新铺设了排水渠（见图 5-29）。此外，团队在院子的

图5-29 常各庄村农舍改造前（左）与改造后（右）

尽头建了一座蓄水池，它不但能将屋顶的雨水收集起来循环利用，还在一定程度上降低了强降雨时院子内部的水量，促使雨水能快速排净，避免倒灌。

9. 住宅改造——平湖佳兆业广场："旧改之王"的又一力作

- **简介** 素来有"旧改之王"称号的佳兆业，其所到之处必将打造出一座生活大城。平湖佳兆业广场也是佳兆业集团在深圳市平湖片区的旧改项目之一。资料显示，平湖佳兆业广场项目位于龙岗区平湖街道的核心位置，占地约 16.9 万平方米，总拆迁建筑面积约 24.38 万平方米，是深圳 70 个历史重大改造项目之一。
- **改造方案** 平湖佳兆业广场将建成集商业中心、办公楼及高端住宅小区于一体的城市综合体（见图 5-30）。项目分为三期工程推进，并配建小学、幼儿园、敬老院、公共绿地和公共广场等齐全的生活服务设施。其中，一期工程住宅将全部用于回迁，并配建 3 万平方米的保障性住房，土地贡献率达 30%，是实实在在的民生工程。项目建成后将为平湖片区的居民生活带来便利，营造舒适的居住氛围。纵观这些案例，我们不难发现：随着城市更新的内涵不断扩展，形

图5-30　平湖佳兆业广场改造前（左）与改造后（右）

式不断更新，客户需求也更加多样化。城市更新企业需要以客户需求为导向，打造深度定制的产品，匹配客户的当前需求及未来需求。产品的深度定制体现在三个维度：针对产业链的产品线深度定制、针对特殊需求的产品深度定制和针对配套与公共空间的深度定制。

- 针对产业链的产品线深度定制　科技园、新型孵化器、文创产业园和物流地产等新型园区形式相继兴起，城市更新呈现多元化的发展趋势。多样化的城市更新需求自然就需要城市更新服务商对其产品线进行精细化的设置，其中包括对开发项目的精准定位，以及根据不同产业特点和企业需求将自身产品纳入精细化打造模式，从而有效满足多样化需求。

- 针对特殊需求的产品深度定制　随着技术进步和产业升级，高新技术产业将逐步取代原有的传统制造业，而许多高新技术产业出于生产技术上的要求，对厂房的承重、层高、环保和配套等方面都有特殊的需求，传统的标准化厂房可能无法满足，因此需要进行定制化产品的开发。例如，汽车零部件、电子电器和精密机械等许多高端装备制造业，需要使用工业机器人进行生产和组装等操作，其厂房所需的层高往往远高于标准厂房高度；而对生产大规模集成电路和电子元器件等微电子工业产品的企业，往往需要预先铺装防静电地板，对厂房有定制需求。另外，从资金和成本的角度考虑，由于企业自身资金有限，很难独立建设定制厂房。例如，对环保设施有特殊要求的企业（如装备制造和化工企业）独立安装环保设施的成本往往过高，若由城市更新服务商在园区建设阶段进行统一的公用环保设施安装，则可将成本分摊到多家企业，从而显著节约企业的成本。

- **针对配套和公共空间的深度定制**　城市更新产品的打造不能单纯聚焦于客户的生产需求，还应该满足客户的生活需求。随着消费水平和意识的提升，客户在配套设施和公共空间上的要求也将越来越高。目前的产业园区往往存在一定的功能缺失，如公共休闲空间和商务洽谈空间的缺失、日常购物功能的缺失等；有的科技企业对园区的网络环境有着较高的要求。这要求城市更新服务商不仅要注重地产空间本身的开发，还要建立起完善的配套设施和服务，以提升自身产品价值，满足更高层次的需求。

三、产品打造的关键要点及实操案例

在消费升级的背景下，城市更新产品的打造必须以人为本、因地制宜，既要满足人们对产品的体验感、舒适感和科技感的需求，又要将城市的历史文化与现代化发展高度融合。这就要求企业在改造产品时通盘考虑、充分论证，精准把握市场痛点，打造优质精品。

（一）产品打造的四个关键点

产品打造的四个关键在于研判、时机、形态和过程。

1. 确定改造的必要性及项目初判

首先，城市更新服务商必须判断项目改造的必要性。从社会价值的角度来看，城市核心区的存量物业往往占据着重要地位，但由于这些建筑年代久远，与现代街道风貌和功能已经严重不匹配；从经济价值的角度来看，旧物业的租金常年偏低，估值无法体现，亟待改造升级。

其次，城市更新服务商必须对物业硬件进行全面评估。评估内容包括外立面老旧情况、绿化和物业内部硬件设施老旧程度等。

最后，城市更新服务商要从物业自身的经营情况出发，对物业功能、经营情况和周边业态等多个方面做出评估，并根据每栋物业的实际情况对症下药，提出改造方案。

2. 确定改造的时机

根据项目评估结果，改造时机主要取决于物业改造的背景，即是被动改造还是主动改造。

被动改造主要是源于物业自身的需要。常见情况是设备陈旧、已不可使用或存在安全隐患。例如，设备已运行超过10年并且频发故障，这时就应立即更换设备，以保障人员安全及物业正常运转。

主动改造有两方面的涵义：一是政府驱动，以适应外部社区的整体风貌；二是价值驱动，为提升物业租金收入而进行改造。一般而言，改造的理想时机是租户的租赁合同到期或物业内部暂时处于空置状态时，这样能为改造升级创造良好的客观环境；或者是借助物业合同到期的契机，更换新的物业管理团队，提升服务水平。最佳时机则是物业所属区域正在进行市容整治，此时可以借机在改造前期与政府积极沟通，加快改造审批节奏。

3. 确定产品的定位

不同地域的特性将影响产品在当地的吸引力和市场化程度。若开发的产品不符合市场需求，二次改造或将难以避免。因此，在实施改造前应先行充分研究市场情况，在设计过程中应整体考虑后期运营市场的需求，最终达到从目标客户的定位为出发点反推产品标准和设计方案的目的。

以写字楼改造为例。首先，城市更新服务商应对商圈租金进行调研，以确定项目的租金范围；其次，服务商应对区域写字楼租金进行调研，以确定项目的竞争水平；再次，城市更新服务商要对客户进行调研，以确定目标客户行业类型；最后，服务商在上述基础上确定产品标准，包括租金水平、客户定位及竞争优势等要素。

在产品设计方面，除了考虑产品标准之外，还要与后期运营相结合。例如，物业周边区域商铺开门营业的时点倘若较晚，则应考虑在改造时增配全时段运营的商铺，以确保持续为租户提供配套服务，提升物业的使用体验，拉动整体招商。

以上海城市地产收购北京著名烂尾楼名城国际大厦为例来说明准确打造产品的重要性。2006年，上海城市地产收购名城国际大厦，后因临近奥运会，城市地产先是完成了万豪酒店的建造，抓住了奥运期间旺盛的住宿需求。奥运结束后，城市地产再次瞄准了CBD风口，将塔楼从万豪收回并改造成写字楼，同时引入了配套商业。此后，凭借丰富的业态和合理的定价策略，酒店利润不但没有下降，写字楼和商铺的租金收入还稳步增长。

4. 精细化管理改造实施过程

为了缩短改造周期，城市更新服务商可将每个阶段细分为精心设计的模块进行管理。以商业物业的改造为例，模块化管理可分为三个部分：设计、招商和运营。设计应具备与招商和市场连接的能力，招商应具备将市场和客户融合的能力，运营则应具备向设计提出改善布局的能力。

在产品打造的实施过程中，预审批计划、招标安排及施工进度应详细地落实到日程计划中，使项目进度和审批环节无缝对接。此外，招商和运营工作应在改造过程中完成，以高效对接资本需求，实现价值最大化。

（二）产品实操案例：上海新天地

上海新天地案例包含三大优势资源：石库门里弄风格建筑、中共"一大"会址（见图5-31）和弄堂文化。

- 上海新天地处于原石库门里弄街区，原建筑建于20世纪20~30年代，融合了中西方建筑特色——天井、客堂和厢房是中国院落式住

图5-31　里弄风格建筑（左）与中共"一大"会址（右）

宅特点，而欧式花纹、欧式屋顶和排联结构等则是西洋建筑特征。
- 中共"一大"会址坐落于新天地广场地块之中。
- 石库门是中西文化融合的产物，包裹其中的上海人的生活方式形成了当地文化，即弄堂文化，被深深地刻在了石库门上。

1. 项目初判

"石库门风格建筑＋中共'一大'会址＋弄堂文化"形成了街区改造的优势资源。因此，更新服务商在改造过程中应坚持历史文化的保护和传承，并利用现代化商业元素的注入使其焕发新生命力。

2. 改造方式

深挖历史特色和文化精髓，保护与改造相互平衡。改造主要包括以下五方面内容：挖掘精髓，保留可体现历史变迁的信息，如标语、文字和装饰等；保留立面，石库门大部分建筑的外墙都得到了保存和修复，石库门建筑特有的历史文化韵味得以传承；重建内部结构，如改变层高和加装玻璃幕窗等，以满足现代商业经营的需要；新旧交织，项目的南部以现代建筑为主，北部则以老旧建筑为主，体现了新旧文化之间的碰撞与融合；保留公建，中共"一大"会址等历史建筑得以保留与修葺并成了文化展示的重要场所。

3. 项目定位

项目定位可以随着时间的推移和认知的深化而持续调整（见图5-32），

进而不断释放项目价值。新天地广场的定位调整和优化是基于项目资源的挖掘和认知的深入而进行的,同时也充分利用了优势资源来形成协同效应。在定位调整过程中,项目价值不断增长,地标效应显著提升。

综合性时尚场所	初期主要强调综合性,目标是作成上海第一个集餐饮、娱乐、购物、旅游和文化于一身的综合体。这一阶段定位较浅,还没能深刻挖掘石库门的历史价值,明确的大方向为一个综合性的商业场所
都市旅游景点	定位发展为Shopping Mall(大型购物中心),把新天地打造成一个平面的Mall,强调综合性的同时更要求有明确的主题定位和独特魅力。石库门与生俱来的独特魅力,帮助项目确定了主题:都市旅游
国际交流取会地	定位的第三阶段,发展商决定把新天地设计成为适合国际化交流和聚会的场所,以体现上海的国际化发展趋势和石库门建筑本身中西合璧的特点

图5-32 上海新天地项目的三阶段定位

4. 业态调整

根据项目定位的变化而调整业态分布,城市更新服务商逐步提高零售比例(见图5-33),进而提升盈利,并利用一、二期项目成功打造的标杆形象有效地提升三期项目的档次。新天地广场的业态布局随着定位

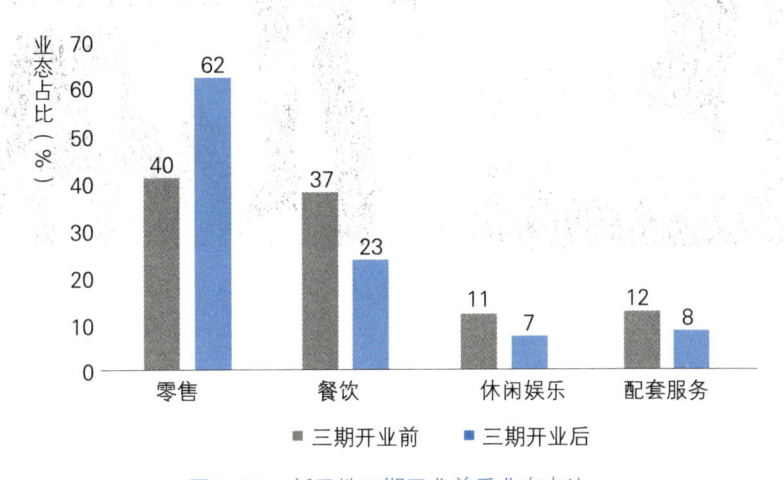

业态	三期开业前	三期开业后
零售	40	62
餐饮	37	23
休闲娱乐	11	7
配套服务	12	8

业态占比(%)

图5-33 新天地三期开业前后业态占比

升级而不断调整:开业初期的关键在于聚集人气,此时业态主要以休闲餐饮和娱乐为主,辅以精品酒店和会所提高整体档次,零售业态则相对较少;随着项目整体成熟度的提高,租金水平不断上升,零售业态占比也得以提升,有效地扩大了项目的盈利空间。

5. 优选客户

以国际化标准选择符合新天地思维的客户。新天地的租客选择标准极其严格:一是以国际化标准进行初步筛选,二是要求租户的理念要与新天地契合。组织租户参观样板房是新天地市场推广的重要环节之一,这将与租户深入交流设计理念和经营思路,充分磨合两者的认同感和契合度,为日后高效的经营管理夯实基础。

招商方面只选最合适的,而不是租金付得最高的商户。新天地的商户主要包括老字号品牌商户、具有特色的人气商户和明星商户(见图5-34)。优秀商户由于具备强有力的形象和品牌吸引力,新天地常常会向商户让利,仅收取较低的租金费用。

图 5-34 新天地商户中的气味图书馆(左)和 EDWIN 品牌店(右)

6. 改造成果

定位精准及传统文化与现代时尚有机融合,已成为新天地商业运作的核心理念和形象标杆。上海新天地占地面积 30 000 平方米,总建筑面积逾80 000平方米（含三期），其规模并不大，但通过前述发展理念的有效执行，它已逐步发展成为集弄堂文化、石库门建筑风格精髓和现代国际化时尚元素于一体的标杆商业项目。

上海新天地广场在开业之初，餐饮类租金按天计算仅3.5元/平方米，但在2010年已升至30~35元/平方米。同时，新天地广场对区域商业价值和房地产的拉动作用亦极为显著——上海新天地广场附近的翠湖天地在2002年的售价约1.6万元/平方米，但到了2010年已高达13万~16万元/平方米，实现了超高溢价。

第六章

城市更新的发展趋势展望

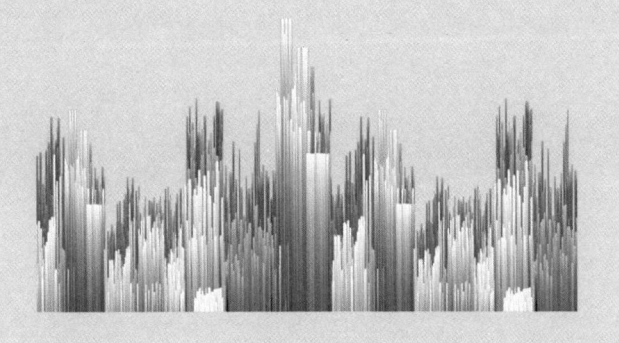

伴随着近30年的高速发展，我国的城市建设进入了一个新的更新阶段。城市更新需要解决的问题也更加复杂，既要解决基本的历史遗留问题，又要解决城市功能升级的问题。未来的城市更新不仅要有城市空间形态的整体提升，更要关注城市市民生活的丰富内涵。城市更新的关注重点已经从"外观于形"向"内化于心"发展。与过去30年相比，未来我们对城市更新的态度要更加谨慎，方式要更加严谨，内容要更加丰富，思考要更加系统，手法要更加多样。

具体来讲，未来的城市更新方向需要以创新、绿色、开放和共享为理念，以加快建成宜居、宜业的现代化、国际化和创新型城市为目标，以提高城市发展质量和提升土地利用水平为核心，合理有序地推进城市更新工作。我们要通过各类旧城的综合整治来推进城中村和旧工业区的拆除改造，探索历史文化地区的保护与活化，努力做好"四个关注"：关注经济，提升城市动能，推进城市转型升级；关注民生，助力居民对美好生活的追求；关注科技，打造科技新城与智慧城市；关注文化，加强地域文化的传承与保护。最终，在此基础上实现城市有机更新，促进城市有质量、有秩序的可持续发展。

第一节
关注经济，推进城市经济发展

城市更新是城市功能的重新定位，也是城市动能的重新发现。在城市规模有限的背景下，我国大城市已从增量时代进入了存量时代，这也意味着城市更新将成为城市发展的新增长点。

城市更新与经济发展一脉相承。党的十九大提出经济发展要从"高速增长"向"高质量"转变。除了强调对质量的追求之外，也显示政府摒弃了以前片面追求经济高增长的发展思路，传统的投资依赖型发展策略将在新时代逐步弱化。建设现代化经济体系，要以供给侧结构性改革为主线，以提高供给体系的质量为主攻方向，以增强我国经济发展的质量为指针。

城市更新与社会经济发展的核心在于传统产业的优化升级，更强调增加新的优质供给，"破旧"之外还需考虑"立新"，其目的在于提升供给质量及提高全要素生产率，培育新的经济增长点，形成经济增长新动能。

十九大后的经济格局可能是，经济增速有底线，供给侧改革从减法转向加法，消费升级和高端制造成为未来发展的重点。

一、新经济下，城市更新更注重智能、共享和绿色

中国经济已经进入了一个以技术发展为主导，以创新为动力的"新"经济时代。中国从一个主要通过发展工业并依赖投资和出口拉动增长的时代进入了经济发展的新时代。

在这个过程中，中国在很大程度上已经跨越了"中国制造"的标签，逐渐走向"中国创造"。后者象征着中国推动经济增长和实现国家繁荣的新模式。[①]

中国的"新"经济反映在了三大核心发展理念和特征。

- 智能　从物联网出现便开始逐步发展智能和技术产业。
- 共享　鼓励促进协作并有效利用资源。
- 绿色　促进和实现可持续发展。

[①]《经济新模式将影响房地产业发展》，载于《中国经济时报》(2018)。

中国经济正经历着巨大变革，预计在未来几十年内，这种变革将会加速。在中国推动以"智能"、"共享"和"绿色"为特征的"新"经济发展过程中，包括房地产在内的主要经济领域将迎来重塑的机会。这三大核心要素主要受以下因素驱动。

- 全力助推"新"经济的中国政府密集出台政策来推动技术进步、创新和可持续发展，而蓬勃发展的私营经济催生了世界级公司，并且由充满活力的企业家们创立的独角兽公司和技术型企业的数量大幅增加。
- 在产能迅速扩大的背景下，我们要将创新理念转变为市场化的商品，并在快速增长的国内消费市场中加以推广和普及。
- 看中新兴技术的千禧一代引领国人更加注重技术创新，这使中国在某些已有的技术领域超越发达国家，实现跨越式发展。

"新"经济对中国房地产行业有着巨大的影响。房地产行业作为国民经济的支柱产业，在投资、消费者需求、劳动力需求、空间需求、能源消耗或资源使用等方面与其他经济行业有着大量的交互共通。在未来，房地产行业的发展，特别是老旧城市的更新发展，无疑将以智能、共享和绿色三大核心理念为导向。这些理念将持续影响中国的房地产行业，同时对于中国的"新"经济也将发挥重要作用。[①]

二、城市更新助力产业结构优化

2016年国家公布的"十三五"规划中，首次把"绿色"理念与"创新、协调、开放、共享"一起定位为我国经济和社会的"五大核心发展理念"，并从指导思想、战略目标、实现路径、制度体系建设和量化指标等多个

---

① 《经济新模式将影响房地产业发展》，载于《中国经济时报》（2018）。

方面对我国发展绿色经济进行了战略规划。

2017年党的十九大报告也着重强调了推进绿色发展，建设生态文明，树立绿色和共赢的价值观，在宏观层面为我国发展绿色经济指明了方向。

- 推进绿色发展　加快建立绿色生产和消费的法律制度，明确政策导向，建立、健全绿色低碳循环发展的经济体系。构建以市场为导向的绿色技术创新体系，发展绿色金融，倡导简约适度、绿色低碳的生活方式。
- 生态文明建设　建设生态文明是中华民族永续发展的千年大计。必须梳理和践行"绿水青山就是金山银山"的理念，坚持节约资源和保护环境的基本国策。
- 绿色共赢价值观　坚持正确的义利观，树立共同、综合、合作和可持续的新安全观，构筑尊崇自然和绿色发展的生态体系。

（一）关注绿色经济的经济效益、社会效益和环境效益

作为城市发展的重要抓手，城市更新在绿色经济发展方面将发挥更为重要的载体和平台作用。

- 提升城市经济效益　城市更新能引导产业改造升级，推动产业结构优化，加强生产者的环保责任意识，促进生产方式的改进。
- 提升城市社会效益　当前的城市更新强调高效、创新及以新技术和新模式为驱动的生产效率的提升，创造大量绿色就业机会，引导人们的绿色消费观念和绿色生活方式。
- 提升城市环境效益　城市更新对于环境的促进作用，体现在两个方面：一是保护生态环境——增加自然资源的利用效率，推动生产、生活方式向低碳化转型，以应对全球环境问题；二是促进能源可持续利用——推动能源向多元化发展，构建更加稳定的清洁能源结

构，以保障能源和资源安全。

(二) 城市更新整合绿色产业发展

1. 以城市更新为抓手进行产业改造升级和结构优化调整

绿色经济是一种全局的意识形态、发展模式和经济现象，在产业层面发展绿色经济的终极目标是实现产业结构的绿色化，即在生产、管理、运输和销售的各个环节都实现生态化，将社会生产和服务转变为生态发展的一部分，实现全部产业经济的绿色化和生态化。

产业结构绿色化的实现路径分为两个方向：一是从技术、模式和管理等方面对现有产业进行绿色化改造升级；二是产业结构的优化升级，不断淘汰落后产能，调整传统产业与绿色新兴产业之间的比重。

2. 技术、管理、模式和市场四大创新驱动产业绿色化改造升级

从产业层面出发，实现产业结构绿色化的首要着力点是对现有的高污染、高能耗产业进行绿色化改造升级。这一路径贯穿于所有的产业以及产业内部之间的每一环节和流程。

绿色经济的内核之一是创新驱动的增长方式转变。我国现有产业是通过技术、管理、商业模式和市场营销等方面的创新来实现绿色化升级改造的。

3. 对传统产业和新兴产业进行结构调整和协同融合

产业结构优化升级的核心是将资源配置到更高效的行业、部门或环节。产业结构越合理、资源配置效率越高，体现在经济中的绿色化程度就越高。

从发展绿色经济的角度出发，我国现有产业可分为高耗能、高污染、劳动密集和技术落后的传统产业，以及具有节能、环保、技术密集、全局性和可持续性等特征的新兴产业。

在绿色经济的语境下，产业结构优化不仅仅是调整传统产业和新兴产业的比重，而更强调的是传统产业与新兴产业的协同融合、继承和发展。

传统产业利用城市更新带来的新兴产业资源和技术进行改造升级；新兴产业则充分利用传统产业积累的资源优势进行规模化扩张，从而达到全部产业经济的绿色化。

而在未来的发展中，城市更新将更多地通过产业重构推动产业结构升级，以及促进城市功能转型来赋予自己更新的内涵和作用。对重构的新兴产业资源进行整合，可以促进一个城市的经济实现绿色、健康和可持续性的发展。

第二节
关注民生，助力居民对美好生活的追求

党的十九大报告指出，中国特色社会主义进入新时代，我国社会的主要矛盾已经转化为人民日益增长的美好生活需要和不平衡、不充分的发展之间的矛盾。在助力城市创新治理，塑造城市新魅力和实现人民对美好生活的向往等方面，城市更新将发挥更重要的作用。随着社会经济的发展，居民对美好生活的解读也由过去单纯的物质性满足升级到生活性满足。具体来讲，就是对优美宜人的居住环境和功能丰富且便利的生活社区等的追求。因此，城市发展将出现重大的变化，城市功能将从以前的以生产和交易为主，转变成以生活为主。这意味着以经济为中心、以资源环境为代价的发展思路，将转变成以生活质量为导向的城市发展趋势。城市更新的设计必须以文脉、地脉和人脉为基础进行传承和创新，以可持续发展理念和精细化管理方式引导发展，满足居民的旅游、休闲需求和对美好生活的向往。在此背景下，城市更新需要围绕生态环境的可持续性、产业联系的可持续性和社会效益的可持续性这三方面为核心要点，满足城市居民在宜居环境、和谐社区及生活功能多样化等方面的新需求。

一、重塑绿色生态宜居环境

作为人类的栖息地，人居环境是由社会生产力的发展引起人类生存方式不断变化的结果所形成的。在这个过程中，人类从被动地依赖自然到逐步地利用自然，再到主动地改造自然，人居环境经历了从自然环境向人工环境及从次一级人工环境向高一级人工环境的发展演化过程，如从散居演变成村、镇和城市等空间的群居，进而形成城市带和城市群，这一过程不断演化。在演化过程中：一方面，早期不科学发展带来了大气污染、水质污染、土壤污染和热岛效应等环境问题，导致人类的健康生活受到威胁；另一方面，随着经济的发展和城市化率的提高，人们的可支配收入和生活水平也相应提高，越来越多的人开始追求有品质的生活，且随着环保意识的确立和可持续发展观念的深入人心，人们渴望生活在更加绿色健康、优美宜人的城市中，从"求生存"转向"求生态"。严峻的环境问题和人们对自然生态的美好追求形成了尖锐的矛盾，极大地影响到人类社会的未来发展。这是人类面临的挑战，也为城市更新带来了机遇和挑战。

城市更新可以通过修复和改造生态落后区域，帮助缓解环境污染和能源浪费等问题，提高城市的宜居性和人们的生活品质。运用绿色人居理念，营造更为优质的城市环境将成为城市更新未来发展的趋势之一。

（一）生态修复——实现人与自然的和谐共存

我国自古以来就有"天人合一"的思想，强调人和自然本质是相通的，人应该顺应自然，实现人与自然的和谐共处；19世纪的德国哲学家黑格尔则视"实现人与自然的和解"为自己的最高哲学任务。面对人们过去改造自然、重速度不重质量的粗放型发展带来的"城市病"，生态修复成为改善人居环境的首要举措。当下，生态文明建设已经被提到了前所未有的高度，我们要尊重和顺应自然生态环境的发展规律，采取多种方式和适宜的技术，系统地修复山体、水体和废弃地，从而构建完整连贯的城乡绿地系统。

例如，上海世博园后滩湿地公园原本为浦东钢铁集团钢铁厂和后滩船舶修理厂。作为工业棕地，当地水土污染严重：工业固体垃圾和建筑垃圾遍地，且埋藏很深，特别是对黄浦江造成严重污染，为劣V类水（见图6-1）。2007年初，由北大教授俞孔坚带领的"土人设计"团队开始对此地块进行生态恢复改造。在改造过程中，该团队运用再生设计策略，利用内河人工湿地带对黄浦江受污染的水进行生态水质净化，利用节点与步行道来设置和构建游览体验空间。2009年10月，湿地公园建成并于2010年5月正式开放（见图6-2）。建成后的湿地公园在生态、经济和社会三方面产生了显著的效益：公园每日可净化污水 2.5×10^6 升，处理后的水不仅可以提供给世博公园做水景循环用水，还可以满足世博园每日绿化浇灌、道路冲洗和其他生活用水的需要，并且将防洪标准从20年一

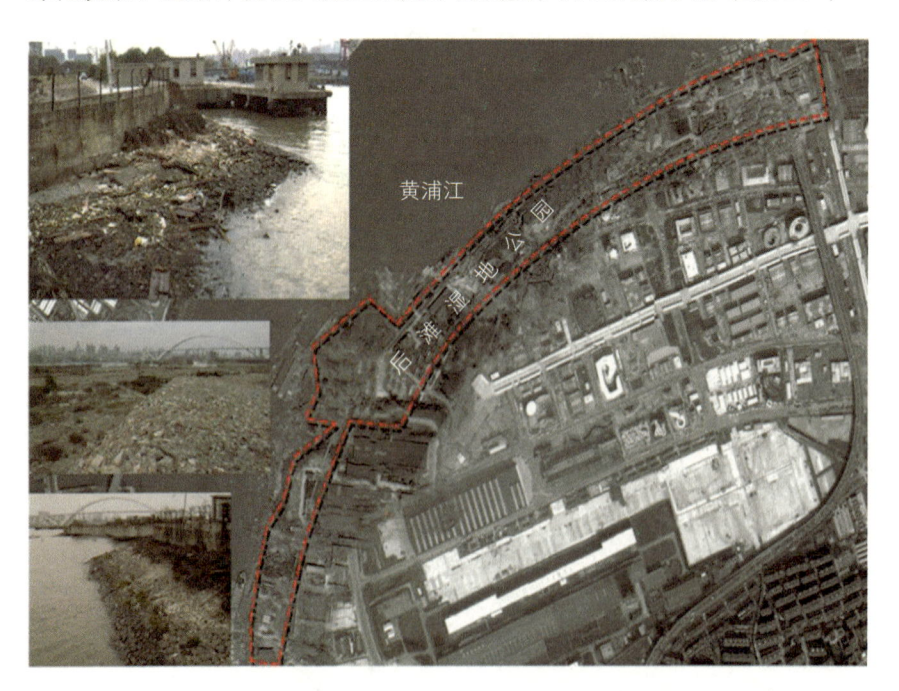

图6-1 改造前的上海世博园后滩湿地公园

图6-2 改造后的上海世博园后滩湿地公园

遇提高到1 000年一遇，防洪能力达到234 158立方米；通过再利用和改造公园工业遗址，此项目阻止了约37吨后工业遗址钢架结构的废弃和填埋；建成后的湿地公园不仅成为世博会期间重要的游客访问目的地（游客量达到590 640人），也成为上海市民平时休闲娱乐的滨江绿地，更为世界提供了一个可以借鉴的低碳、负碳城市景观模板。

（二）绿色建筑——实现经济效益与环境保护的双赢

造成生态环境问题的一大原因，是能源的不科学使用带来的能源过度消耗和污染物排放。房地产建筑业能耗大，同时其节能减排潜力也大：中国建筑节能协会的数据显示，建筑的全寿命周期能耗约占全国能耗的40%~50%，到2050年，建筑碳减排潜力将高达74%。因此，对既有的高耗能老旧建筑进行绿色改造是实现节能减排的一条重要途径。

新加坡前总理李光耀曾说过："想让上帝给我们多少东西？有阳光就够了。"自然资源匮乏的新加坡是高效利用资源的佼佼者。多利用大自然赐予的财富——阳光和风力，减少能源消耗是新加坡城市管理者执着的追求。东南亚首座由既有建筑改建而成的零能耗建筑就坐落在新加坡（见图6-3）。在新加坡建设局学院内，以前有一栋技术培训楼，该楼被改建后设有办公室、教室和资源中心。[①]采光方面，大楼内建有多口天井，通过导光管将太阳光从各管口折射出来，这样的自然采光灯和电灯相比，光线更为柔和，并且亮度可以人工调节，十分方便。此外，办公室里还安装了感应器，自动测量室内亮度，如果采光不足，LED（发光二极管）台灯就会自动开启。在能源利用方面，大楼楼顶安装有太阳能板，可以将太阳能转换为电能，除了自给自足，甚至还有结余可供给公共电网。并且建筑外墙布满垂直的绿色植被，不仅提升了美感，还可以遮阳并提高隔热性能。另外，这栋建筑还具有实验性质，配备有功能强大的自动化管理系统，不断收集数据，为未来的既有建筑绿色改造提供方案。在新加坡建设局的不断推动下，该国的绿色建筑在亚洲乃至世界遥遥领先，它们不仅提升了建筑及城市的可持续发展性，同时也为地方企业创造了大量的新兴商机。像这样的零碳建筑还有我国香港的"零碳天地"、英国的"零碳社区"和我国台湾的"绿色魔法学校"等。

图6-3　新加坡建设局零能耗建筑

[①]《绿色建筑，铅华褪尽后的清新蜕变》，载于《绿色中国》（2012）。

（三）优化布局——实现人与城市的共融共生

城市布局是指城市地域的结构和层次，是在城市漫长的历史进程中，受自然发展和人为规划的交替影响而形成的。在我国近几十年快速的城市化过程中，人们往往十分看重城市经济发展并注重城市经济布局，这促使经济迎来快速发展。然而，随着人们收入水平的提高和近年来对美好生活的向往，城市布局也要由单纯满足经济发展转向注重绿色生态布局。在城市更新中，要注重优化城市格局，实现人与城市的共融共生。

有着"欧洲绿色之都"美誉的丹麦首都哥本哈根是一个值得借鉴的例子。哥本哈根建有许多绿色户外空间，例如最大的市民公园弗莱德公园，西南部的海边草原和湿地，甚至在市中心海港里也设有游泳场，很难想象在120万人口的大城市里可以有这样清洁优质的海港。这得益于哥本哈根从政府、企业到民众的绿色环保意识。哥本哈根市政府2009年提出，要在2025年把哥本哈根建成世界上首个零碳排放的城市。市政府也为此制订了详细的行动计划，包括大力发展风能等绿色可再生能源，鼓励市民选择绿色出行工具及推广绿色环保建筑等50个具体项目。哥本哈根从20世纪后半叶起，就开始采用以公共交通为导向开发（transit-oriented development，缩写为TOD）的手指形态规划设计方案（见图6–4），使居民能方便地选用公交、自行车或步行等多种出行方式，目前有超过50%的居民选择自行车作为出行工具。几十年前，城市供暖还以烧油为主，而今则通过利用可再生能源和清洁能源天然气等，以及引入环保且能源利用率高的区域供暖系统，哥本哈根减少了空气污染并降低了供热成本，同时创造了大量就业机会。目前，当地的区域供暖系统已覆盖哥本哈根市98%的房屋，人们用于冬季取暖的开支较25年前明显下降。

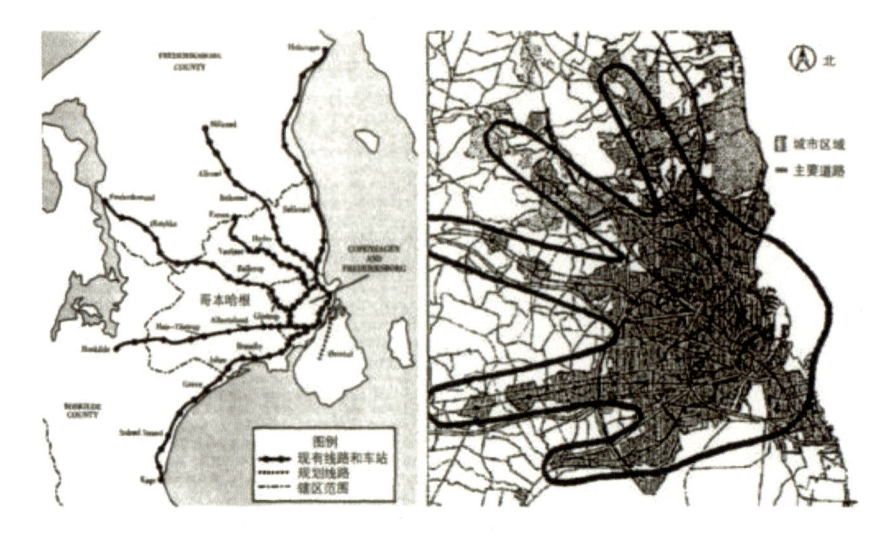

图6-4 哥本哈根TOD手指形态规划

二、构建和谐融洽的社区环境

（一）城市更新满足基本住房需求

过去几十年来，越来越多的人涌进城市，城市规模也在不断扩大。一方面，城市便利的生活和广阔的发展空间吸引了大量人才，他们渴望在城市安居乐业，由此导致最基本的住房需求大幅增加；而另一方面，城市的无限扩张则会带来环境污染、基础设施建设和治安管理等各方面的问题，所以城市新增土地带来的住房供给必然会受到影响。这种住房供需矛盾在大城市表现得尤为明显。

借助城市更新对现有土地建筑进行改造，可以帮助我们以更高效和更优质的方式利用现有土地资源。通过城市更新来满足人们日益增长的安居需求并在此基础上构建和谐社区，是未来城市更新大力发展的方向之一。

在国家政策层面上，也提出了构建房地产市场的长效机制，建立多主体供应、多渠道保障和租售并举的住房制度。除了保障房和商品房用地外，集体建设土地、企业自有用地和城中村改造地块等将会逐渐加入住房供应体系中。同时，随着住房租赁市场的发展得到国家的大力支持，房地产开发商和独立品牌公寓也纷纷展开布局。一方面，这为城市更新带来了机遇，多主体、多渠道住房供应体系的建立需要城市更新的助力；另一方面，城市更新也为在住房市场的改善赋能，使人们真正能够"住得起""住得好"。

以在全国率先提出城市更新的深圳为例。深圳土地开发强度已超过50%，而国际上一般将30%作为警戒线，可见深圳市的建设用地已经十分紧张。2018年2月，广发证券发布的报告指出，2017—2020年期间，深圳全市每年新增住房需求约为1 346万平方米，供需缺口约433万平方米/年，可见深圳的住房供需矛盾十分突出。2018年8月，深圳市发布《深圳市人民政府关于深化住房制度改革——加快建立多主体供给、多渠道保障、租购并举的住房供应与保障体系的意见》，提出进一步鼓励盘活存量用地和大力发展租赁市场等措施，到2035年，新增建设筹集各类住房共170万套。目前，城市更新已成为深圳住房供应的重要来源：2018年上半年，城市更新批准预售商品房建筑面积约86万平方米，占全市房地产市场供应总量的46%。在租赁市场方面，深圳也尝试利用对城中村的改造项目，增加租赁市场供应，比如在福田区玉田社区的部分村民就已和万科签约，万科将对该小区物业进行统一改造，植入长租公寓、物业管理和社区运营等业态。

（二）城市更新优化公共基础设施

公共基础设施是居民生活、城市发展及社会经济活动开展的重要保障。然而，在过去几十年我国城市的快速发展过程中，人们往往更加重视"有没有"，而忽视"优不优"，看重"量"而忽略"质"，再加上时间推移造成的自然老化，许多城市的基础设施已经不符合新时代的标准，从而难以满足人们日常生活的需求。交通堵塞、排水困难等问题逐渐显现；交通方面，根据高德地图 2018 年第二季度的数据，在监测的 361 个城市中，仅有 26% 的城市通勤不受拥堵的威胁，北京更是在高峰时每 100 千米就有 11.8 千米处于严重拥堵或拥堵状态（见图 6-5）；排水方面，根据住建部对 351 座城市的统计，超过 60% 的城市发生过内涝，每年都有几座城市开启"看海模式"，这对人们的生命财产造成了巨大威胁及损失。

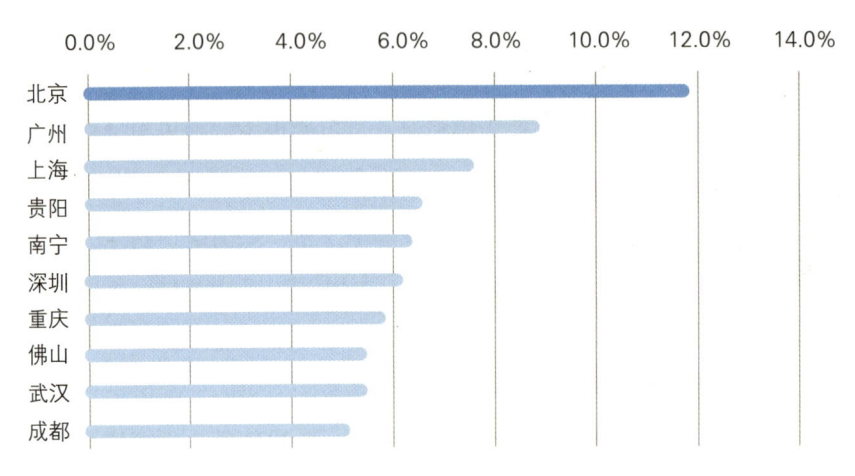

图 6-5　城市拥堵里程占比 Top10 城市

而对于这些问题的解决，除了新建公共基础设施，城市更新也提供了一个很好的选择。

首先，相比于新建，城市更新可以对原有区域加以利用，在此基础上提高效率、优化功能并满足多样化需求，同时从长期来看，更新的综合成本也较低。目前城市大多用地紧张，特别是市中心区域可供开发的土地日趋稀缺。城市更新可以充分利用原有的区域基础，特别是大部分项目都处于优越的地理位置。例如香港观塘市中心重建项目（见图 6-6），位于观塘区交通枢纽区域，拥有丰富的历史文化底蕴和优越的地理位置。其最初在 20 世纪 50 年代是由填海造地而成为工业区的，从 20 世纪 70 年代开始逐渐衰败，建筑老化严重，生活环境变得恶劣。直到 2008 年开始重建，在打造交通枢纽的基础上进一步提高其立体化

图6-6 "观塘市中心重建计划"立体模型

程度,同时兼顾商业、居住、办公和休闲,成为综合中央枢纽,预计需12年方可全部建成。

其次,城市更新可以在原有建筑的基础上进一步提高使用效率,满足人们多样化的需求。例如,著名的加拿大蒙特利尔地下城(见图6-7)依托于地铁建设,始建于20世纪60年代,经过几十年的更新发展,如今已是世界上最大的地下综合体,面积达到400万平方米,连接了10个地铁站、2 000家商店和7家大型酒店等商业设施,日均客流量接近50万人。地下城扩展了人们的活动空间,方便的公共交通网络大大缓解了人们的交通压力。蒙特利尔的冬季寒冷且漫长,地下城遵循因地制宜的原则进行建设,它为人们提供了一个可以躲避恶劣天气的场所。

城市更新的综合成本也较低。以解决城市内涝的方法之一的综合管廊为例,日本的东京临海副都心综合管廊(见图6-8),将除雨水管道外的其余9种管线(包括污水管、配电线路和垃圾输送管道等)的干管都纳入综合管廊,并预留空间以备未来建设之需,这是目前世界上最大

图6-7 蒙特利尔地下城内景

图6-8 日本东京临海副都心的综合管廊

的综合管廊。虽然造价高达 32 亿美元，但是作用巨大，它整合了多种功能便于统一管理；且使用寿命长，地面和道路在 50 年内不会因为管线更新而重新开挖，对自然灾害也有很强的抵御能力。这个综合管廊项目具有长远的、综合的社会经济效益，且后期综合改造成本较低。

（三）城市更新助力社区升级转型

微观层面上，社区的发展也应紧跟宏观层面上城市快速发展的脚步，优质的社区可以使城市保持生机与活力。和谐社区的构建极其重要，因为社区和谐是社会和谐的基础。加强社会管理的重心在社区，改善民生的依托在社区，维护稳定的根基也在社区。纵观世界社区发展的历史，在城市建设初期人们往往自发形成开放式、小范围的街区，接着工业化带来了大范围、功能单一的区域建设，然后在需求导向下转向功能复合模式，最后发展成开放式、小范围和功能复合的街区。城市更新在其中扮演了助力社区转型升级的重要角色。

例如，英国曼彻斯特市休姆地区（Hulme，Manchester）（见图 6-9）最初出现在 19 世纪，当时主要的居住群体是工人，但后来逐渐演变成贫

维多利亚时代形成的联排住宅街区　　20 世纪 60 年代的再开发形成的超级街区　　20 世纪 90 年代的城市再生复原的传统街道模式

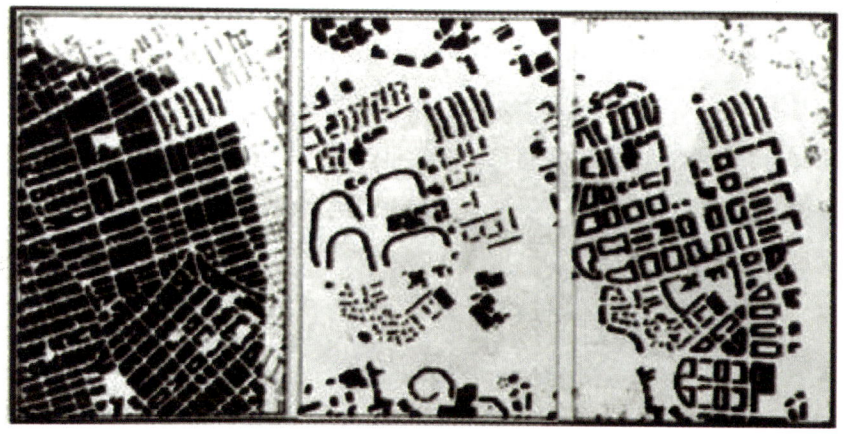

图 6-9　曼彻斯特市休姆地区社区演化

民窟。20世纪60年代，在地方政府的主导下，这一区域被改建为公共住宅社区，居民有5 300户约12 000人，形成超级社区。因为规模庞大、阶层分化和产业衰退，社区失业率增至35%，犯罪活动频发，1992年居民数量骤减至7 300人。在意识到由贫民窟拆除和大规模公共住宅项目所导致的阶层分化与社区隔离的情况后，地方政府展开了社区的更新建设，强调保持社区的多样性：超过1/2的公共住宅被拆除，取而代之的是2 500户社会住宅、商品房等住宅项目的建立，部分传统街道也得以恢复和再现。在促进社区融合的同时，这一城市更新项目也带动了当地民营企业的发展。

三、创新丰富多彩的城市功能

城市具有不同的功能，例如生产功能、服务功能、管理功能、协调功能、集散功能和创新功能等。随着时代的发展，人们对城市功能的需求也在演变。城市功能能否顺利实现及做到与时俱进关系到居民的满足感和幸福感。城市更新将面向未来，尤其在关系民生的教育、医疗养老以及休闲娱乐等方面，城市功能的完善具有较大的发挥空间。

（一）城市更新满足教育需求

随着人们生活水平的提升，对美好生活和自我实现的向往激发了人们对更高层次教育的需求，人们对教育问题愈加重视，希望得到更好的教育机会与更大的发展空间。然而，目前很多城市的教育资源往往难以满足人们的需求，供需矛盾突出。在城市更新中配建更多的教育设施，满足居民需求是未来趋势。

教育资源的供给不足是很多城市面临的问题。以深圳为例，学位不足是民生的痛点。随着二孩政策的实施和深圳学位对港澳籍适龄儿童放开等，深圳学位供应的压力越来越大，预计到2020年，深圳小学一年级的学位缺口将达到49 500万。这一学位供应压力从今年的招生情况可窥见一斑。有些区域的公办学位缺口极大，幼儿园的优质学位供应情况同样不乐观。面对这种困境，龙岗区借助城市更新，通过保证教育用地，创新投资模式，提高硬件建设和引进名校名师"四轮驱动"来解决学位困境。2012年至今，龙岗全区建设中小学共38所，其中通过鼓励社会投资城市更新项目（投资人出资60%，政府出资40%的模式）建设的有17所，约占45%。特别是自2014年以来，全区建成中小学学校21所，其中通过该模式建成的有11所，比重逐渐加大，约占全区新建学校的52%。这不仅有效解决了学位紧张地区的教育难题，还为龙岗居民带来大批优质的教育资源。

再如，广州也十分注重扩大教育资源供给，将扩大中小学和幼儿园教育资源供给工作作为2018年广州市的"十件民生实事"之一。2018年上半年，全市新增幼儿园学位1.1万个，新增中小学校基础教育学位7.8万个，全市在当年的目标是新增13万个中小学学位。此外，对新建、回收和改扩建的公办幼儿园的新增班数，广州市区财政将给予每班30万元的一次性补充资金。

（二）城市更新支持医疗养老

2017年年末，我国60周岁及以上的人口占到总人口数的17.3%，预计到2025年，60岁以上人口将达到3亿，我国将成为超老年型国家。并且，各区域老龄化程度的分化显著：一线城市中的上海是我国人口老龄化最严重的城市，60岁以上人口占比达33.2%，上海作为最早进入人口老龄化的城市，比最迟进入老龄化的西藏提前了近40年。人口老龄化问题已成为影响社会和城市发展的重要因素，老年人的身心健康需要得到家人及社会的关爱。在城市更新的过程中，考虑养老问题及配套设施的建设显得尤为重要。

数据显示，深圳全市60周岁以上的户籍老人已超过15万，常住老人已达42万，且这些数字每天都在被刷新，政府和社会需要对日益临近的养老事业进行先期规划。对此，深圳市已在城市更新方面出台了相关规定，要求所有含住宅的更新项目均应配置老年人日间照料中心，并要求老年人日间照料中心与社区健康服务中心组合设置,为"老有所养"提供空间保障。

对于改进城市中心区高密度养老设施,美国伊利诺伊州芝加哥市的蒙哥马利之家(Montgomery Place)(见图6-10)具有一定的参考价值。蒙哥马利之家是持续照料型退休社区,占地面积6 000平方米,共有160个居住单元,1988年最早为当地教堂创办的敬老院。21世纪初,院方对这家养老机构进行了重新定位,希望能在有限的场地和相对固定的建筑结构的限制之下,以营造社区氛围为目标,给这家养老机构带来显著改善。首先,建筑师将一层空间的公共功能最大化,使得走进这栋建筑的人们的第一印象是一个充满活力的社区。建筑师通过加建和改造现有空间,最大化地利用临近的密歇根湖景观,为老人们营造了舒适优美的生活环境。

(三)城市更新引领文化精神需求

在满足了衣食住行等方面的物质需求后,城市居民在幸福、快乐和健康等方面的精神需求日益增强,因此城市更新在休闲娱乐等方面的发

图6-10 蒙哥马利之家区位

挥空间不断提升。例如日本东京的万世桥（Manseibashi）在 20 世纪初是东京最早的火车站，1943 年万世桥站正式停止运营。废弃的火车站成为城市化过程中的伤疤，死气沉沉、百废待兴。

在东京这样一座土地资源极度紧张的城市，它的存在更是一种极大的资源浪费。近年来，日本云母（Mican）建筑师事务所将其打造成了当地的特色商场马阿古特（Maach Ecute），之前的一个个桥墩如今已成为充满设计感的生活杂货店和饮食店。

游客来此，不仅可以逛商场，还可以看到昔日万世桥站的地基遗址及当年的石阶梯。尤其值得一提的是这一区域的定位从一开始就十分清晰明确，并在招商期间就和业态相结合，从而让整个区域"复兴"不再仅仅停留于钢筋水泥本身。[①] 比如一家叫作"Library"（图书馆）的店会投影出介绍当地艺术发展的影片，位于老站台上的人气咖啡酒吧 N3331（见图 6-11）号称是全世界最近距离欣赏火车的地方，区域内还时常举行各类设计或文化领域的讲座与展览等，满足人们的精神文化需求。

图 6-11　咖啡酒吧 N3331，全世界最近距离欣赏火车的地方

① 《从废弃火车站到创意街区，城市更新的又一范本诞生》，好奇心日报（2014）。

第三节
关注科技：打造智慧新城

在城市更新中，"文创"无疑是一种快速见效的起搏器。从历史的角度来看，以往游荡在城市外围的"科技"更有可能成为未来老城复兴的灵丹妙药。这具体表现在两方面：通过科技产业打造新城，培育优秀的创新型科技人才和管理人才；通过科技打造智慧城市，增强城市的综合竞争力。

一、科技产业打造科技新城

（一）新地理时代

世界正经历着一场重要变革——知识经济崛起。《人类简史》的作者尤瓦尔·赫拉利在他的著作《未来简史》中做出如下论断："全球经济导向已经从物质经济转变为知识经济，过去主要的财富来源是物质资产，比如金矿、麦田和油井，而现在的主要财富来源则是知识。" 从2005—2015 年全球市值排名前十家公司的性质上可以非常清晰地看到，科技型企业的数量从 1 个（微软）增长到了 5 个 [苹果、谷歌、微软、亚马逊和脸书（Facebook）]。知识经济的崛起拉开了人类社会新地理时代大幕。

在新地理时代，企业的空间分布变得与以往数十年甚至数百年间完全不同。美国社会思想家乔尔·科特金在《新地理——数字经济如何重塑美国地貌》一书中，讲述了他在这种空间中发现的两个规律：一是"今天，在这个信息时代，重要的资产已不再是自然资源或邻近原材料的基地和港口，而是获得高技能劳动力——尤其是科学家、工程师及其他主导新经济的专业人士的能力"；二是"这些特定的个体——投资者、工程师、系统分析员、科学家和具有创造性的工人，逐渐成为分析家说的'精明的地点消费者'，各种各样的场所为了博得他们的青睐和关注而相互竞争"①。他的研究总结起来就一句话：在以科技为核心的知识经济新地理时代，哪个地方更宜居，知识分子就选择在哪里居住；知识分子选择在哪里居住，人类的智慧就在哪里汇集；人类的智慧在哪里汇集，人类的财富最终将在哪里汇聚。因此，美国以加州硅谷、得州奥斯汀及佛罗里达高科技走廊为代表而崛起的阳光带，仍会有更光明的发展前景。

（二）科技和城市的相辅相成

科技产业需要城市的滋养。流动的科技人才已变成以知识经济为代表的未来发展的决定性力量，科技人才拥有更多选择的能力与自由，为此提供更好的城市环境吸引和留住这些人成为新地理时代科技发展的必备条件——新一代科技精英们都需要并热爱城市完备的服务配套。清华大学经济管理学院博士后袁晓辉曾经对北京和武汉两个未来科技城里人才的需求做了调查研究，得出的结论是：科技城的工作者除了关注医疗和教育等设施外，也十分关注与知识学习、体育健身、文化娱乐和餐饮消费等相关的服务设施，这体现了他们对个人生活品质的追求。②

城市发展需要科技的创新。都市中大量多元化的复合人群会形成科技创新中的创新，这些人不拘泥于陈规，会创造出能带来可观效益的新概念。同时，都市自身系统的复杂性，也给科技创新留下了各种各样的机会和空间。兰德公司的波普教授在"2017科技智库国际研讨会"上直言，未来20~30年，大都市将是全球创新的发源地、孵化地和集聚地。

利用科技对城市的全新需求实现科技产业与城市发展的共舞，成为城市更新中老城区或旧园区的重要选择方向。

---

① 《从"乡土田园"到"乡村都市"》，叶恺妮（2016）。
② 《创新驱动的科技城规划研究》，袁晓辉（2014）。

（三）城市更新中的科技力量

大城市中心的老城区和一些未被充分利用的区域（如老工业区），在空间上具备天然的优势，享受着良好的城市资源积淀、城市化的商业模式以及高密度人口带来的巨大市场。因此，一线城市的老城区往往可以迅速地形成科技创新区。最知名的例子就是仅次于美国硅谷的两个世界级科技创新中心：纽约的硅巷（Silicon Alley）、伦敦的硅环岛（Silicon Roundabout）。一线城市，尤其是纽约和伦敦这种世界性城市，仅凭其对接全球的优势就能在老城区成功地支撑起一个新的科技创新区。那么，在非一线城市的老城区是否也有打造科技创新区的机会？研究发现，即使不是顶级城市，但只要拥有科技人才源泉和宜居的环境，也有很大的机会通过科技创新区的打造来实现城市复兴。这其中最为成功的例子当属西雅图的南湖联合区（South Lake Union，Seattle）（见图6-12）。

位于美国西北部的西雅图，在2016年GaWC（全球化和世界城市研

图6-12 西雅图南湖联合区全景

究网络）组织世界城市排名中处于弱二档的位置，与成都和天津相同、次于深圳。但在其市中心附近占地约 1 平方公里的南湖联合区却在十几年间，发展成为布鲁金斯学会评出的"全美七大科技创新区之一"。20 世纪 90 年代，由于工业的衰落，这个片区还是廉价的"城市仓库"。到了 20 世纪末，市政府开始与微软联合创始人保罗·艾伦（Paul Allen）旗下的沃肯（Vulcan）房地产开发公司合作，主导片区向"充满活力的综合功能社区"改造。除了引入科研机构，片区同时建设了包括经济适用房在内的各种城市公共设施，吸引了大量人口入住。沃肯房地产开发公司 2004 年投资 60 万美元改造小瀑布公园，2010 年前后投资 1 000 万美元与政府共同修建了本地区最大的湖区联合公园。这个时期商业也蓬勃发展，共同形成了西雅图中心城区的魅力磁极，吸引了户外用品连锁零售巨头 REI（Recreational Equipment Inc.）在这里设立了旗舰店。这些变化最终吸引了亚马逊总部的入驻。《纽约时报》在报道此事时还特别提到"把公司设在市区，周围有很多餐馆、夜店，增强了浓郁的文化氛围，这已成为堪比工资和福利的重要招聘工具"。

如今的南湖联合区，除了拥有大量科技创新公司和学术研究机构外，还聚集了 66 家餐饮商铺、16 家购物商店、18 家生活服务机构、8 家文化艺术机构、5 家 SPA（火疗）休闲场所，以及历史工业博物馆、酒店、公寓和去往市中心的有轨电车线路等等。这使得科技创新区的南湖联合区在 2013 年就被《西雅图杂志》（*Seattle Magazine*）评为西雅图最佳社区之一，并获赠"寰宇新中心"的雅号。在美国综合评级网站 Niche"2017 年西雅图最宜居社区排名"中，南湖联合区同样高居前列，其户外活动、夜生活和通勤均受到好评。

与市中心老城区相互隔离的传统高科技园区，往往无法满足新一代科技人群的都市生活需求，因此全球的科技园区都出现了"强调社区和城市融合"的新科技园区发展动向。上海市政府就基于此批复了张江科学城的规划，并从中汲取经验，开始了从"园"到"城"的转型。武汉光谷软件园也在不断补充城市功能。

那么，如何更有效率地把原有高科技园区打造成一个科技新城镇？从号称"欧洲移动硅谷"的瑞典希斯塔（Kista）科学城（见图6–13）的发展历程来看，在拥有大量学术研究机构的基础上，建设好一个突破性的中心区域是成功转型的关键。

希斯塔科学城位于瑞典首都斯德哥尔摩市中心西北15千米处（属于斯德哥尔摩市的边缘），占地2平方千米，是欧洲最大、世界第三的信息与通信技术（ICT）高科技区。为了保持长期的竞争力，1999年，政府、企业和学术研究机构联合成立了综合开发机构希斯塔科学城公司（Kista Science City AB，缩写为KSCAB），统一负责整个地区的产业、商业和社区发展。该机构的目标是把希斯塔发展为一个宜居的且快速成长的科学城，使得城内的企业、大学和研究所能够吸引国内外优秀人才，将文化活动、服务和休闲设施融为一体。

这种改造从依靠轨道站点的中心区开始突破。2002年，在联合机构的推动下，瑞典最大的购物中心希斯塔广场在轻轨站旁开业。这个购物

图6–13　瑞典斯德哥尔摩的希斯塔科学城

中心有 100 多家商店和 30 家餐厅，以及包括 11 个厅、1 500 个座位的瑞典最大影院，每年接待大约 1 300 多万的访客。2003 年，瑞典最高建筑、32 层且面积超过 4 万平方米的办公楼希斯塔科学塔也在此区域建成并投入使用。希斯塔中心区成为全瑞典的视线焦点。同时，希斯塔科学城里新的人行道和自行车道、广场、商业街等城市公共功能，在接下来的年份里不断增加，塑造了更为宜居的生活环境；而希斯塔中心区及周边形成数字产品城市试验场（Urban ICT Arena），使企业可以在开放的城市环境中开发、测试以及向人们展示数字化新产品和具有未来感的新的生活方式。直至现在，很多公司从斯德哥尔摩和周边区域搬到了希斯塔城，近年来该地区总人口也增长了 4 000 多户。由于人口和企业数量的快速增长，希斯塔科学城已经在不断扩大自身的面积，并在周边规划了 5 万人的城镇用地，同时也开始重新设计自己的 CBD 以应对快速的发展。

尽管政府并没有实行任何税收和土地优惠，但富有吸引力的城市环境以及未来感的生活方式就可以为科学城留住了大量的企业和人才，同时实现了地区的可持续发展目标。

科技回归城市，源于城市对科技人才的"吸引"。如何在城市更新中让这些城市的老城区和老园区真正形成科技需要的都市化——更高的宜居度，以便更适合培育创新氛围和机制，则是能否掀起科技城市化浪潮的关键。

二、科学技术打造智慧城市

国际电工委员会（IEC）对智慧城市的定义：智慧城市是城市发展的新理念，是推动政府职能转变和推进社会管理创新的新方法，目标是使基础设施更加智能，服务更加便捷，社会管理更加精细，生态环境更加宜居，产业体系更加优化。智慧城市已经成为全球城市发展关注的热点，随着信息技术的迅速发展和深入应用，城市信息化向更高阶段的智慧化发展已成为必然趋势。在此背景下，世界主要发达国家的主要城市（如东京、伦敦、巴黎和首尔等）纷纷启动智慧城市战略，以增强城市的综合竞争力。

我们该如何借助城市更新的契机来共同打造智慧城市呢？首先，城市更新的基本思路需具备智慧化城市的可持续发展理念；其次，在这个理念支持下把传统的城市更新与智慧城市进行有机结合，把城市建设机制和运行机制进行有机结合，最终形成不断完善和优化的智慧化城市服务体系，得到一个特色鲜明、持续发展的城市。[①]

智慧城市建设在中国目前基本是政府主导的行为，所以城市更新项目在顶层设计时需要跟政府进行有机结合。服务型政府加上 PPP 模式共赢发展，一起打造城市运营共同体，通过完善和健全法制环境约束负面行为。所以城市更新和智慧城市的结合其实是一个能力建设和效率建设并重的过程，不仅是建立服务平台，而且更重要的是建立智慧化的城市服务机制。

为此需要形成合力，共建智慧城市，更新顶层设计。在有了强有力的城市领导、专业化的行政服务团队、市场化的城市服务体系和运营队伍之后，合力完成以城市持续发展为目标的智慧城市的顶层设计，就可以搭建理想的智慧化城市服务体系。接下来再到具体实施层面，智慧城市是利用新一代信息技术来感知、监测、分析和整合城市资源，对各种需求做出迅速、灵活和准确的反应，为公众创造绿色和谐的环境，提供便捷和高效服务的城市形态。

通过对新一代信息技术的创新应用，我们可以更快地建设和发展智慧城市。新一代信息技术包括云计算、大数据、物联网、地理信息、人工智能和移动计算等。利用新一代信息技术是我国社会实现工业化、城市化和信息化发展目标的重要举措，也是破解城市发展难题，提升公共服务能力和转变经济发展方式的必然要求。

---

① 《智慧城市与城市更新融合问题思考》，钟东江（2016）。

（一）数据是智能化的基础

以 BIM（Building Information Modeling，建筑信息模型）为例，它是建筑设计建造方面的一个数据化工具，它以智能 3D 模型为基础，使建筑、工程及建造人员可以更高效地计划、设计、建造和管理建筑。和传统的二维 CAD（Computer Aided Design）相比，BIM 包含的信息更多，可以将建筑、暖通、管线、环境和造价等各方面的信息全部包括进来。简而言之，BIM 提供了一个全面的项目数据库，并且考虑了绝大部分因素，相当于预演了大部分场景，这大大降低了实施的不确定性，从而提高了效率并降低了成本。2013—2014 年仅在英国，BIM 的应用就节省了 8 亿英镑的施工成本。

（二）结合云技术、大数据和人工智能进行数据分析

有了数据库之后，就可以以此为基础，结合其他技术，实现更高阶的智能化。比如结合云技术，任务团队成员可以随时随地在数据库上展开工作，工作的协作性和同步性得到提升。人们结合大数据和人工智能，可以进行数据分析，使数据变得有意义并辅助决策。例如，在建筑内部发生故障时，可以通过分析 BIM 提供的数据来定位故障位置。BIM 提供的数据库也可以为未来的建筑设计与施工提供参考，从而确定最佳方案。

位于泰国曼谷的 WHIZDOM 101 项目就是建立在现有城市之中的智能化项目。它是由泰国开发商 MQDC 运用 BIM 技术建设的城市绿洲，包括商业和住宅部分，连接公共交通系统，还拥有室内外自行车道、可通过脚印产生电能的步行道等高科技公共设施，目标是减少 32% 的能耗，40% 的用水和每年 1.5 万吨的二氧化碳消耗。

（三）建立城市运营数据库

如果整个城市层面也可以采用建立城市运营数据库的方式，在此基

础上通过系统的大数据和人工智能形成的物联网进行分析和反馈，那么智慧城市也就初具雏形了。例如美国芝加哥名为物联数组（Array of Things）的感测装置网络项目，计划在路灯、建筑，甚至居民手机上安装感应器，收集空气质量、交通状况和环境噪音等数据，用于加强城市管理。当然，这还涉及居民隐私及可实施性等方面的问题，但是在城市更新中运用科技、打造智慧城市已是世界趋势。

第四节
关注文化：加强文化的传承与保护

当今时代，文化在综合国力竞争中的地位和作用越来越突出。然而，城市的发展也面临着自身成长和文化传承的矛盾——人文关怀日益丧失，文化冲突不断显现，城市记忆逐渐消失，富有特色的区域和传统文化相继被格式化的现象日益严重。

在这种背景下，如何避免"千城一面"，如何将文化与城市有效融合，为城市化的进程注入全面、协调和可持续发展的动力，在"城市更新"中不忘"文化传承"，有着世界性和长远性的意义。从目前城市更新的案例来看，主要有三大类型：文化传承、建筑重生和文艺美居，从宏观的城市面貌改造，到微观的城市人文建设的全面覆盖。

一、文化传承，复兴特色历史街区和村落

历史文化街区是指经省、自治区和直辖市人民政府核定公布的拥有特别丰富的文物，以及历史建筑集中成片、能够较完整和真实地体现传统格局和历史风貌并具有一定规模的区域。历史文化街区整体保护，不仅包括保护街区内的文物建筑、传统建筑群、街巷格局、建筑风貌及河道水系等外观整体风貌，还包括保护街区所承载的文化，即保护地名典

故和民俗礼仪等非物质形态内容，维持文化多样性。[1]在城市更新的过程中，各参与方都需遵循改善民生、传承文化和繁荣经济的原则，推进各地特色历史文化街区和村落的复兴工程，注重建筑文化、民俗文化和饮食文化的传承，保留街区的文化内涵。

（一）从老厂房到艺术创意园：77文创美术馆

1. 改善市中心环境的需求迫在眉睫

保护历史建筑是现代社会的永恒课题。当今时代，建筑师正通过轻设计、轻介入的方式，重新再激活、再创造"活的文物"，并乐于将这个激活、创造的过程和结果积极呈现给观众。这是对建筑的重新悟读，也是对自身的洗练之旅。[2]77文创美术馆静静地坐落在北京市东城区美术馆后街77号（见图6-14）。这里是一条蜿蜒的胡同，这里曾是北京胶印厂。在红砖堆砌下的特殊楼宇间，人们依稀可以穿过时光的薄纱看到当年厂房的原貌。

图6-14　更新前的北京胶印厂

若干年前，北京胶印厂还作为一个传统企业矗立于此。厂房每天制造污染与噪音，厂里的货车不时地在周边区域制造交通堵塞。这一切都

---

[1] 《历史文化街区整体保护及有机更新路径研究》，田继忠（2011）。
[2] 《弹得了棉花，撑得起时尚》，载于《文汇报》（2017）。

使附近居民头疼不已，改善厂区及其周边环境成为一个亟待解决的需求。北京胶印厂厂区东起美术馆后街，西至小取灯胡同，与南边的中国美术馆仅一街之隔，距皇城根文化遗址公园也只有百步之遥。

2012年初，在北京市国资委和东城区委、区政府的大力推进下，北京胶印厂的上级企业北京隆达轻工控股公司决定将原胶印业务迁出，与东城区属企业——北京东方文化资产经营公司达成了20年的战略合作协议，双方联手打造主题性高端文化创意产业园区，并以此为契机实现北京胶印厂的整体转型。[①]如今，废弃的厂房已华丽变身为77文创美术馆。2012年9月，东方文化资产经营公司旗下的专业运营团队——东方道朴公司入住胶印厂厂区，通过一年半的改造，以戏剧影视为主导产业的77文创园正式面世。

2. 构建文化资产运营的生态系统

站在园区内的楼顶露台俯瞰，我们会发现南面仅隔一条街的中国美术馆、西边的中法大学旧址，以及不足百米的三联书店。再远一点儿，还有首都剧场、东宫影剧院、风尚剧场、蓬蒿剧场，乃至北京人艺等一系列剧场。周边还环绕着钟鼓楼、景山万春亭、北大红楼等地标性建筑，令来者无不被浓郁的文化氛围所感染。为将园区打造为有机整体，设计师用空中游廊连接所有楼层，空中游廊的设计为员工提供了休闲放松的场所；在建筑风格上，设计师采用工业仓库式的建筑结构、厚重的工字钢柱和锈蚀的耐候钢面板在体现原工业遗址风貌的基础上，吸引了大量核心文化资源聚集，构建了文化资产运营的生态系统，形成了以戏剧和影视为核心业态的高端主题性文化园区（见图6-15）。

3. 园区运作模式——紧紧围绕戏剧影视主题

按照"整体定位、整体施工、整体运营"的运作模式，胶印厂老厂房在一年半的时间里被改造完成。东方道朴十分重视厂区建筑自身的特

---

① 《文创产业，1+1可以大于2的秘密》，载于《金融时报》(2014)。

图6–15　更新后的77文创美术馆

点，希望保留工业建筑厚重的历史气息和特有的工业符号，因此聘请了具有丰富的旧建筑改造经验的原地建筑师事务所创始人兼总建筑师李冀负责项目设计。

原地建筑在设计过程中结合时代潮流与园区主题的特点，进行了宏观且周密的规划与设计，不断深入细化建筑的每处细节，从外观审美、色彩体验、材质选择到空间规划都花费了大量心血与精力。外观上，设计团队尽可能保留了原有建筑的外立面和结构，并在局部增加了开放性空间及铁栅栏等装饰，采用耐候钢板等特殊建材，突出工业建筑的沧桑感。2014年年初，77文创园全新亮相，入驻企业均为戏剧、影视和设计界的领军企业，并与园区运营公司形成良好的合作关系。园区包含了77剧场、排练厅、书吧和咖啡厅等配套，成为演出、摄影、聚会、沙龙等文化名人的聚集地以及北京市文化产业的新地标。①

园区内有一个可容纳近300人的剧场和总共约300平方米的排练厅，它们也对入驻的艺术公司敞开大门，可供其优惠使用。厂房变身而来的文创园吸引了各界的目光。央视、北京卫视、《中国文化报》、《北京日报》、《北京青年报》、《世界建筑》杂志和英国Dezeen等多家媒体

---

① 《疏解非首都功能，腾笼换鸟获新生》，载于《首都建设报》（2018）。

都对园区进行了专题报道。77文创美术馆一直向着构建戏剧影视主题园区的方向发展，同时"77文创"作为文化资产运营商的新兴品牌，迅速获得行业内极高的美誉度。

（二）历史街区的改造与更新：杭州南宋御街

历史街区是城市重要的组成部分，具有时代特征和历史价值。街区中的历史建筑贯穿了街区一个时代的历史，代表了其间的生活形态，浓缩了原有街区居民的旧梦，是社会的一个缩影。历史街区的沿革、人文状况和人文历史具有一定的代表性，更具有保留价值，但悠久的历史也给街区贴上了发展缓慢、逐步衰败的标签。历史街区的保护是对文物建筑更全面、更整体的保护，也是对城市特色的保护。保护好传统历史街区能使城市的历史文化得以延续，能使城市在更新发展的同时将其历史遗产留给后代。经过多年的理论研究与实践探索，国内外在历史街区改造的实践过程中，出现了很多成功的范例，也积累了丰富的经验与教训。[①] 比如杭州的南宋御街，就是一个很好的成功案例。杭州位于京杭大运河的南端，是吴越文化的代表地，是中国南宋都城临安所在地，同时拥有西湖和大运河两个世界文化遗产，在中国城市的历史文化和世界遗产领域中占据着重要的地位。以南宋御街为核心的"中山路综合保护与有机更新工程"正式启动于2008年年初，历时2年基本完成。

1. 杭州改革开放30年以来最艰巨、最复杂的一次城市综合保护工程

南北纵贯杭城的中山路，早在800多年前，就是南宋都城临安城中南北走向的主轴线御街，此后也一直是杭州重要的商业中心。杭州市的某位领导在改造前就说，这可能是改革开放30年以来杭州最艰巨、最复杂的一次城市综合保护工程。杭州老百姓都知道这条街，它在人们心里

[①] 《浅论历史街区更新的经验教训》，董雷（2006）。

非常重要，虽然过去30年杭州的商业中心逐步向西湖偏移，尤其是上城区老城这段已经衰落了，但如果放到更大的历史背景下，中山路是很有代表性的，它是中国所有的历史城市在改革开放后这段时间发展的典型写照。这里面有很多老城的居民，包括大量的老人和儿童，他们与外来民工混合居住在这里[①]（见图6-16）。

图6-16　改造前的南宋御街

2. 以城市复兴的思路进行改造

城市复兴，不是简单地保护一条街，这种看似破破烂烂的街道，恰恰是杭州最有城市氛围的地方，也恰恰最有城市文化价值的地方，它守护着这座城市的灵魂。与之相比，杭州那些新建造的城区，那种道路很宽、新建筑沿街后退的做法，更像是欧美城市的郊区，完全丧失了城市气氛。[②]

[①]《用中国本土的原创建筑来保护城市》，载于《建筑遗产》(2016)。
[②]《用中国本土的原创建筑来保护城市》，载于《建筑遗产》(2016)。

最终的实施方案改变了原来的常规做法，原来的改造规划是拓宽中山路——1927年改造以来的宽度一直只有12米，规划拓宽到至少24米。调查发现，凡是过去20年间沿街造了大楼的地方，建筑就按新法规后退，局部都已经被拓宽过，整条街就是宽窄不一的状态。后来规划设计方提出，12米的宽度是最适合步行的，是营造城市气氛的适宜宽度，因此有必要在那些新的大楼前面建造一系列小建筑和小景观把街道变窄。这也许是改革开放30年来在全中国第一次有城市主动把街道变窄，这是一个创举。

3. 对建筑的处理：新旧夹杂、和而不同

新旧夹杂的意思是，对所有旧的建筑都进行坚决且有效的保护，按其所体现不同年代的真实状态，按生活对它的真实影响去保护，而不是惯常的风格化复旧。新旧夹杂中的"新"指的就是保护历史街区要有新思路，只靠旧的东西是不够的，这样做不合理也没有出路，要用中国本土的原创新建筑来加以保护，作为城市新的看点。规划设计团队还有更重要的一个观点：无论是西洋的舶来品，还是中国的假古董都坚决不做——可以以历史为背景来进行新的创作，但直接拷贝的事情坚决不做。[1]

二、建筑重生，彰显建筑文化特色

一线城市大多已进入存量房时代，进入了以"旧楼改造、存量提升"为核心的城市更新模式中。优化用地结构正成为资源紧缺条件下我国城市可持续发展的主要方式。以存量物业的收购改造为核心的资产管理已成为越来越多商业地产企业发展的"新路子"。据悉，中国核心城市有1亿平方米左右的存量物业需要改造，各类商办和消费升级的需求非常旺盛。例如，上海作为国内商业创新和发展程度最高的城市，一直以来就是中国存量商业经营的核心市场，其中不乏改造成

---

[1] 《用中国本土的原创建筑来保护城市》，载于《建筑遗产》（2016）。

功的案例，如 K11、美罗城、淮海 755 和百盛优客等，这些都是前几年大热的改造项目。

改造类物业属于城市更新中的小型和中型项目，由于周期相对较短，在市场上更为热门。其中小型更新项目一般仅通过物业内部的装修改造来快速提升租赁价值；中型更新项目则是调整物业的初始规划和使用属性，例如商场改办公楼，办公楼改长租公寓等。

（一）商业项目改造

1. 自持写字楼

与零售商业相比，写字楼市场受互联网的冲击较小，需求增长较稳定，且管理及运营成本较低，因此，近两年将商场改为写字楼（俗称"商改写/办"）或者将老写字楼翻新，成为很多开发商和房地产私募基金的主流选择。在这类改造项目中，除了赋予旧建筑新的功能和适用性外，提升业主运营水平也是改善经营状况和提升经营现金流的重要因素。

对于改造后的写字楼，如果是自持的物业，运营商可以以办公社群为主导，通过聚集产业生态链上的不同企业创造交互空间，从而提升空间利用率、办公效率及品质氛围。

2. 长租写字楼

除了自持写字楼的改造运营，一些嗅觉敏锐的资本也开始长租写字楼，通过简单装修提升物业租赁价值，并面向下游客户出租物业以获得收益，类似于"二房东"和"三房东"的合作模式。

而在这类模式中，有充裕可租房源的"二房东"如能与擅长空间运营的"三房东"建立深度合作，"二房东"能尽快出租物业，"三房东"可批量获取房源从而将主要精力集中于空间本身的运营，双方可以实现资源融合与优势互补，这无疑是双赢的选择，进而可以提升整个物业的运营水平。

3. 长租公寓

前瞻产业研究院的相关报告指出，发达国家品牌长租公寓产业拥有超过 50% 的市场占有率，而中国目前还不到 10%。巨大的想象空间催生了长租公寓行业在国内近几年的蓬勃发展，参与者有各类创业公司、房地产中介、酒店运营公司、房地产开发企业和房地产基金等。

长租公寓从模式上看分为"集中式"与"分布式"两种：前者是整租物业后改造和出租，包括 You+、新派和魔方等目前比较知名的一些品牌公寓；后者是从分散的房东手里取得房屋，通过房屋包租运营，进行标准化改造与运营。

（二）联合办公的改造

联合办公是一种为降低办公室租赁成本而进行共享办公空间的办公模式，业主通过空间设计和社群运营打造轻松自由的办公环境和氛围。联合办公先驱 WeWork 在 2018 年 7 月完成 5 亿美元的 B 轮融资，这在国内激起了联合办公的发展热潮，也吸引了大量资本的关注。

对于联合办公，虽然对原有物业进行功能定位和改造提升是必要的，但并非最重要，因为除了通过差异化服务将闲置的工位资源快速出租出去外，运营模式的创新也同样重要。尤其是社群运营，因为联合办公最重要的价值就在于它是聚拢了大批创业者的社群，围绕这些社群可衍生出多种增值服务，包括行政管理、工商管理和融资等配套服务，这些增值服务也具有很大的营利可能性。

三、文艺美居，保护历史文化前提下的安居乐业

新中国成立以来，我国在半个世纪的发展历程中投入了大量的人力和物力，建造了许多城市住宅。城市人民的居住条件得到了改善，居住需求遵循从低到高的层次递进规律，在居住的基本需求得到满足后，必然会产生高层次的需求，如渴望增大住宅面积、完善房型；注重住区室外环境和景观特色；日益重视住区安全防范和环境保护等。特别是当前我国社会、经济、科技和体制领域正经历着一系列变革，这给人们的居

住需求带来了深刻影响，要求城市更新及时做出应对。

同时，通过低成本的更新完善，发掘其潜在的经济价值，是住宅走向内涵发展的途径。从社会因素上看，已建成住宅往往积累了家庭、邻里、同事和亲友等社会群体构成的社会网络，经过长时间的交往、磨合而形成的相对成熟稳定的社区氛围。[1] 由此可见，城市更新过程中对住宅的更新完善也具有更深层意义。

（一）住宅改造

1. 住宅户型从实用到简奢

2006年，国家首次提出"70/90政策"，同一个楼盘的项目里90平方米以内的户型必须达到70%。首个"70/90"楼盘万科魅力之城面市之后，对90平方来的户型改造就此拉开序幕。从90平方来可变三居室，到LOFT户型的出现，居民的居住模式第一次在有限空间里得到延展。而90平方米三居室的出现无疑将楼房的实用性推向极致。2015年，"70/90政策"退出历史舞台，加上土地成本越来越高，开发商开始做90平方米的升级版来填补日益上涨的土地成本。之后，大批轻改善户型不断冒出，在实用性和尺度感的平衡上，开发商不断地进行创新。

2. 从精装豪宅到全装修时代

2013年，万科开启了全装修时代，让大部分刚需购房者能住上装修房，改变了年轻一代的居住观。开发商在其最新的豪宅系列中设置了较多的收纳空间，在阳台的扶手、排水等细节问题上也做了人性化的设计，让炫耀性的元素让位于生活本源。

3. 从"三恒"到智能生活

早在2009年，就有楼盘提出"三恒"：恒温、恒湿、恒氧。当时楼盘的科技概念并不普及，但随着这两年互联网思维的逐渐兴起，加上新

---

[1]《城市已建成住宅改造更新初探》，张大昕（2003）。

技术的不断成熟，"三恒"已经逐渐延伸出众多科技系统：地源热泵、高效节能外窗隔热、防辐射中置百叶遮阳系统等。这些科技豪宅不仅给人带来了便捷和舒适，更带来了环保的设计理念，这也是科技豪宅未来的发展方向。

万科西雅图则提出了会思考的房子——拥抱阿里智能、打造智能生活。比如，社区生物识别系统可以打通楼宇对接和门禁系统，实现整个小区免打卡进入，主人可通过手机 App 实现访客预约，并实时了解访客的到访信息；家用电器可自动开启节能系统，根据用户使用习惯和峰谷时段优化用电，让家庭用电完全可以被人为掌握，在空屋状态下节能系统可自动关闭家用电器等。

（二）民宿改造

民宿是指居民拿出富余的房屋和设施向旅游者出租，后来扩展到居民为从事旅游住宿接待而兴建的房舍。如今人们已习惯于把小规模的非标准住宿设施（如客栈、公寓、家庭旅馆和山居等）统称为民宿，且不管它的投资者和业主是谁。民宿似乎成了一个与星级饭店和旅游宾馆相对应的住宿概念。

我国民宿的发展走过了 30 年，经历了从一隅一点到星火燎原，从对住宿业的拾遗补阙到重要一翼，从缺乏特色到异彩纷呈。总之，民宿的发展对住宿业和旅游业都产生了重要的现实影响。[①]

---

① 《民宿对旅游住宿"中国化"具有积极意义》，载于《中国旅游报》（2017）。

后　记

十九大报告指出，我国社会的主要矛盾已经转化为人民日益增长的美好生活需要和不平衡、不充分的发展之间的矛盾。作为"城市更新专家"，佳兆业在城市更新中不断地探索和实践，力求找到一条最合适的路径。根据佳兆业多年的实践总结，以及对北京、上海、广州和深圳等重要城市相关政策的研究，结合国内外城市更新的具体案例，我们撰写了《城市运营核心逻辑——美好生活的责任与荣耀》一书，希望能为中国房地产行业和城市更新模式提供参考意见。

我们知道，城市更新贯穿城市发展的各个阶段，已经由过去的粗放开发向精细化、多元化提升转变，在这个转变过程中，我们要综合考虑产业、政策和消费等多因素对城市更新的驱动作用，比较不同城市的实施方式和特点，选择适合的模式。例如，北京采取政府出资改造为主，吸引社会资金参与的方式；深圳则是开发商资本在政府主导下与村股份公司合作进行旧城改造。

国外开始城市更新的时间更早，因此也留下了不少经典的案例，比如新加坡的浮尔顿酒店、法国南特岛及伦敦金丝雀码头等，它们都能给我们一些启示。但是，中国要根据自身情况思考未来城市更新的新模式。

由于城市更新项目开发周期长、资金压力大、规划难度高，还涉及规划、定位、招商和运营等复杂的业务环节，所以城市更新业务对房地产企业而言是资本与运营等综合实力的考验。金融驱动下的城市更新轻资产运营模式是一种发展方向，产业也是城市更新的核心驱动力之一，如何整合与导入产业资源，如何高效稳定地运营，决定了城市更新未来发展的高度。此外，在消费升级浪潮席卷而来之时，城市更新的产品该如何打造，同样是房地产企业需要认真思考的问题。

城市更新不只是物理空间的改造，更是经济、民生、科技和文化的提升。城市更新不仅更新了城市，也更新了生活方式，更新了人与人及经济组织之间的关系。

当中央坚持"房住不炒"，当政策导向直指存量市场，当房价上涨预期、投资增值和供应短缺等噱头失效，房地产企业唯有从人的需求出发，从城市发展的规律出发，切实改善建筑空间，改善生活体验，提升城市价值并真正转型为城市和美好生活的运营商，才能赢得方方面面的认同并在房地产市场转型的浪潮中扬帆远航。

在此，我们要特别感谢文中所引用内容的作者，你们的探索和智慧给了我们更多的启发。同时，我们也一并感谢包括万科、华润、华侨城、星河、首创及瑞安等同行企业对项目图文资料的提供及相关工作的支持，你们不仅有力地推动了我们的工作效率，更让我们对城市更新有了更多视角的认识和更深层次的理解。

本文还引用了更多的网络资料及图片，除部分图片标了来源外，还有一部分我们经过努力但实在无法查到出处，请相关作者联系我们，以便我们及时处理（佳兆业集团控股经济研究院：0755-22384313）。

佳兆业集团控股首席增长官、经济研究院院长

刘策

2019 年 5 月 20 日